Reise in die inneren und äußeren Welten

Gedanken eines Wissenschaftlers über die persönliche und planetare Transformation

Brian O'Leary

Vorbehaltserklärung:

Dieses Buch ist dazu bestimmt, in Bezug auf die behandelten Themen Informationen zu vermitteln und zu unterhalten. Bei eventuellem Verlust oder Schaden, der direkt oder indirekt durch die in diesem Buch enthaltenen Informationen verursacht wäre, sind weder Autor noch Verlag/Vertrieb irgendjemandem gegenüber schadensersatzpflichtig oder verantwortlich.

Brian O'Leary

Reise in die inneren und äußeren Welten

Gedanken eines Wissenschaftlers über die persönliche und planetare Transformation

Edition Neue Perspektiven

Impressum

Brian O`Leary

Reise in die inneren und äußeren Welten

ISBN 3-89539-289-8

Titelseite: Petra Friebel

Amerikanischer Originaltitel: *Exploring Inner and Outer Space: A Scientist's Perspektive on Personal and Planetary Transformation*

ISBN 1-55643-068-X paperback
ISBN 1-55643-069-8 handback
Ursprünglich veröffentlicht von North Atlantic Books
2800 Woolsey Street
Berkeley, California 94705 USA
Übersetzt von Brigitta Riebe, Ph.D.
1. Auflage 6/98
Brian O`Leary
Reise in die inneren und äußeren Welten
Edition Neue Perspektiven
Sonnenbichl 12, 86971 Peiting
Tel.: 08861-59018 Fax: 08861-67091

Danksagung

Ich danke folgenden Personen für ihren großzügigen Beitrag an Einsichten, Zeit, Ehrlichkeit oder anderer Unterstützung bei diesem Projekt: Cleve Backster, Nancy Busnack, Mark Carlotto, Frank Chilton, Tina Choate, Dan Drasin, Richard Grossinger, Obadiah Harris, Stuart und Judy Heywood, Laurene Johnson, Jon Klimo, Judy Miller, Brian Myers, Fred O'Leary, Marilyn Powers, Andrija Puharich, Julie Roache, John und Marilyn Rossner, Whitley und Anne Strieber, Maralyn Teare, Frank White und Steve White.

Ich danke auch John-Roger und Arnold Patent, deren Lehren in mir ein tiefes Gefühl für kosmisches Bewußtsein erweckt haben, das meine naturwissenschaftliche Ausbildung transzendiert. Ich empfand beim Schreiben dieses Buches häufig den Drang, ihre Ausdrücke der universalen Prinzipien wiederzugeben, die meinen eigenen Erfahrungen und wissenschaftlichen Erkenntnissen ähneln. Ich habe mich jedoch so nahe wie möglich an den naturwissenschaftlichen Ansatz gehalten.

Inhalt

An die höhere Kraft,
die uns alle
aus unserer inneren und äußeren Welt leitet,
und an uns alle,
die wir im Bewußtsein
unserer Unsterblichkeit
und unseres multidimensionalen Seins
wachsen.

Einführung des amerikanischen Redakteurs

Oft ist es genauso beängstigend, auf das Gewesene zurückzublicken wie das Kommende vorauszuschauen. Brian O'Leary tut das auf den folgenden Seiten, und wir, seine Leser, werden aufgefordert, dasselbe zu tun. Obwohl seit der ursprünglichen Veröffentlichung dieses Buches fast ein Jahrzehnt vergangen ist und geringfügige Aktualisierungen und Revisionen wurden an dieser Ausgabe vorgenommen wurden, ist im großen und ganzen das, was die Aussagen im Jahre 1989 relevant machte, heute noch relevanter.

Der Übergang von Pragmatik und Zynik zur anfängliche Euphorie über die Wiedervereinigung scheint kaum einen Atemzug in der Geschichte der Menschheit auszumachen; dennoch ist er überwältigend. Mauern sind im wahrsten Sinne des Wortes gefallen und haben einige Opfer hinterlassen. Der Staub hat sich kaum gelegt. Aber wenn wir die Trümmer nach den erst vor kurzem erfolgten Ereignissen genau betrachten, finden wir das Hauptthema dieses Buches: Die alten Denkmuster haben uns gedient, aber jetzt schwanken sie auf wackeligen Grundfesten und zerbröckeln von innen. Der Kollaps der Berliner Mauer ist eine eindrucksvolle Geschichtslehre. Daß die Zementbrocken, die einst eine unüberwindliche Schranke zwischen Ost und West bedeuteten, heute als Dekoration auf Kaffeetischen und Bücherregalen stehen, bietet den Beweis dafür, daß der menschliche Wille seine Beschränkungen transzendieren kann, um seine Mythen in der Sprache der Freiheit neu zu formulieren.

Dennoch bieten die Mauern um die Standardwissenschaft dem Wind der Veränderung trotzig Widerstand. Aufrufe nach einer Wiedergeburt und nach einer neuen Wissenschaft mit einer breiteren und humanistisch ausgerichteten Zielsetzung werden noch immer mit Skeptik, wenn nicht sogar Unterdrückung geahndet. Diese Reisechronik des Autors aus den sterilen Arbeitszellen bei NASA zu den offenen Weiden eines "geistigen Wissenschaftlers" beleuchtet den heimtückischen Tanz der multinationalen Konzerne mit der bürokratischen Wissenschaft und Machtpolitik. Was am Ende des Kalten Krieges prekär am Fädchen hing, pendelt heute in noch größerer Gefahr - das Schicksal des Planeten Erde.

Aber es gibt Zeichen der Hoffnung. Während ich diese Worte schreibe, trifft die amerikanische Raumfähre Atlantis mit der russischen Raumstation Mir im Orbit um die Erde zusammen. Wasser, Computer, frisches Essen und ein in Rußland ausgebildeter amerikanischer Astronaut werden zu Mir hinübergeschafft. Eine derartige Zusammenarbeit ist jetzt zur Routine geworden, selbst wenn der Alltag auf der alternden Mir das nicht ist. Zylindrische Strukturen, die in einem Meteoriten vom Mars entdeckt wurden, lassen mögliche Lebensformen auf dem roten Planeten schließen. Der Global Surveyor fotografiert im Flug die Topographie vom Mars und der Pathfinder sammelt Informationen auf der Oberfläche, die für zukünftige Erforschung unumgänglich sind. O'Learys Vorahnung dieser Ereignisse ist erstaunlich und beglükkend. Wo einst Zweifel und Hohn herrschten, bestehen jetzt vorsichtiger Optimismus und Anzeichen einer sich aufbauenden Schwungkraft. Aber ist es genug, der Schwerkraft eines Planeten zu entrinnen und sich der Schwerkraft eines anderen auszusetzen? In die Sterne zu sehen, ohne gleichzeitig einen genauso schonungslosen Blick nach innen zu richten? Reicht es, die Zukunft zu betrachten, ohne die Vergangenheit zu berücksichtigen? O'Leary fordert uns heraus, diese schwierigen Fragen zu konfrontieren. Wer kann sich diese Welt ausgemalt haben, in der wir am Scheitelpunkt zwischen zwei Jahrtausenden leben? Wer konnte sich die Welt vorstellen, die in den kommenden Jahrhunderten auf uns und unsere Nachkommen wartet? Erstaunlicherweise ist die

Antwort auf diese zwei Fragen dieselbe: Jeder von uns. Zu allen Zeiten ist und war unsere Welt ein Produkt derer, die wagemutig sind, sie sich transformiert im Abbild eines Traumes vorzustellen. Dieses Buch berichtet über ein solches Unterfangen, den ersten Abschnitt der geistigen Reise von Brian O'Leary, und reflektiert die Gewilltheit zum Träumen. Aus solchen Träumen erwachsen die ersten Schritte zum Vereinigen der inneren und äußeren Welt.

Donald Webster

Vorwort des amerikanischen Verlegers

Ein amerikanischer Film aus dem Jahre 1970 mit dem Titel *Capricorn One* beginnt nur wenige Stunden vor dem ersten bemannten Raumflug zum Mars in einer Rakete. Während des Countdowns spielt sich hinter den Kulissen das Dilemma der umzingelten NASA-Beamten ab, die sich um die Erhaltung ihres schwindenden Anteils an Regierungsubventionen bemühen. Beim Herunterzählen der allerletzten Sekunden werden plötzlich drei erstaunte Astronauten aus der Kapsel entfernt, per Hubschrauber zu einem Flugzeug transportiert und in eine verlassene Armeeinstallation fast fünfhundert Kilometer entfernt von Houston geflogen. Der Countdown geht weiter, und die Rakete fliegt ab. Die Welt und die meisten Angestellten von NASA wissen nur, daß diese drei Astronauten auf dem Weg zum Mars sind. Und das wird die Welt während der gesamten Mission auch weiter denken.

Diese Irreführung wurde von einem zu spät entdeckten Fehler im Lebenserhaltungssystem der Raumkapsel erzwungen. Der Projektdirektor erklärte es so: "[Ein Vertragsarbeiter] war zu sehr an seinen Gewinn interessiert. Ihr wäret innerhalb von drei Wochen tot gewesen". Aber der Abbruch der Mission wäre für NASA verhängnisvoll; also muß vorgetäuscht werden, daß die Astronauten zum Mars fliegen.

Die Mannschaft unter Kapitän Brubaker (gespielt von James Brolin) wird durch Mordandrohung ihrer Frauen und Kinder zum Mitmachen gezwungen. Die Männer werden von einer der CIA ähnlichen Agentur bewacht und gefangengehalten und gelegentlich bei vorgetäuschten Sendungen aus dem Weltraum und Mars gefilmt. Der Plan sieht vor, daß die Kapsel weitab vom Ziel im Meer landen soll, was NASA die erforderliche Zeit gibt, die Mannschaft wieder in die Kapsel zu bringen. Dann sind sie Mitwisser und können die Verschwörung nicht mehr aufdecken.

In Anbetracht dieser komplizierten Täuschung geht alles erstaunlich glatt - die "Agentur" ermordet alle, die Verdacht hegen - bis zur Rückkehr der Kapsel. Beim Wiedereintritt in die Atmosphäre löst sich aber das Hitzeschild, und das Raumschiff verbrennt. Es gibt also keine Kapsel, in die die Astronauten wieder einsteigen könnten. Das Flugzeug, das sie zum Rendezvous mit der Kapsel bringen sollte, kehrt stattdessen zur Wüstenbasis zurück, wo Brubaker und seine Kollegen schnell kombinieren, was passiert sein muß, und es wird ihnen klar, daß sie offiziell "tot" sind; daher ist ihre einzige Hoffnung, in eine bevölkerte Gegend auszubrechen und sich zu zeigen.

Sie stehlen das Flugzeug und versuchen, sich in Sicherheit zu bringen, aber das Flugzeug hat nicht genug Kraftstoff, und sie müssen in der Wüste notlanden. Bevor sie das Komplott aufdecken können, wird NASA sie mit Sicherheit umbringen. Also ziehen sie einzeln in eine der drei Richtungen los in der Hoffnung, daß einer von ihnen überleben und Menschen erreichen wird. Die feindliche Umwelt, in der sie jetzt um ihr Leben kämpfen, ähnelt auf eigenartige Weise dem Mars, den sie nie erreichten. Der lang erwartete Test der menschlichen Belastbarkeit in einer fremden Welt erfolgt jetzt auf der Erde. Schließlich findet NASA zwei der drei Astronauten, aber Brubaker wird zu einer Art Indianer und vergräbt sich im Sand, wenn die Hubschrauber über ihm fliegen; dann tötet er eine Klappersschlange und ißt sie in einer Höhle. Er versteckt sich so lange, bis er von einem hartnäckigen Reporter (Eliott Gould) und einem rechtsradikalen Piloten (Telly Savalas) entdeckt und gerettet wird. Gould und Brolin kommen zur Gedächtnisfeier für die Astronauten in dem Moment, in dem der Präsident die Trauerrede hält. Als die zwei Männer auf die Versammlung zugehen, schwenkt die Kamera auf die schockierten Gesichter der Beteiligten (der Leiter von NASA, die Ehefrauen, der korrupte Senator ...); dann endet der Film in Zeitlupe (die schließlich zum Standbild wird) von Gould und Brolin, die auf den Augenblick der Wahrheit zugehen.

Auf einer Ebene handelt es sich hier um einen einfachen Abenteuerfilm mit Korruption in hohen Stellungen und Vertuschung, die irgendwo zwischen Watergate und (auf prophetische Weise) Contragate liegt - oder zwischen der Ermordung von Kennedy und dem *Challenger*-Desaster. Jedoch funktionieren die Mythen der Populärkultur auf vielen Ebenen und enthüllen die Wahrheit vor dem Hintergrund unserer Zivilisation.

Brian O'Leary war Mitglied des Astronautenprogramms in den 60er Jahren und trainierte für eine zukünftige Marsmission. Wie Brubacker hatte er hohe Ideale und glaubte, daß das Schicksal der Menschheit im Weltraum bestimmt werde: Er war bereit, Opfer zu bringen und das Unbekannte zu erforschen. Oberflächlich gesehen verbindet O'Leary und Brubaker die Tatsache, daß keiner von ihnen Mars erreichte. Als Parabel spricht Brubacker im Film O'Learys Text.

Obwohl an O'Leary keine Rolle bei der Irreführung der Welt herangetragen wurde, erkennt er, daß die Ideologie von NASA und die ganze Kabale eine Verleugnung der kosmischen Wahrheit ist. Die Erforschung des Weltraums (die dann jahrelang eine zweite Geige zum SDI-Programm spielen mußte) vertuscht die institutionelle Weigerung, sich mit unserem Platz innerhalb des Universums auseinanderzusetzen. Wegen der Budgetkürzungen im Zivilprogramm (und wegen der zunehmenden Betonung der Militärprojekte) wandte sich O'Leary von NASA ab, wurde aber schließlich gewahr, daß die Weltraumwissenschaft selbst ein Köder für echte Wissenschaft ist -nämlich, daß NASA lieber ausgeklügelte Ausflüchte kreiert, statt die mögliche Existenz von Artifakten einer außerirdischen Zivilisation auf dem Mars anzuerkennen (die aber in ihren eigenen Datenbändern gezeigt wird).

In einer Szene im Film *Capricorn One* - nachdem Brubaker und seine Mannschaft von der Launchsite nach Texas geflogen wurden, zeigt der Direktor von NASA (gespielt von Hal Holbrook) eine felsige, sandige Bühneneinrichtung, die sogar ein Modell des Raumschiffs auf der Landefläche zeigt. Hier sollen die Astronauten vorspielen, daß sie auf dem Mars gelandet sind. Und hier werden sie sich auch die Botschaft des Präsidenten anhören ... während sie in einer fabrizierten Umwelt mit künstlichen Scheinwerfern auf der Bühne stehen und vorgeben, auf dem Mars zu sein. Aber in derselben Situation befindet sich heute die Naturwissenschaft. Sie verkündet der Welt wundersame Dinge und versucht gleichzeitig und auf schamlose Weise, zu verbergen, daß ihr eigenes Verständnis der Wirklichkeit zerbröckelt. Der Kosmos von NASA und der Raumwissenschaft erscheint wie eine protzige Zurschaustellung bemalter Pappkulissen. Die Behörden erinnern uns scheinheilig, daß die Menschheit Großes geleistet hat. Aber diese "Großtaten" haben unseren Planeten vergiftet und ausgelaugt, uns von unseren Herzen und unserem Geist entfernt und uns unsere natürliche Heilkraft geraubt. Selbstverständlich haben die Naturwissenschaftler nicht all diese Übeltaten verübt, aber sie lagen an der Vorfront der Täuschung, zu der auch die Behauptung zählt, daß das Universum einer relativ einfachen und nichtssagenden Explosion entstammt, in dem die Menschheit und ihr Verstand zufällig erschienen sind und das irgendwann einmal auch ebenso zufällig ausgelöscht wird. Auf diese Weise haben die Wissenschaftler, selbst wenn sie an der Degradation des Planeten nicht direkt teilgenommen haben (aber wer hat das nicht?), die dazugehörige Lüge gefördert, die besagt, daß nur die Wissenschaft fähig ist, die Restaurierung der Dinge zu bewirken, und daß ihre Fähigkeiten unsere letzte und einzige Hoffnung sind.

"Glaubst du wirklich, mir paßt das?" fragt Holbrook (als Calloway) Brubaker und meint das technologische und wissenschaftliche Etablissement, das die Massen anspricht. "Sieh mal, was wir geleistet haben und was es für dieses Land bedeutet, und vor allem, wieviel mehr wir tun können." Das ist die berühmte Entschuldigung der konventionellen Naturwissenschaft.

Brubacker antwortet: "[Ich nehme an], wenn wir mitmachen und uns zu Tode lügen, dann wird die gesamte Welt vor der Wahrheit beschützt. [Und] wenn wir nicht bei deinem gigantischen Betrug mitmachen, dann ruinieren wir das Land. [Aber] wenn die einzige Möglichkeit, am Leben zu bleiben, ist, zu werden, was ich hasse, dann weiß ich nicht, ob es sich lohnt, am Leben zu bleiben".

In diesem Buch hält uns O'Leary das ausgehöhlte Universum von Sonnen und Planeten und sich ausdehnenden Galaxien vor Augen und enthüllt es als das Bühnenbild, das es ist. Er zeigt, daß es sich dabei nicht um eine vorsätzliche Täuschung handelt, sondern um die Betrachtung nur einer Dimension der Realität, was ein Trugbild des tatsächlichen Raumes, in dem wir leben, reflektiert. Die meisten Naturwissenschaftler empfinden das in ihrem tiefsten Herzen, haben aber Angst vor den Konsequenzen, wenn sie ihre Realität aufgeben und das wahre Unbekannte konfrontieren. Sie ziehen die Illusion ihrer Macht über die Moleküle und über die Mechanik des Universums vor, das unermeßlich und unendlich ist, und weihen uns alle schließlich dem Untergang. Sie klammern sich an ihr totes Weltall, weil sie es zumindest in Bezug auf ihr Ego "steuern" können, wenn sie behaupten, seine Gesetze zu verstehen, und sich den Anschein geben, sie könnten seine Ursprünge rekonstruieren. Und sie werden diese Ansicht bis zum Tode verteidigen, da sie auch ihr Ego, ihre berufliche Identität und ihr Gehalt verkörpert.

Vom objektiven Standpunkt aus gesehen, vermitteln uns die Naturwissenschaftler ein fantastisch schönes Kosmos mit Zellen und Sternen - das aber nur eine Dimension der Wirklichkeit repräsentiert. O'Leary versucht, ihre Version mit den weniger offensichtlichen Dimensionen von Geist und Materie zu versöhnen. Wenn Brubaker einfließen läßt, daß nicht alle Dinge so sein müssen, antwortet Calloway: "Darauf habe ich keinen Einfluß. Du glaubst, es geht nur um ein paar verrückte Wissenschaftler - nein, das ist es nicht. Es geht um sehr viel mehr. Und es wird immer mehr. Es gibt da Menschen, Kräfte, die sehr viel zu verlieren hätten. Das ist wird den Erwachsenen überlassen".

Die sogenannten Professionellen verfälschen die Erfahrungen weiterhin - ihre eigenen und auch unsere - im Namen der Wahrheit und im Namen des Schutzes der Unschuldigen. Die Überzeugtesten von ihnen gehören in Skeptikergruppen an, die staatlich anerkannte Wissenschaftler und Zauberer aussenden, um das Zusammenfließen von Geist und Materie sowie paranormale Phänomene zu verunsichern. Solche Leute kümmern sich nicht um das Potential der Menschheit. Wie das Ölkartell und dessen Vertreter steht für sie zu viel auf dem Spiel, als daß sie ihre Aktivitäten aus irgendeiner Perspektive kritisch betrachten könnten. Sie sind ihrer Sicht der Realität ergeben.

Brian O'Leary ist der Wüste des vorgespiegelten Planeten Mars entronnen und muß die Trauerrede des Präsidenten mit der erstaunliche Neuigkeit unterbrechen: Ich lebe. Aber nicht nur ich lebe, sondern auch das Universum lebt, und es ist viel lebendiger als wir es uns vorstellen können, gütiger und schöner, als dieses "aufgeklärte" Jahrhundert ertragen kann. Ob wir O'Leary zuhören oder uns in der Gemütlichkeit unseres täglichen Betrugs verkriechen, könnte das Schicksal unseres Planeten bestimmen.

- Richard Grossinger

Einleitung

Wir leben in einer außergewöhnlichen Zeit. Einerseits erleben wir die Dementi und den hitzigen Widerstand der "mittelmäßigen Geister", die unseren Regierungsstellen, Universitäten, Konzernen und Religionen innewohnen. Andererseits spüren wir eine unbehagliche Vorahnung künftiger Veränderungen, deren Konsequenzen so enorm sind, daß wir sie uns nicht ausmalen können. Auf jeden Fall stehen wir auf der Schwelle einer großen Renaissance der inneren und äußeren Welt. Dieses Buch zeigt auf, wie dieser Vorgang uns in das dritte Jahrtausend schleudert, das dem zweiten kaum ähnlich sein wird.

Ich werde die kataklysmischen Ereignisse beschreiben, die mich, einen konventionellen Naturwissenschaftler, dazu bewegt haben, in meinen mittleren Jahren zu realisieren, daß es sehr, sehr viel mehr gibt, als das Auge wahrnehmen kann. Zuerst glitt ich durch eine mir kaum bewußte eigene Wahl in eine innere Welt voller Wunder und Größe, daß ich mich mit meinem "mittelmäßigen Verstand" noch immer darum bemühen muß, die Wahrheit sich offenbaren zu lassen. Diese Ereignisse begannen in den späten 1970er Jahren.

Zu der Zeit hätte man mich am treffendsten als einen politisch liberalen, idealistischen aber traditionellen Naturwissenschaftler beschreiben können, der im Fachbereich Physik an der Princeton Universität lehrte. Ich hatte bereits mehr als hundert von Kollegen beurteilte technische Arbeiten über Planetenwissenschaft und Astronautik geschrieben. Meine Doktorarbeit trug den Titel "Mars: Sichtbare und fast-infrarote Studien und die Zusammensetzung der Oberfläche". Üppige Finanzierung von NASA machte die Planetenforschung damals zu einem dynamischen Studiengang. Der Fachbereich wuchs schnell, als die Robotermissionen begannen, einige der Geheimnisse von Mond, Mars und Venus zu erschließen - und dann von Merkur, Jupiter, Uran und Neptun.

Gleich nach meiner Promotion im Jahre 1967 hatte ich das Glück, von NASA als Astronaut ernannt zu werden. Ich gehörte zu einer Gruppe von elf Wissenschaftlern, die für mögliche zukünftige Raumflüge ausgebildet wurden, die für die Jahre nach dem Apollo-Programm geplant waren. Da sich meine Forschungsarbeiten hauptsächlich auf den Mars konzentrierten und weil NASA von bemannten Missionen zum Mars in den 1980er Jahren sprach, spielte ich eine einzigartige Rolle im Astronautencorps: Ich war der einzige Planetenwissenschaftler und schien daher bestimmt, zum Mars zu reisen. Aber das verwirklichte sich nicht. Plötzliche Budgetkürzungen bei NASA, Einengung des nationalen Selbstbewußtseins und der Weitsicht sowie der Krieg in Vietnam kamen dazwischen, und ich verließ das Astronautenprogramm, ohne einen Flug in den Weltraum erlebt zu haben und ohne die Aussicht, innerhalb der kommenden 15 Jahre auch nur einen Trip in die Umlaufbahn der Erde unternehmen zu können.

Auf die Einladung des Astronomen Carl Sagan akzeptierte ich eine Stellung als Assistenzprofessor in Planeten- und Weltraumwissssenschaft an der Cornell Universität. Dort kam ich mit verschiedenen NASA-Teams in Kontakt wie dem Venus-Merkur-Fernsehteam für Mariner 10. Mein Abgang aus dem Astronautenprogramm erwies sich nicht als die von mir erwartete Enttäuschung: die Erkundung des Sonennsystems wurde eine anregende Anziehung für mich, denn ich konnte aus zweiter Hand neue Welten auf der Schwelle der Entdeckung durch die Augen der Roboter untersuchen. Bei der Sammlung und Auslegung der neuesten Daten einer der ersten zu sein, war ein außergewöhnliches Erlebnis. So entdeckte und benannte ich die größte Landform auf dem Merkur - das Caloris-Becken mit einem Durchmesser von

1500 km. Und ich überprüfte die ersten Steine vom Mond, die auf die Erde gebracht wurden.

Die Planeten offenbarten sich uns, einer nach dem anderen: ihre pockennarbigen Oberflächen, wirbelnden Atmosphären und verschiedenartigen Monde. Der Mars öffnete uns seine unerwarteten Grand Canyons, enorme Vulkane und ausgetrocknete Flußbetten. Ideen flossen durch mich über neue Betrachtungsweisen der Planeten und ihrer Satelliten. Ich arbeitete an der Erforschung und Bestimmung der chemischen Zusammensetzung der Oberflächen- und Atmosphärenpartikel aus optischen Eigenschaften. Ich überlegte, wie man die uralten kreisförmigen Becken auf dem Mond und auf den Planeten aus ihren Schwankungs- und Schwerkraftanomalien bestimmen könnte und welche Sorten von künftigen Beobachtungen die fundamentale Frage beantworten würde, ob wir allein im Universum sind oder nicht.

In mancher Hinsicht waren die Resultate dieser planetaren Missionen enttäuschend. Wir konnten kein Leben finden. Die Oberfläche der Planeten war uralt und entweder zu heiß oder zu kalt. Die Atmosphäre erwies sich als entweder zu dick oder zu dünn. Spezialisten der Geomorphologie und der Atmosphärenphysik übernahmen bald spezifische Probleme, an denen mein Interesse geschwunden war. Anfang der 1980er Jahre war die Sahne des Entdeckens bereits von den Planeten abgeschöpft, und eine neue Orthodoxie der Planetenwissenschaften entstand, die in meinen Augen ein bemerkenswert innovatives Forschungsfeld in ein relativ eintöniges verwandelte. Zählung der Krater auf dem Merkur und der Satelliten der entfernteren Planeten, klimatologischen Modelle der Atmosphäre von Venus und Jupiter oder die detallierte geomorphologische Bestandsaufnahme waren bei weitem nicht so spannend wie die Suche nach Leben.

Ebenfalls in den 1970er Jahren entwickelte ich Interesse für die nationale Politik. Ich unterrichtete Kurse über Technologiebewertung bei der juristischen Fakultät der Universität von Kalifornien und von Hampshire College. Ich sagte vor dem US-Senat mehrmals über die Prioritäten von NASA aus und wurde im Jahre 1975 als Sonderberater für Energiewesen im Innenausschuß des Repräsentantenhauses angestellt. Dort schrieb ich Ansprachen und koordinierte Anhörungen für den Repräsentanten Morris Udall, der sich damals um die Präsidentschaft bemühte. Diese Erfahrungen setzten mich direkt der Machtpolitik in Washington aus und zeigten mir die Isolierung von den langfristigen echten Interessen der amerikanischen Bevölkerung. Ich beobachtete, wie stark sich ein Kandidat sogar für wichtige Belangen auf seine Berater verlassen mußte und wie manche der Berater mehr an Einfluß interessiert waren als an Führung.

Inzwischen hatte mein Freund und Kollege Gerard O'Neill an der Princeton Universität eine vollkommen neue Perspektive für die Erforschung des äußeren Weltraums konzeptionalisiert. Er brachte die These hervor, wir könnten die außerirdische Leere mit den uns auf dem Mond und den Asteroiden zur Verfügung stehenden Ressourcen kolonisieren. Dort wären billige Rohstoffe für die Gestaltung und Verwirklichung von Weltraumgemeinden verfügbar, da sie im Gegensatz zur Erde in einer Mulde mit seichten Schwerkraftquellen lägen. Ich fand die Idee akzeptabel und folgte 1975 seiner Einladung zur Physikfakultät an der Princeton Universität.

In dieser Zeit veröffentlichte ich wieder eine Reihe wissenschaftlicher Arbeiten - dieses Mal über die Benutzung der Ressourcen der Asteroiden und der Marsmonde für die Gründung und Erweiterung einer industriellen Infrastruktur im Weltraum, die viele Trillionen Dollar wert sein könnte. Ich gab Workshops am NASA Ames Forschungszentrum und an der Stanford Universität; zu den Teilnehmern zählten einige der führenden Bauingenieure und Wissenschaftler von NASA sowie Universitätsprofessoren.

Ich schrieb oder editierte mehrere Bücher über diese Konzepte, die in der Vorfront der künftigen Weltraumalternativen lagen und in den siebziger Jahren erforscht wurden. Aber irgendwie schritten diese Ideen nicht zur Entwicklung vor. Es wurde deutlich, daß die amerikanischen Bemühungen um den Weltraum auf einen sekundären Status gesunken waren, was dann auch 1986 erschreckend bestätigt wurde, als wir das *Challenger*-Desaster mit Horror sahen.

In diesen Schaffensjahren in Berkeley, Cornell und Princeton schrieb ich Bücher, hielt Vorträge und unterrichtete Kurse über die Erkundung de Weltalls. Ich lehrte Astronomie bei Cornell, Hampshire, San Francisco State und an der Universität von Massachusetts und Pennsylvanien. Ich unterrichtete Physik für Dichter in Princeton. Meine Klassen wurden immer größer, Einladungen zum Unterrichten an prestigereichen Universitäten häuften sich, und ich schlug viele Offerten zum Veröffentlichen aus. Ich war Vorstandsvorsitzender zweier Weltraumorganisationen: "National Space Council of the Aerospace Education Association" und "Institute for Security and Cooperation in Outer Space". Trotz allem begann mit dem Beginn der 1980er Jahre all die Erregung zu verdorren. Wir Amerikaner begannen die Richtung, die Führung, den Konsens und die Qualität bei der Erkundung des Weltalls zu verlieren. Für Einzelne im Fach bot sich die Wahl, sich entweder an einen sterilen Status quo zu gewöhnen, Waffenforschung zu treiben oder sich etwas Neuem außerhalb der existierenden Struktur in Regierung, Universität, Konzern oder Stiftung zuzuwenden.

Damals begann ich zu spüren, daß nur es die letztere Alternative für mich geben könnte. Selbstverständlich fühlte ich mich noch immer wohl mit Kollegen wie Sagan oder O'Neill, aber ihre Weltsicht wurde für mich bald zerschlagen. Meine innere Welt begann sich öffnen.

Nachdem ich in den ersten zwei Dekaden meiner wissenschaftlichen Karriere jeden Gedanken an eine weit größeren Wirklichkeit zurückgewiesen hatte, stolperte ich im wahrsten Sinne des Wortes in die neuen Perspektiven hinein, die ich in diesem Buch beschreibe. Die heiligen Kühe des Reduktionismus und des Materialismus fielen eine nach der anderen vor meinen ungläubigen Augen um.

Ich begann psychische Erlebnisse zu durchgehen und telepathisch zu kommunizieren. Ich sah mich außerhalb meines Körpers und schwebte über Städten. Ich konnte mich selbst durch meinen Geist heilen, hatte ein dem Tode nahes Erlebnis und erinnerte mich an mögliche frühere Leben. Ich fühlte die Gegenwart einer Intelligenz in anderen Dimensionen und erkundete die reichen, farbenfrohen Texturen der inneren Welt. Immer wieder bestätigte ich die Experimente auf wissenschaftliche Weise, wie zum Beispiel den Einfluß von Emotionen auf die elektrische Aktivität weißer Blutkörperchen in einem um viele Kilometer entfernten Labor. In gewisser Weise war ich ein ideales Subjekt für diese Experimente. Bis zu meinem vierzigsten Geburtstag wußte ich wenig oder kaum etwas über die Ergebnisse solcher Experimente und hatte daher keine Erwartungen oder Vorurteile. Diese Tatsache gab mir alle "Beweise", die ich benötigte, um die Grenzen der Methodik und Verfahrensweisen in der traditionellen Naturwissenschaft zu überschreiten.

Dieses Buch verbindet meine Erfahrungen mit einem rapide wachsenden Korpus wissenschaftlicher Entdeckungen, die uns zwingen, unsere Denkweise radikal zu ändern. Die neue Physik, Biologie und Psychologie weisen alle auf die Wirklichkeit unserer gegenseitigen Verbundenheit auf weit profunderen Ebenen hin, als die große Mehrheit von uns auch nur anzuerkennen vermag. Das Universum arbeitet in weit mysteriöserer Weise als Newton - und sogar Einstein, Heisenberg und Hawking - je ausdrücken konnten. So werden wir zum Beispiel finden, daß die Verschmelzung der vier gegenwärtig bekannten Naturkräfte in eine einheitliche Theorie nicht als Modell unserer Realität ausreicht - eine Realität, die sowohl paranormale Ereignisse und die alltägliche Gegenwart des Bewußtseins selbst umfaßt. Deshalb können die Beweise, die die neueren Einsichten bestärken, nicht mehr ignoriert werden.

Ich glaube auch, daß die "großen Geister", von denen Einstein sprach, in uns allen wohnen. Aber wir müssen uns zuerst aufwecken, denn meistens hält uns unser "mittelmäßiger Verstand" gefangen. Wir alle besitzen diese Unzulänglichkeiten in geringerem und stärkerem Maße.

Behauptungen, der neuen spirituellen Elite anzugehören - als ob es sich dabei um eine neue Industrie auf der Suche nach einem Nischenmarkt handelte - werden meiner Ansicht nach fehlschlagen. Wir müssen dieser Transformation bescheiden gegenüberstehen. Meine Schwäche ist meine Ungeduld denen gegenüber, die nicht gewillt sind, die erforderlichen Veränderungen vorzunehmen, und ich merke, daß mich diese Ungeduld an einer volleren Selbstentdeckung hindert. Von Zeit zu Zeit könnte dies in diesem Buch bemerkbar werden.

Auf jeden Fall ist mein wichtigster Punkt, daß jeder, der gewillt ist, seinen Verstand und seine Erfahrungen dem scheinbar Unglaublichen zu öffnen, den ersten Schritt zu seiner eigenen Entdeckung macht. Diese Öffnung bestärkt die Weisheit der Zeitalter: Wir Menschen sind grundsätzlich unsterblich, jenseits aller Form und ein Teil eines größeren Ganzen, das in uns allen verkörpert ist. Ich glaube, daß uns die Wissenschaften dies jetzt endlich laut und deutlich verkünden.

Dieses Buch zu schreiben, ist eine Herausforderung in intensivem Gegensatz zu meinen früheren Arbeiten, die so viel bequemer im Bereich der akzeptierten Wissenswelt und Technik lagen. Darüber hinaus erlebe ich unbeschreibliche Einsichten, die mich überfluten und darauf warten, in einer wissenschaftlich akkuraten Sprache assimiliert zu werden. Leider werden manche dieser blitzartigen Einsichten im Reich es Unaussprechlichen verbleiben müssen. Wir alle erleben diese intuitiven Durchbrüche, aber in den allermeisten Fällen scheinen sie jenseits unserer vertrauten Bezugswelt davonzuschlüpfen. In mancher Beziehung handelt es sich dabei um eine Krise unserer Sprache und weniger um eine echte Erfahrung unserer Wirklichkeit.

Wie in diesem Buch deutlich wird, wandelt sich unsere Perspektiven der inneren und äußeren Welt auf profunde Weise. Die alten Modelle haben ausgedient. Die Grenzen zwischen dem Alten und dem Neuen werden aufs neue gezogen, damit wir klarer sehen; viele von uns sind Zeugen einer außerordentlichen Erlebniswelt, für die uns jedoch die Modelle fehlen.

Alle wissenschaftlichen Regeln sind fragwürdig, und wir haben jetzt eine noch nie dagewesene Gelegenheit, an einem grandiosen Abenteuer teilzunehmen. Die vor kurzem errungene Leistung dessen, was manche als die "kalte" Fusion preisen, ist symbolisch für die Wahrscheinlichkeit, daß die Wissenschaften der Zukunft nicht mehr in der exklusiven Provinz der großen Regierungen angesiedelt sein werden. Während diese und viele andere Ereignisse sich weiter um die Jahrtausendwende entfalten, wird jeder von uns befähigt, den Schleier des Verleugnens zu zerreißen und ein neues Jahrtausend aufgeklärter Entdeckung beginnen - für uns und für unser Universum.

Ich glaube, daß unsere sich wandelnde Wahrnehmung der äußeren Welt lediglich eine Manifestation des Erwachens unserer inneren Welt ist. Unser Verstand hat einen wichtigen Einfluß auf die Bestimmung unserer Realität. Mir wurde bewußt, daß sich die gegenwärtigen Methoden der Wissenschaften und der Technologie des Westens einer endgültigen Grenze mit sich verringernden

Resultaten nähern, und daß neue, sehr viel weiter gespannte Paradigmen erforderlich sind. Es gibt ganz einfach zu viele Anomalien, die unsere gegenwärtige Erkenntnis in sich aufnehmen kann. Meine Erfahrungen und die vieler anderer bestätigen die Wahrheit des Durchbruchs zum Neuen, der hoffentlich auch den Lesern dieses Buches deutlich.

Vor kurzem hatte ich einen Traum, der für meine Ambivalenz in Bezug auf die konventionellen Wissenschaften und meinem erwachenden Bewußtsein einer größeren Wirklichkeit symbolisch ist. Ich war zusammen mit einigen gleichgesinnten Wissenschaftlern auf einem Dorfplatz, und wir assemblierten Fotos des "Gesichts" auf dem Mars - eine Erscheinung, deren Ursprung ein Rätsel ist, wie wir in Kapitel 5 sehen werden. Wir arbeiteten auf Falttischen und trugen die normale Straßenkleidung der Bürger vor Jahrhunderten oder vielleicht der Wissenschaftler der frühen Renaissance.

Um den Dorfplatz standen drei riesige Herrenhäuser im Tudor-Stil, in denen mir bekannte traditionelle Weltraumforscher (Hohe Priester?) wohnten. Die Stimmung war vertraut und gleichzeitig spukhaft, fast als befänden wir uns in mehr als drei Dimensionen. Einer der Forscher stand auf seiner Veranda und sah mich neugierig an, schien aber nicht von der Wissenschaftlichkeit der Aktivitäten auf dem Platz überzeugt zu sein. (Wie wir sehen werden, weigern sich die meisten Weltraumforscher anzuerkennen, daß das Gesicht auf dem Mars nichts Bemerkenswertes ist und sie verlachen die Versuche, die existierenden Fotos zu bearbeiten). Der skeptische Forscher und ich blickten uns an, aber wir fühlten uns von einander getrennt; ich spürte einen weiten Abstand zwischen uns beiden. Und ich empfand auch die Geringschätzung des Forschers; er und andere einflußreiche Männer weigern sich, die neuen Arbeiten anzuerkennen, zu finanzieren oder auch daran teilzunehmen. Unsere Führer scheinen der Bedeutung dieser Forschung völlig unwissend gegenüber zu stehen.

Wir auf dem Dorfplatz empfanden viel Anregung und Freude an dem, was wir taten, aber ich war traurig über die Trennung zwischen uns und den führenden Forschern. Dennoch beneidete ich ihre Position und ihren Einfluß. Unsere Ressourcen waren knapp und etwas finanzielle Unterstützung hätten wir gut brauchen können - sowie eine weitere Mission zum Mars. Meine Reue über meine Trennung von meinen früheren Kollegen, die in der akademischen Welt oder in Regierungskreisen reüssiert hatten, durchdrang mich so stark, daß ich den Drang spürte, ich zu diesem Haus zu gehen, die Türglocke zu drücken und mit ihm über unsere neuen Pläne zu sprechen - wenn er gewillt wäre, mir zuzuhören. Denselben Impuls empfinde ich auch wachend, aber ich weiß, daß sich eine solche Unterhaltung als schwierig herausstellen würde.

Ich habe oft über diesen Traum nachgedacht. Die Bedeutung einer uralten Zivilisation auf dem Mars erscheint zu unglaubhaft, daß sie meine traditionellen Kollegen sie akzeptieren könnten. In meiner Sicht sind die neuen Daten gültig und schreien nach Antworten. Aber ich habe Angst, allein zu sein, ausgelacht oder exkommuniziert zu werden oder mich unkollegial zu verhalten.

Manchmal ertappe ich mich beim Verurteilen der mangelnden Offenheit meiner Kollegen, aber ich will sie nicht schlecht machen. Ich möchte keine Dualität von "jene" und "wir" schaffen. Aber ich bin versucht, sie herauszufordern, einige der aufregendsten Grenzen, die uns je in der Geschichte der Wissenschaften entgegentraten, zu betrachten. Mein Schwager Stuart Heywood ist selbst ein bekannter Molekularbiologe und bezog sich einmal auf viele seiner Kollegen als die "Ich-auch-Wissenschaftler". Diese sind Gelehrte, die sichere Karrieren suchen und daher Projekte wählen, die mit geringfügigen Modifikationen frühere Arbeiten nachahmen, um die Zustimmung und damit auch die Finanzierung ihrer Kollegen zu erringen.

Wir wissen alle, daß Wandel nie einfach ist, selbst wenn es sich um einen Wandel zum Besseren handelt. Wir sind Gewohnheitstiere. Und daher wird es eine Weile - sicher eine oder zwei Generationen - dauern, bis die explosiven Realitäten, die ich in diesem Buch erkunde, angenommen werden. Und wir müssen in der Übergangszeit unsere Differenzen tolerieren lernen.

Dieses Buch ist ein Versuch, alle Wissenschaftler und interessierte Laien zu anzusprechen, die versuchen, die außergewöhnlichen Veränderungen zu verstehen, die wir jetzt erleben. Und es ist eine Einladung, an dem sich entfaltenden Abenteuer teilzunehmen.

Kapitel 1

Die Suche nach der Realität

In einer Winternacht liebten sich John und Lisa in ihrem Hotelzimmer in San Diego. In einem Labor in der Stadtmitte, etwa acht Kilometer vom Hotelzimmer entfernt, registrierte ein Streifenrecorder wilde Schwankungen, die die elektrischen Aktivitäten in einer Lösung mit den Leukozyten in Lisas Speichel maßen, den sie vor einigen Stunden gespendet hatte.

In dem Moment, in dem der Geschlechtsakt endete, verringerten sich auch die Schwankungen im elektrischen Strom. Nach ein paar Stunden Schlaf (und einer ruhigen Aufzeichnung) begannen die Aktivitäten wieder. Nach einer Weile verstummten beide.

Diese Szene klingt wie Science Fiction, beruht aber auf Tatsachen. Nur die Namen der Teilnehmer wurden zu ihrem Schutz geändert. Als ich mir die Daten ansah, war ich überzeugt, daß der Geschlechtsverkehr und die Blutzellen verbunden waren. Dabei bestand keine Verfälschung, und die zeitliche Korrelation war erstaunlich. Die Entfernung schien keine Rolle zu spielen. Dieses eine Experiment beweis mir, einem skeptischen Naturwissenschaftler, daß wir Kraftfelder der Kommunikation im Bewußtsein messen können, die sich über die bekannten physikalische Gesetze hinwegsetzen. Im Zusammenhang mit den weithin berichteten und wissenschaftlich bestätigten Geschichten über psychische Phänomene war dieses Ereignis gar nicht so bemerkenswert. Aber für mich war es das: Ich war damit im Besitz der Daten, die ich brauchte, um gegen die Abweisung des Offensichtlichen vorzugehen, gegen die ich mich so häufig gewendet hatte: daß das Paranormale normal ist und daß wir Menschen uns eine stark einengende Realität geschaffen haben. Das Experiment machte mir auch deutlich, daß die Arbeiten von Cleve Backster am Polygraph ernst zu nehmen sind. Es waren die Beweise aus dem Labor, die ich brauchte, um die Realität der Erfahrungen zu bestätigen, die das allgemein akzeptierte Wissen übersteigen.

Das spannende Resultat war in keiner Weise neu. Im Jahre 1966 machte Backster eine Entdeckung, die sein Leben verändern und wahrscheinlich auch unser Verständnis über das Funktionieren der biologischen Systeme revolutionieren sollte. Er war ein unerschrockener Experimentierer und verband ein Blatt einer seiner Hauspflanzen mit einem Lügendetektor, um festzustellen, ob eine spürbare Reaktion auf das Wässern erfolgte. Zu seiner Überraschung schien die Pflanze auf sein *Denken* an das Wässern zu reagieren. Die Pflanze benahm sich wie ein Mensch bei einem Lügendetektortest, der ein starkes geistiges Bild sieht oder ein Gefühl erlebt.

In dem folgenden zehn Minuten machte Backster ein zweites Experiment, das ihn verblüffte. Er wollte die Pflanze bedrohen, indem er das Blatt, an das die Elektroden angeschlossen waren, verbrannte. In dem Augenblick, in dem er seinen Plan gedanklich formulierte und bevor er ein Streichholz hatte, machte der Stift im das Diagramm eine starke Bewegung aufwärts. Mit den Streichhölzern in der Hand betrat er wieder den Laborraum betrat und ging auf die Pflanze zu. Es gab eine abrupte Veränderung in der Aufzeichnung. Aber als er das Blatt verbrannte, war die Reaktion des Lügendetektors nur schwach. Auch Versuche, die anderen Blätter, an denen Elektroden angeschlossen waren, vergeblich zu bedrohen, hatten kaum eine Reaktion. Es schien, als könne die Pflanze seine Gedanken und damit seine wahre Absicht lesen.

Viele Experimente haben in den folgenden zwanzig Jahren die erstaunlichen Ergebnisse von Backster bestätigt und sind in *The Secret Life of Plants* von Peter Tompkins und Christopher

Bird beschrieben. Trotz all dieser Beweise gibt es noch heute Gelehrte, die die Daten nicht für glaubwürdig halten, zum Teil, weil menschliche Gedanken und Gefühle schwer zu quantifizieren sind und zum Teil weil sie das Unglaubliche zu beinhalten scheinen.

Einige Jahre später halfen weitere Experimente bei der Klarstellung der Fragen, die Backster gestellt hatte. In einem Fall hielt Backster einen Korb mit Garnelen bereit, die in einen Topf mit kochendem Wasser geschüttet werden sollten. Ein Zeitmessungsmechanismus mit willkürlichen Ausschüttzeiten war angeschlossen, und Backster, seine Mitarbeiter und Zuschauer verließen den Raum. Bei der Rückkehr war deutlich, daß die Pflanzen stark reagierten, genau zu der Zeit als die Garnelen getötet wurden. Die Pflanzen zeigten Mitgefühl für andere Lebewesen. Dieses wiederholbare Experiment eliminiert den möglichen Einfluß anderer Wirkungen wie die Anwesenheit von Menschen mit ihren Gedanken und Gefühlen.

Eine schier endlose Reihe von Überraschungen durch Experimente folgte. Einmal bemerkte Backster, daß seine Pflanzen auf das Knacken von einem rohen Ei reagierten. Er schloß das Ei an den Lügendetektor an und fand elektrische Aktivität, die mit dem charakteristischen Herzschlag eines Kükenembryos übereinstimmte. Aber das Ei war unbefruchtet! Tompkins und Bird beobachteten dazu: "Er schien eine Art von Kraftfeld erschlossen zu haben, das normalerweise nicht für konventionelle wissenschaftliche Kenntnis verständlich ist."

Schon vor mehr als fünfzig Jahren fand Harold Saxon Burr, ein Biologe an der Yale Universität, ein ähnliches Kraftfeld. Er bemerkte rätselhafte Muster elektrischer Aktivitäten in vielzelligen Organismen. Sein Mitarbeiter war F.S.C. Northrup, und zusammen veröffentlichten sie die Ergebnisse ihrer Experimente, in denen sie winzige elektrische Muster in allen Lebewesen entdeckten. Er nannte sie elektromagnetische Lebensfelder oder L-Felder.

Bevor ich aber zu dem Schluß kam, daß wir auf telepathische Weise unser Bewußtsein mitteilen, mußte ich das alles selber messen. Es gibt keinen Ersatz für direkte Experimente im Labor. Auf meiner Reise nach San Diego machte ich zwei Besuche: Einen zu einem Freund, der ein eminenter Mikrobiologie und Leiter einer Skeptikergruppe ist. Der zweite Besuch galt Backster. Ich überlegte, welche große Gelegenheit es wäre, diese zwei Gelehrten zusammenzubringen, da sie beide mit Laborverfahren vertraute Biologen waren, die begeistert nach den mysteriösen Funktionen der Natur forschten.

Ich zeigte meinem Freund eine von Backsters Arbeiten. Nach kurzem Uberfliegen gab er sie mir zurück mit den Worten, er habe zwar Respekt für den Forscher aber keine Zeit sich mit diesen "fern liegenden" Sachen zu beschäftigen. Er meinte, Backsters Experimente seien nicht wissenschaftlich untermauert und er brauche entweder eine starke Arbeitshypothese mit einem soliden wissenschaftlichen Grundsatz oder einige experimentelle Resultate, bei denen ein zweites Lügendetektorsystem als Kontrolle oder Nullreferenz dienen würde. Das Experiment müsse auch wiederholbar sein, wobei die Experiment- und die Kontrollgeräte willkürlich austauschbar sein müßten.

Das leuchtete mir ein. Ich war begeistert vom Gedanken, daß Backster etwas Wichtiges gefunden hatte. Die echte Beziehung zwischen Reiz und Reaktion war hervorragend illustriert, aber die Kontrollen waren nicht dicht genug. Denn wer konnte schon messen, was ein Gedanke, ein Gefühl war? Als mir klar wurde, daß Backsters Forschung in der vorhersehbaren Zukunft außerhalb des Rahmens wissenschaftlicher Bestätigung bleiben würde, war ich enttäuscht, aber ich erkannte, daß es keine andere

Alternative gab, als mich in ein Experiment zu stürzen, in dem ich das Versuchsobjekt war.

Backster machte begeistert mit. An einem Abend und mit der Mitarbeit von Steve White, einem graduierten Studenten in Meeresbiologie spendete ich weiße Blutzellen. Dieses Experiment war eine Wiederholung von einem, das Backster und White schon häufig an verschiedenen Menschen durchgeführt hatten. Die Arbeitshypothese lautete, daß nach dem Anbringen der Elektroden an die Blutzellen der elektrische Widerstand in den Zellen auf die Gefühlsschwankungen des Spenders reagiert. Backster und White hatten eine Arbeit veröffentlicht, die eine überzeugende Zeitkorrelation zwischen dem Gefühlsschwung (meist negativ), der vom Versuchsobjekt beobachtet oder aufgezeichnet wurde, und dem mechanischen Aufzeichnungsstreifen dokumentierte.

Trotz dieser scheinbar positiven Resultate gab es keinen Ersatz für das Erlebnis selbst. Also setzte ich mich mehrere Meter von meinem und den Lügendetektor angeschlossene Blutzellen entfernt hin und sprach mit Backster und einem alten Freund, der einige persönliche Bemerkungen machte, die mich peinlich berühren sollten. Ich wurde auf einem gespaltenen Bildschirm gezeigt; eine Hälfte des Bildschirms zeigte mich, die andere das Aufzeichnungsgerät. Die Ergebnisse waren erstaunlich: Als ich mir das Video ansah und das gelegentliche unbehagliche Gefühl während der Unterhaltung durchlebte, war die Korrelation zwischen den Bewegungen der Aufzeichnung und meinen Gefühlen offensichtlich. Auch konnte ich meine Gefühle auch nicht verfälschen; auf einen Versuch, negative Emotionen vorzutäuschen, erfolgte keine Reaktion. Die Beziehung muß also echt sein und kommt entweder als schlechte Nachricht von außen oder als spontaner Gedanke oder Gefühl, bevor eine Möglichkeit besteht, sie gedanklich durchzuarbeiten.

Danach verließ ich das Labor, ging zum Flughafen in San Diego und flog 500 km zurück nach Haus nach Phoenix. Das Experiment würde acht Stunden lang weiterlaufen, danach beginnen die Zellen abzusterben. Ich hatte meine Uhr auf die Laborzeit gestellt und machte mir Notizen über Ereignisse, die mir Beklemmung verursachten: Verpassen einer Ausfahrt von der Autobahn, Abliefern des Leihwagens auf einem vollen Parkplatz, beinahe Versäumen des Fluges (es war der letzte an diesem Abend), Abflug, Landung, mein Sohn nicht am Flughafen in Phoenix, um mich abzuholen, Besuch der Toilette, Fahrt nach Haus, zu Bett gehen.

Backster und ich verglichen dann unsere Notizen. Wir fanden starke Schwankungen zur Zeit meiner gespürten Beklemmungen und noch weitere Schwankungen. Die Aufzeichnungen beruhigten sich, nachdem ich zu Bett gegangen war. Diese Ergebnisse beeindruckten mich sehr. Wenn sie gültig waren, dann müssen wir die Hypothese akzeptieren, daß die Spender von Leukozyten mit ihren Zellen ohne spürbare Signalschwächung selbst über Hunderte von Kilometern in Kontakt sind. Die Implikationen sind enorm. Offensichtlich treiben wir in fundamentalen Aspekten unseres Bewußtseins Kommunikation mit anderen Lebewesen, mit denen wir auf irendeines Weise verbunden sind, und das Signal verringert sich selbst über große Entfernungen nicht.

Das Experiment legt eine noch kühnere Möglichkeit nahe: wenn wir Astronauten zum Mars senden, könnten wir dann ihre tiefgekühlt gelagerten weißen Blutzellen und/oder ihre eigenen Hauspflanzen auf der Erde anschließen? Dann könnten wir die Reaktionen auf Anregungen messen, wenn die Astronauten durch enorme Entfernungen von der Erde reisen. Würden sich diese Energien verringern? Würde die Kommunikation gleichzeitig mit der Lichtgeschwindigkeit reisen oder mit einer anderen Geschwindigkeit? Die Experimente auf der Erde scheinen zu zeigen, daß keine Verringerung des Signals eintritt wie bei elektromagnetischen Wellen, die dem Physiker vertraut sind. Man hätte eine Abschwächung des Signals im Verhältnis mit der Entfernung erwartet, die aber nicht eintrat.

Da ich weitere Bestätigung dieser erstaunlichen Resultate wollte, war ich an einem weiteren Experiment interessiert, das Backster großzügig erlaubte. Dieses Mal diente ein Freund als Testsubjekt. Wieder zeigte der gespaltene Bildschirm erstaunliche Verbindungen zwischen den Gefühlsreaktionen und den Schwankungen der Aufzeichnung. Als wir auf dem Weg zum mehrere Kilometer entfernten Hotel waren, notierte ich potentiell traumatische Situationen für meinen Freund, wie Linksabbiegen bei Rot, Zuknallen der Hotelzimmertür und Besprechen schmerzhafter Erinnerungen. Die zeitliche Übereinstimmung war unglaublich. Die Aufzeichnungen beruhigten sich beim Schlafen wieder.

Aber die überzeugendsten Ergebnisse kamen von einer anonymen aber zuverlässigen Quelle während des Geschlechtsverkehrs. Mit einer Zeitpräzision innerhalb von Sekunden und wiederholten mehrere Minuten dauernde Höhepunkte der Intensität wurden mit den wildesten Zacken aufgezeichnet, die ich je gesehen hatte - Kilometer von Backsters Labor entfernt. Ein derartiges Profil trat bei allen anderen Aktivitäten nicht auf und verhielt sich zu anderen Zeiten ruhig. Eine sorgfältige Überprüfung der Aufzeichnung und der Notizen überzeugten mich, daß Backsters Hypothese nun voll bewiesen war.

Dieses Experiment brachte den Höhepunkt meines jahrelangen Ringens zwischen zwei völlig verschiedenen Modellen des Weltalls und zerstörte alte Denkschablonen. In einem der Modelle ist Wissenschaft vorhersagbar und sicher. Das ist die Naturwissenschaft, die ich in der Schule gelernt hatte und meine ganze Karriere lang an Universitäten lehrte. Das zweite Modell ist experimentell, unerklärlich und vollständig außerhalb des mir vertrauten Feldes. Ich hatte schon seit einiger Zeit den Verdacht, daß das erste Modell der Wissenschaft unzureichend war. Jetzt war ich endlich davon überzeugt, daß die Wirklichkeit weit unermeßlicher und geheimnisvoller ist, als unsere akzeptierte Wissenschaft anerkennen kann.

Der Anfang meines Ringens

Meine Suche nach verschiedenen Modellen der Realität begann einem Sonntag im Frühjahr 1979 in einem nördlichen Vorort von Philadelphia, als ich mit 300 anderen in einem schwach beleuchteten Hotelballsaal auf dem Teppichboden lag. Die Schulungsleiter spielten beruhigende Musik, und wir sanken mit geschlossenen Augen in eine tiefe, traumartige Entspannung. Die Stimmen der Lehrer legten uns nahe, daß wir in unseren Gedanken in eine perfekte Umgebung eintreten, in der wir uns selbst sehen und alles haben oder erreichen würden, was wir uns wünschen.

Ich hatte noch nie so etwas gemacht. Zum ersten Mal seit meiner Kindheit, empfand ich Reinheit, Sorglosigkeit, einen natürlichen Hochzustand.

Dieser war der fünfte und letzte Tag einer "Lifespring"-Schulung, ein Training des menschlichen Potentials, die wie EST und eine Vielzahl anderer dazu gestaltet war, unsere negativen Emotionen in den ersten Tagen zu erleben, und sie dann, nachdem wir sie konfrontiert hatte, beiseite zu legen und schließlich die Freude unseres wahren Ichs zu fühlen und auszudrücken. An diesem letzten Tag war ich definitiv freudevoll.

Meine akademischen Kollegen in Princeton sind sicher an diesem Sonntag mit Angeln, Segeln oder Gartenabeiten beschäftigt oder vielleicht auf Ausflügen mit der Familie zum Jahrmarkt,

Zensieren von Prüfungen oder beim Arbeiten im Labor mit ihrem hingebungsvollen Assistenten. Gibt es eine unpassendere Freizeitgestaltung für ein Mitglied des Lehrkörpers von Princeton als diese, dachte ich, als ich mich in meinen euphorischen Trance versenkte.

Was ich hier erlebte, war ein unerwarteter fünf Tage langer Urlaub von der akademischen Wirklichkeit, zu der ich danach nie wieder richtig zurückkehren würde. Das wußte ich aber zu der Zeit noch nicht. Ich ahnte nicht, daß mir ein schmerzhaftes Jahrzehnt des Abschieds vom Priesterstand der westlichen reduktionistischen Naturwissenschaft bevorstand. Meine Veränderungen würden Angst, und Trauer umfassen ... und dann in ein profundes Gefühl des inneren Friedens, in eine Überschreitung der begrenzten Realität und in ein kleines Stück im Gewebe einer weit größeren Realität einmünden.

Es handelte sich nicht darum, daß meine Kollegen unrecht hatten. Unter ihnen waren einige der brillantesten Köpfe der Welt, und ihr gelehrter Beitrag zu unserem Wissen war beachtenswert. Nobelpreisträger und Mitglieder der Akademie der Wissenschaften machten einen relativ hohen Prozentsatz der prestigereichen Physikfakultät aus. Und in der Nähe arbeiteten die Physiker am "Institute for Adanced Studies", wo Albert Einstein seine späteren Jahre verbrachte.

Während ich auf dem Fußboden lag, erinnerte mich mit gelöster Wärme an die Joseph Henry Luncheons in Princeton. Henry war ein eminenter Physiker im neunzehnten Jahrhundert, der wichtige Entdeckungen in der Elektrizität und im Magnetismus gemacht hatte. Es war ein besonderes Privileg, an einem Glas Sherry zu nippen und mit Gelehrten wie John Wheeler und Eugene Wigner (beide Nobelpreisträger mit umfassenden Einsichten in Materie, Energie und die Quantentheorie) oder mit Gerard O'Neill und Robert Dicke zu sprechen. Mich unter den vierzig führenden

Physikern der Welt aufzuhalten, gab mir das Gefühl der Wichtigkeit auf dem Gipfel der wissenschaftlichen Wirklichkeit des zwanzigsten Jahrhunderts.

Dennoch hatte ich ein vages ungutes Gefühl beim Verkehr mit einigen dieser Herren (und sie waren alle Männer, als ich dort war). Ich fürchtete, ich würde nicht ihrem Standard entsprechen oder nicht in der Lage sein, die passenden teilweisen Differentialrechnungen anzustellen, um einen Punkt zu gewinnen. Und ich fühlte Unbehagen, wenn einige von ihnen so schnell und mit herablassendem Lächeln die Behauptungen anderer über das Paranormale von sich wiesen. Ablehnen fiel diesen Genies leicht.

Aber etwas stimmte nicht. Wie konnten Millionen von Berichten über ungewöhnliche Phänoneme so einfach von den Richtern, die im klimatisierten Komfort von Jadwin Hall sitzen, beiseite geschoben werden? Selbst wenn die überwältigende Majorität dieser Berichte Mißrepräsentationen oder Übertreibungen waren, wußten denn meine Kollegen so viel über die Natur des Weltalls, von Geist und Materie, daß sie es sich leisten konnten, ein riesiges Feld des bislang noch Unerklärten zu ignorieren? Erzwang nicht ihre Engstirnigkeit eine negative Reaktion, die alle Erkundigungen außerhalb des wissenschaftlichen Umfelds ausschloß? Handelte es sich hier um Selbstschutz oder um Angst vor dem Unbekannten? Oder gab es zu viel "echte Wissenschaft" zu erarbeiten, daß sie keine Zeit auf etwas zu verschwenden hätten, was ihnen fast sicherlich als Betrug oder wunschseliger Aberglauben erschien?

An jenem schönen Sonntag im Mai, als ich da in einem veränderten Bewußtsein lag, begann sich mein Leben grundlegend zu ändern. Ich sollte eine Antwort auf die Frage finden, ob es eine Wirklichkeit jenseits meines Universitätslernens gab. Ich würde eine tiefe Intuition erleben - die so real war wie das Bild der Erde im Weltraum - eine Intuition, daß psychische Erlebnisse wirklich sind und daß daher viele verwandte Phänomene wie Begegnungen mit UFOs und ein universales Bewußtsein ebenfalls real sein könnten. Die Büchse, die ich gerade zu öffnen im Begriff war, könnte Pandoras für diejenigen sein, die Angst hatten, hinzusehen, aber für mich wurde sie zu einer wundervollen Gelegenheit, neue Reiche des Erkundens zu öffnen.

Meine erstes paranormales Erlebnis

Da saß ich nun mit überkreuzten Beinen auf dem Fußboden des Ballsaals Auge in Auge mit einer willkürlich gewählten Partnerin, einer unauffälligen Frau aus Allentown etwa um die Dreißig.

Ich verharrte in meiner euphorischen Konzentration, dann legte ich mich zurück auf den Boden. Meine Partnerin gab mir den Namen eines Mannes, sein Alter und seinen Wohnort (Allentown). Mir wurde aufgetragen, ihn zu beschrieben, indem ich meine psychischen Kräfte benutzte, von denen ich nicht wußte, ob ich sie besaß.

Ich kenne niemanden in Allentown, etwa hundertsechzig Kilometer von meinem damaligen Wohnort entfernt. Meine Intelligenz bezweifelte, daß die Übung irgendeine Bedeutung hatte. Ich hatte keine Ausbildung dahingehend genossen, daß ich glauben könnte, die Telepathie existiere wirklich. Die Vorführungen solcher Fähigkeiten waren für mich unproduktive Spekulationen. Trotzdem blieb ich bei den Übungen und verfiel noch einmal in einen tiefen Trance.

Ein Bild erschien. Ich sah den dunkelhaarigen Mann, der am Strand an der Westküste von Maui in Hawaii entlang ging. Er war ohne Frau und darüber wohl etwas traurig, als er in das idyllische Haus ging, das ich für ihn projizierte. Ich zeigte ihm einen Globus und Landkarten. Er stellte zahlreiche Fragen, und wir

empfanden starken Rapport. Dann beobachteten wir die schweren Wolken über den Palmen, die sich im Wind bogen.
In diesem imaginären Trugbild, das wir miteinander teilten, unterrichtete er mich über das Klima und die Geographie der Inseln von Hawaii. Ich wußte, daß ich mir das nur einbildete. Entweder "kanalisierte" ich eine Wahrheit oder stellte mir etwas sehr Lebendiges vor. Meine Partnerin im Ballsaal unterbrach dann meine Träumerei und informierte mich, daß der Mann Witwer und Meteorologe und Journalist von Beruf war und lange Jahre auf Maui gelebt hatte. Sie sagte, meine Beschreibung passe haargenau auf ihn.

Als die aufflackernden Lampen im Ballsaal unseren Bann brachen, machten die anderen Pause, aber ich lag noch immer euphorisch auf dem Boden und ließ die anderen über mich steigen. Nach einigen Minuten stand ich auf und fühlte mich, als ob die Schwerkraft erloschen war. Schwerelos glitt ich durch den Raum und holte mir ein Glas Wasser. Zum ersten Mal konnte ich nachempfinden, wie sich die Astronauten im Weltraum fühlen. Ich fühlte mich wie ein Kind - eingetaucht in die lebhafte Erinnerung, wie ich als Sechsjähriger den Mt. Monadock in New Hampshire erkletterte, einen Berg mit gigantischen Felsplatten unter weißen Wolken und tiefblauem Himmel, mit dem Duft und den Geräuschen bemooster Wälder und glucksender Bäche.

Das neue Abenteuer beginnt

Dreißig Jahre voller Sackgassen, dachte ich. Dreißig Jahre mit Programmierung der linken Gehirnhälfte in Schulen und Universitäten, mit Rezitieren von auswendig gelernten Dingen, um mich vorwärts zu bringen und das Wohlwollen anderer zu erringen. Dreißig Jahre, in denen die echten Freuden des Lebens als eine Ausflucht oder als eine Nachahmung der Wirklichkeit abgetan wurden wie Disneyland, wo das imitierte Matterhorn das echte Matterhorn war. Ich glaubte, ich war hirnverletzt und hatte das Leben versäumt.

Wer bin ich? fragte ich. Woher komme ich? Wohin gehe ich? Was ist echte Weltall? Weder ein Bakkalaureat in Physik vom Willians College, ein M.A. und ein Ph.D. ("Doktor der Philosophie" erscheint wie die falsche Wortwahl) oder meine Ausbildung zum Astronauten, Lehrpositionen, Aufgabenbereich als Berater eines Präsidentschaftskandidaten noch meine katholische Erziehung - all das war nicht relevant. Dreißig Jahre lang hatte ich mich von mir selbst abgelenkt - dem einzigen, der die Antworten finden oder es zumindest versuchen könnte. Die Fragen, die Erlebnisse überstiegen den intellektuelle Sphäre, eine kleine Welt, die in einem viel größeren Gewebe der Realität eingebettet ist.

Mein neues Abenteuer hatte begonnen. Ich fühlte mich wie ein Astronaut im inneren Weltraum, der es nicht erwarten kann, seine Erlebnisse mitteilen zu können. Ich begann, meinen Freunden davon zu erzählen, aber viele von ihnen reagierten mit befremdeten Blicken und forcierter Aufmerksamkeit. Dann kam mir der Gedanke, daß sie vielleicht nicht so stark am Innenleben interessiert sind, weder an meinem noch an ihrem eigenen. Ich konnte meine Erlebnisse nicht unumstößlich beweisen, noch konnte ich jemanden auf meine Entdeckungsreise mitnehmen. Je begeisterter ich meine Erlebnisse und Ideen zu schildern versuchte, desto mehr schien sich ihre Wirkung auf meine Freunde zu verringern. Erst viel später wurde mir klar, daß diese inneren Erlebnisse keine Funktion der Ego-Wirklichkeit sind. Sie müssen als etwas einmalig Persönliches eingeschätzt werden, ganz mein eigenes. Aber sie konnten nicht auch mit Experimenten zusammen in eine neue Realität verwandelt werden?

Wie für viele Astronauten im Weltall war meine eigene Rückkehr zur "Erde" schwierig. Ich hatte etwas ganz Besonderes und Schönes erlebt, das auf irdischem Boden nicht ausreichend ausgedrückt werden konnte. Der Nachglanz begann zu verblassen.

Letztendlich wußte ich, daß ich meinen wissenschaftlichen Kollegen ohnehin nichts erzählen konnte, da die Erlebnisse subjektiv und nicht in einem kontrollierten Experiment gesammelt waren. Ich hatte ein dreißig Jahre wertes, schwer verdientes Renommee zu verteidigen und war nicht ohne weiteres bereit, es zu gefährden. Die Tage und Wochen schwanden, und ich kehrte zu einem normalen Lebensstil zurück, und die Erlebnisse verblichen und verweilten nur als Erinnerung oder Seltsamkeit. In der Zwischenzeit ging das Leben in Princeton seinen gewohnten Gang: Unterricht, Treffen mit der Elite der Physik, und Gespräche über unsere Forschungsstudien, Hobbys und das "wirkliche" Universum.

In der Rückschau war dies der einzige praktische Weg, die ich einschlagen konnte. Eine Schauspielerin wie Shirley McLaine konnte es sich leisten, ihre Glaubwürdigkeit aufs Spiel zu setzen und geächtet zu werden, aber sie gehörte nicht zu den Wächtern der alten Wirklichkeit in der akademischen Welt. Ich mußte hingegen im Untergrund bleiben, denn ich hatte alles zu verlieren und nichts zu gewinnen, wenn ich von psychischen Phänomenen sprach, worauf ich bezweifelt, ausgelacht, herausgeworfen und schließlich ignoriert würde.

Diese Prognose hielt jedoch meinen Kreuzzug nicht auf. In den folgenden acht Jahren setzte ich mein "aufrechtes" Leben fort zunächst als Wissenschaftler in Princeton und dann bei der "Science Applications International Corporation" in Kalifornien, einer industriellen Denkfabrik für die Regierung.

In den achtziger Jahren fühlte ich mich zwischen einem korporativen Wissenschaftler und einem spirituellen Suchenden hin- und hergezogen. An Wochentagen saß ich an meinem

Schreibtisch und schrieb Projekte oder in Flugzeugen unterwegs zu NASA-Zentren und großen Aerospace-Firmen, denen ich die Vorzüge meiner Firma vortrug, damit wir einen Vertrag bekämen. An Wochenenden nahm ich heimlich Kurse beim "Insight-Transformational"-Seminar, an der Koh-E-Nor-Universität und beim Prana-Theologieseminar. Ich wurde ordinierter Priester bei der Bewegung für spirituelles inneres Bewußtsein, einer losen Organisation, deren Glaubensbekenntnis Gott in uns allen sieht und Zugang zur Freude durch Meditation umfaßt.

Meine Erfahrungen vervielfältigten sich und verwoben sich während jener Jahre, und ich wurde zuversichtlicher. Ich lebte in zwei weit voneinander entfernten Realitäten und bewegte mich zwischen ihnen hin- und her, manchmal mit Anregung, manchmal mit Schmerz. An einem typischen Wochenende fuhr ich zum Beispiel von einer spirituellen Freizeit am Arrowhead-See den Berg hinunter, um dann im smoggefüllten Tal von Los Angeles wie gewohnt zur Arbeit gehen.

Mein Doppelleben zwischen Physik und Metaphysik war dem Untergang geweiht. Anfang 1987 wurde ich von meinem Aerospace-Job entlassen, weil ich nicht an Präsident Reagans lukrativem Programm, "Star Wars", der Strategischen Defensinitiative, arbeiten wollte, für das fast alle neuen Geldquellen und Gelegenheiten bereitgestellt wurden. Im folgenden Jahr verbrachte ich viel Zeit damit, gegen SDI öffentlich Stellung zu nehmen. Das war ein weiterer Umweg, bevor ich meine erweitere Realität voll in mein Leben aufnahm.

In den zwölf Jahren meines Doppellebens durchreiste auch mein Privatleben eine kurvenreiche Bahn. Eine Scheidung wurde von schmerzhaften Verhältnissen gefolgt. Ich war ruhelos und suchte dauernd. Ich gab nie auf, aber ich fand es immer schwieriger, am Tag mit Wissenschaftlern und Ingenieuren umzugehen und nach der Arbeit meiner Intuition eines komplexeren und mehr auf Geist und Materie gerichtetes Universum nicht folgen zu können.

Und ich bedauerte die Abwendung meiner Kollegen, Carl Sagan, mit dem ich an der Cornell Universität gelehrt und geforscht hatte. Er begann mich zu ignorieren, denn er hatte seine eigenen "Kosmos"-Ideen zu verkaufen. Ein weiterer Abschied trennte mich von meinem Freund und Kollegen Gerry O'Neill bei Princeton. Ich veröffentlichte immer weniger und ging daher in der akademischen Welt unter. Mein Abgang aus dem wissenschaftlichen Establishment durch die Hintertür dauerte 10 Jahre und erfolgte schließlich ganz ohne Fanfaren. Vielleicht wäre der Abschluß mit einer Pressekonferenz und einer zeremoniellen Bekanntmachung meines Ausscheidens weniger schmerzhaft gewesen.

Tatsächlich war mein Abschied so allmählich, daß viele meiner Kollegen gar nicht merkten, daß ich weggegangen und in verbotenes Territorium gewandert war. Einige merkten es: einer meiner Kollegen nahm Anstoß beim Lesen des letzten Kapitels in meinem Buch *Mars 1999*, in dem ich romanhaft die telepathische Kommunikation zwischen Menschen auf der Erde und Astronauten in einem im Jahre 2020 auf dem Mars gebauten Stützpunkt beschreibe. Ein anderer Kritiker sprach das geschmacklose Kliché aus: "Öffne deinen Kopf nicht so weit, daß dein Gehirn ausläuft". Dieser Kritiker hatte mich im Fernsehen in der Phil Donahue Show gesehen, wo ich in einem Forum zusammen mit dem Bestsellerautor und angeblichen UFO-Kontakt Whitney Strieber, und der Schauspielerin Joyce DeWitt erschien, deren Pfad dem von Shirley McLaine ähnelt.

Aber erst vor kurzem wurde es mir möglich, die größere Realität zu umarmen. Dies erforderte die Trennung von bestehenden Institutionen, aber mit Liebe und Vergebung und ohne Ärger. Andere brauchen vermutlich weniger Zeit, sich zu lösen, da die meisten nicht derart wissenschaftlich programmiert waren wie ich. Ein großer Teil meiner metaphysischen Schulung war ganz einfach eine "Umschulung".

In den folgenden Kapiteln erkunde ich einige der derzeit unerklärlichen Phänomene der inneren und äußeren Welt, die sich der wissenschaftliche Erforschung anbieten und auch einen wesentlichen Teil meiner eigenen Erfahrungen darstellen. Dieses Buch ist eine Reihe von Schnappschüssen von Bildern in eine sich rapide wandelnden Weltsicht eines Einzelnen. Es ist die Sicht eines Astronauten auf die Erde, von der uns nicht ausreichend distanzieren können, um sie ganz sichtbar zu machen, wobei gleichgültig ist, wie stark die Raketen sind und wie weit wir fliegen.

Dieses Buch mag manchen, die das Feld der Metaphysik gemeistert haben und sie im Alltag praktizieren, naiv erscheinen. Da ich aber diese neuen Welten mit einer umfassenden Indoktrination in die Wissenschaften des Westens betrete, verfüge ich vielleicht über eine andere Perspektive, die anderen helfen kann, den Übergang zu erleichtern. Ich stehe noch immer zwischen den Welten.

Erforschung der außergewöhnlichen Phänomene kombiniert mit einer dauernd wachsenden Anzahl von persönlichen Erfahrungen bieten ein zunehmendes Korpus von Beweismaterial, das wir einsetzen müssen, um ein neues Paradigma des Wissens erstellen zu können. Dabei gibt es keine Umkehr. Die wissenschaftlichen und politischen Führungspersönlichkeiten, die dieses neue sich entwickelnde Denkmuster ignorieren möchten, sind wie die Päpste und Kardinäle der Renaissance, die die radikalen Ideen von Kopernikus, Bruno und Galileo abwiesen. Heutzutage sind die meisten Naturwissenschaftler auch Hohe Priester einer alten Ordnung, die zu verteidigen streben, was sicher und vertraut ist und ihren Lebensunterhalt bringt. Gleichzeitig führt uns eine größere Realität einer Welt entgegen, die so umfangreich und komplex ist, wie Newton und Einstein sich vorstellten, als sie auf ihre Suche nach Gott aufbrachen.

Die neue Realität der inneren und äußeren Welt

Was ist diese größere Wirklichkeit? Sie erweitert unsere Fragestellung. Sie betrachtet den Verstand als mehr als lediglich ein Gehirn, das Informationen zusammenträgt wie ein Computer. Sie sieht das menschliche Bewußtsein als einen Teil einer größeren Realität in Raum und Zeit (und vielleicht darüber hinaus) nicht als das Epiphänomen eines Organismusses mit einer begrenzten Lebenszeit in einem physischen Körper. Sie sucht, das Subjektive und das Objektive zu integrieren, die rechte Hirnseite mit der linken zu verbinden. Sie strebt nach Einigkeit in allen Dingen statt der Reduktion aller Dinge in physikalische Bauteile.

Die neue Realität setzt eine wechselseitige Verbindung voraus, eine höhere Ordnung des Weltalls, das mit bekannten physikalischen Gesetzen nicht erklärt werden kann. Sie beobachtet die Macht des Geistes. Sie wägt Hypothesen, die bestehende Theorien oder Vermutungen anzufechten wagen. Sie benutzt eine Vielzahl von Ansätzen bei der Suche nach einer außerirdischen Intelligenz, nicht nur durch die wissenschaftlich gutgeheißene Suche mit dem Radioteleskop sondern auch UFOs und "Monumente auf dem Mars". Sie betrachtet Dimensionen jenseits von Zeit und Raum, Konzepte jenseits Materie und Energie, wie wir sie derzeit verstehen, und Reiche jenseits des Physischen. Sie sucht jenseits der Newtonschen Physik (Hebel, Rollen oder Raupen), eine Erklärung, wie die Steinblöcke der ägyptischen Pyramiden, die Festungen der Inka, die Säulen von Stonehenge und die Statuen auf der Osterinsel zusammengetragen wurden. Sie alle entstanden vor Newton und haben historisch wenig mit modernen Mechanismen zu tun. Die neue Realität betrachtet die Möglichkeit, daß die Erde ein lebendiger Organismus ist, auf dem sich die Einwohner wie unbewußte Flöhe auf einem Elefanten tummeln.

Unsere Realität wird von unseren inneren und äußeren Wahrnehmungen geformt, die ich die innere und die äußere Welt nenne. Die Erkundung der äußeren Welt jenseits der Erde ist das beste zeitgenössische Beispiel eines Vorstoßes in die enorme, in der Tat unendliche Grenze, und daher ist sie das passendste Symbol unseres Trachtens nach Wissen und Erfahrung im entpersonalisierten externen Reich. Wenn ich den Ausdruck "äußere Welt" benutze, meine ich *alle* unsere äußerlichen Erlebnisse, die von der Sprache erfaßt und daher anderen mitgeteilt werden können. Diese Welt umfaßt unseren Alltag und unsere Kommunikation. Wir kommen wie Zellkulturen zum Vorschein und bewegen uns nach außen in eine unerforschte Leere.

Die Erforschung der inneren Welt ist eine ganz andere Sache. Ihre Grenzen sind so riesig, aber sie sind zu subtil für viele von uns, die wir eintreten möchten, und sie erstrecken sich nicht in eine lineare oder multidimensionale topologische Richtung. Fast mein gesamtes Jugend war ich in Unkenntnis meiner eigenen inneren Welt, die auf Erforschung wartet. Ich glaubte, daß alles, was es zu erleben gab, war "da draußen" - uns zugänglich außerhalb unserer Körper in den drei Dimensionen von Raum und der einen Dimension von Zeit. Für uns alle ist das Draußen der Gegenstand unseres primären bewußten Brennpunkts hier auf der Erde: wie wir auf diesem Planeten leben. Wir betrachten Überleben als Jagd - von Amöben zu Leoparden und zu Stämmen von menschenähnlichen Wesen. Im Gegensatz dazu hat unser inneres Erleben nichts mit dieser äußeren Welt zu tun; daher fehlen uns Anhaltspunkte, mit denen wir das Innere mit etwas Linearem und Konkretem verbinden könnten.

Aber langsam erwachen immer mehr von uns und wenden sich der erweiterten inneren Realität zu. Vieles davon kann weder beschrieben noch in Landkarten erfaßt werde. Diese innere Realität kann zuerst nur in blitzartigen Momenten auftreten, die so flüchtig sind, daß sie äußere Realität sofort wieder spurlos auslöscht. Aber wenn die innere Realität immer wieder erscheint und wenn sich ereignet, was in diesem Buch beschrieben ist, dann verdient diese Realität Anerkennung, besonders wenn diese Anerkennung auch Verbesserung, Gesundheit, Glück, Lösungen der Wirtschafts-, Umwelt- und Energieprobleme sowie ein Erwachen des Verständnisses unserer eigenen Unsterblichkeit mit sich bringt. Aber wir haben die Wahl, weiterhin unser inneres Wesen zu ersticken und unser äußere Existenz mit massenhaft Aktivitäten zu füllen. Das ist in der heutigen auf Äußerlichkeiten gerichteten Welt allzu einfach, da die meisten von uns sich nicht in die inneren Reiche wagen.

Wie ist es dann möglich, daß wir unser inneres Wesen und die dazugehörigen Territorien so nachhaltig ignoriert haben? Warum kleben wir so starr an den Realitäten der ordinären Raum-Zeit- Sterblichkeit? Ich meine, das geschah *nur* deshalb, weil wir es so gewollt haben. Und das ist ein großes "Nur"! Zugegebenermaßen ist der Zwang zur Konformität in unserer materialistischen, sterblichen Welt enorm. Aber ich glaube, daß wir das überwinden können. Wir alle können unsere eigene Realität verwirklichen.

Die neue Realität, die mir vorschwebt, besteht aus mindestens drei Hauptelementen. Erstens umfän_t sie Erlebnisse, in denen rationelle Abfragen noch immer möglich sind, wo aber eine Paßform mit bestehenden Modellen nicht mehr möglich ist; daher sind *alle* Modelle fragwürdig. Zweitens umfaßt sie ein Verständnis der neuen Realität in der äußeren *und* in der inneren Welt, wie ein kosmischer Tanz von Beobachter und Beobachtendem. Drittens gehört dazu die Hypothese, daß wir alle fähig sind, unsere eigene

Realität zu formen: der Zustand oder die Kondition unserer inneren Welt beeinflußt unsere Erfahrungen dessen, was in unserer äußeren Welt real ist, auf profunde Weise.

Der neue Wissenschaftler

Der neue Wissenschaftler ist dann einer, der Experimente plant und Untersuchungen von Phänomenen wie telepathischer Kommunikation zwischen Menschen und Pflanzen und zwischen Menschen und ihren weißen Blutzellen vornimmt. Neue Wissenschaftler sind jene, die Theorien aufstellen, um seltsame Formen und Gewohnheiten zu erklären, die innerhalb einer gegebenen Gattung über Raum und Zeit hinweg weitergegeben werden. Sie messen unerklärte Energieanomalien um prähistorische Steinblöcke, die Ultraschallpulse beim Sonnenaufgang an der Sonnenwende ausstrahlen. Sie versuchen, die Phänomene in einen breiteren Rahmen einzupassen, der voraussetzt, daß der Beobachter das Beobachtete beeinflußt und daß sich Systeme verändern, wenn die Einzelteile dazu ausgerichtet sind. Sie nehmen an Bewußtseinserfahrungen in Gruppen bei wie menschlichen Wogen in Sportstadien und Arbeitsgruppen der transformationellen Philosophie teil. Sie benutzen Methoden wie Wünschelrutengang und Kirlian-Fotografie, um die Veränderungen im Energiefeld des menschlichen Körpers bei emotionellen Bewegungen zu erfassen. Sie definieren eine "Physik", die über die Kräfte der Elekromagnetik, Schwer- und Kernkraft hinausgeht. Und sie fordern, daß sich eine neue Biologie jenseits Genetik und Elementarteilchen erstreckt.

Der Wahrheitssucher in der neuen Realität ist kein leichtgläubiger Tölpel, der auf jeden Betrug hereinfällt; er oder sie versucht, die Wahrheit von Fälschung und Hyperbel zu trennen. Viele Menschen wenden unwissenschaftliche Methodik an und können die Wahrheit verbiegen. Der neue Wissenschaftler muß fähig sein, genau zu unterscheiden. Dafür ist ein Erlebnis ein Beispiel, das ich vor vielen Jahren beim Wandern in der Wildnis mit einer Freundin hatte, das seltsam erschien, dann aber eine sehr weltliche Lösung hatte: Als ich mich mit dem Ohr zum Boden und mit geschlossenem Mund zur Ruhe legte, hörte ich Radiosignale. Wir waren meilenweit von der Zivilisation entfernt. Wenn ich meinen Kopf hob, um meine Freundin zu fragen, ob sie es auch gehört hatte, sagte sie nein, und es stoppte. Wenn ich wieder lag, hörte ich es wieder. Ich verstand den Namen und die Kennzahlen des Senders in Seattle und hörte laute Rockmusik, die ich nicht mag. Was konnte das sein? Später konnte ich die Theorie bestätigen, daß die massiven Silberplomben in meinen Zähnen als Antenne funktionierten und diesen Sender einschaltete. Es war *nicht* ESP.

Daher muß der neue Wissenschaftler sorgfältig nur solche Phänomene ansprechen, die der wissenschaftlichen Forschung zugänglich und der persönlichen Erfahrung greifbar sind. In diesem Buch befinden sich mehrere Beispiele. Wir brauchen uns nicht zu spekulativem Sensationalismus oder unüberlegtem Denken verleiten zu lassen, die die Glaubwürdigkeit einer größeren Realität schmälern könnte.

Für den neuen Wissenschaftler ist die neue Wirklichkeit eine alte. Die Philosophen des Orients und die indianischen Kulturen Amerikas richten sich seit Jahrhunderten nach subjektiven und objektiven Aspekten dieser Realität. Jetzt ist die Zeit großer Möglichkeiten, in denen sich Experimente und Erlebnisse zu einer völlig neuen Synthese alter und zeitgenössischer Modelle der Wirklichkeit vereinen können.

Da wir zu erwachen beginnen, sehen wir die Peripherie der westlichen Wissenschaft sich aus ihrem kleinen Standort innerhalb des Gewebes der Wirklichkeit schnell nach außen wenden. Bald kommen wir zu einer weit reicheren Bewußtheit, als wir je zu träumen wagten.

Transformation

Transformation ist das Schlüsselkonzept in dieser Bewegung in die neue Realität, die ich vorschlage. Obwohl das Wort zu häufig benutzt wird, liegt die Signifikanz der Transformation darin, daß sie mehr als eine Veränderung oder Revolution bezeichnet. Etymologisch bedeutet Transformation "Umwandlung, Umformung, jenseits der Form". Wir stehen auf der Schwelle eines Zeitalters der Transformation, das manche das Zeitalter des Aquarius nennen. Alle zweitausend Jahre spingt die Erdachse wie ein Kreisel ein Zwölftel des Weges um den vollständigen Sternkreis am Himmel von einem Sternzeichen zu anderem. Jesus war der Brennpunkt des Zeitalters der Fische; daher glauben manche, daß die Jetztzeit uns ein neues Zeitalter bringt. In diesem Zusammenhang ist die neue Realität nicht nur eine Modelaune.

Eines der wichtigsten Bücher über den persönlichen und gesellschaftliche Kontext der Transformation ist *The Aquarian Conspiracy* von Marilyn Ferguson. Ihr Bericht ist eine Zusammenstellung der Entwicklungen in allen Bereichen der Transformation. Jetzt verlangen die rapiden Entwicklungen in unserer Transformationskenntnis und die globalen Ereignisse eine erneute Prüfung des neue Zeitalters aus der erdgebundenen wissenschaftlichen Perspektive

Selbst die Psychologen, die sich als Freuds Schüler empfinden, sagen uns implizit, daß der erste Schritt in der persönlichen Transformation die Akzeptanz der Verantwortung für die eigenen Gedanken und Handlungen ist: Um die neue Realität und die Transformationswissenschaften richtig zu verstehen und begreifen, müssen wir uns zuerst transformieren. Dieser Vorgang wird nicht an Universitäten gelehrt. Transformationswissenschaftler müssen nicht nur leidenschaftslos die Phänomene in Labors messen, sondern auch sich selbst gestatten, ein Aspekt des Phänomens zu werden, das sie zu messen versuchen. Und es reicht nicht, über Physik, das Paranormale, Reinkarnation, Heilung und UFOs zu lesen , um die Realität zu verstehen. Die *Erfahrung* der Transformation ist die Hauptbühne für jeden einzelnen von uns.

Meine Erfahrungen bei "Lifespring" 1979 war meine erste wichtige Aussetzung an persönliche Transformation. In diesem Seminar und vielen anderen, an denen ich später teilnahm, hatten die Teilnehmer die Möglichkeit, ihre Ängste, Trennungen, Schuld, Gier und Eifersucht zu konfrontieren. Das Ergebnis dieser Wahrnehmung war eine Transformation derer, die gewillt waren, ihre negativen Eigenschaften zu betrachten. Eine Gefühlswelt mit Freude und Einsicht folgte dem anfänglich schmerzhaften Prozeß.

Es ist ein unbeschreibliches Erlebnis, Menschen zu beobachten, die sich zuerst einsam, allein und deprimiert fühlen, und dann nach und nach aus ihren Verstecken steigen und leuchtend frohe Wesen werden, die sie potentiell ohnehin sind. Teilnahme an der Freude in Gruppen anregend, denn das Eins-Sein transformiert die ganze Gruppe. Dabei besteht jedoch die Gefahr, daß sich die Gruppe am Ende des Seminars auflöst und die Einzelnen ihr "reales" Leben
wieder aufnehmen. Dadurch wird das intensive Erlebnis oberflächlich und beginnt bald, in der Erinnerung zu verblassen.

Durch Übung, Übung und Übung kann man sich transformieren, und Gruppen auch. ... Und ich glaube, daß sich auch Nationen transformieren können und die ganze Welt. Aber zuerst muß man die schmerzhaften Eigenschaften betrachten und durchleben - die schwarze Nacht der Seele, die Illusion der Trennung - bevor die Transformation erfolgen kann. Die spirituellen Lehrer haben dies traditionell als den Vorgang "aus dem Schatten in das Licht" bezeichnet. Bevor die Transformation stattfinden kann, muß man gewillt sein, das Liebste gehen zu lassen. Transformation ist zu Anfang nicht erfreulich. Starke Liebesfähigkeit kommt axiomatisch erst nach dem Erleben.

Meine Transformation ist mehr Vorgang als Vergegenwärtigung, wie im nächsten Kapitel zu lesen ist. Ich muß noch immer daran arbeiten, meine Vorstellung einer feindlichen Welt, die unweise Wahlen trifft und nicht meinen Ideen gemäß funktioniert, zu transformieren. Ich bin jedoch überzeugt, daß es eine Übereinstimmung zwischen der individuellen und der planetaren Transformation gibt. Jenseits der Transformation liegt Aufklärung und Erweiterung, deine, meine und die der Welt,

Der Planet Erde geht durch eine dunkle Nacht der Seele und ist auf dem Sprung, sich zu wandeln. Wir werden gezwungen, nicht nur unsere eigenen Realitäten abzuwägen sondern auch die des Planeten. Der Klebstoff der uns zusammenhält -- die Wirtschaft, Politik, Umwelt und Religionen -- löst sich. Der verstorbene Buckminster Fuller gab unserem Raumschiff Erde nur ein paar Jahre lang zu leben, wenn wir uns nicht bessern.

Manchmal scheint es, als wenn nichts anderes als das "Wunder" der Transformation die Macht zum nachhaltigen Heilen besitzt. Nach dem Zitat von Joseph Campbell am Anfang dieses Kapitels kommt unsere Ignoranz und Selbstgefälligkeit ohne unser Zutun zu Ende. Wir werden bald entdecken, daß der Zustand der Welt tatsächlich eine persönliche Sache *ist.*

Ich glaube, daß unser Bewußtsein und unsere Teilnahme am planetaren Transformationsvorgamg etwa zehn bis zwanzig Jahre nach der persönlichen Transformation erfolgen wird. In den fünfziger und sechziger Jahren begann eine kleine Gruppe humanistisch gesinnter Psychologen, mit der individuellen Transformation zu experimentieren, die jetzt zu einer großen Industrie herangewachsen ist. Im Jahre 1968 erweckten die ersten Erdaufnahmen von den Astronauten auf dem Weg zum Mond weltweite Begeisterung. Danach kam die Umweltbewegung, die erst jetzt einen nennenswerten Einfluß auf unsere Gedankenwelt ausübt.

Dieses Buch beschreibt die Einsichten eines sich transformierenden Wissenschaftlers bei seinem Wandel und beim Wandel der Gesellschaft. Ich vermute stark, daß viele meiner Leser jetzt in sich selbst Aspekte dieses Wandelns erwarten, durchgehen oder damit kämpfen. Da ich selbst etwas von diesem Wandel durchgemacht habe, weiß ich, daß viele genau wie ich jetzt gesellschaftliche Verantwortung suchen und anderen helfen möchten. Daher frage ich mich, ob mein Ringen auch das aller anderen Menschen ist, ob meine Entfremdung der aller anderen gleicht und ob wir uns von einer sich zu langsam wandelnden Welt abwenden, die in ein sich unendlich wandelndes Weltall eingebettet ist.

Der Transformationsprozeß geht darum, eine neue Einheit zu schaffen, etwas, was es noch nie zuvor gegeben hat, etwas, dessen neue Form nicht von den meisten von uns geplant, erwartet oder als Hypothese ausgedrückt worden war. Die Entdeckungen brauchen nicht alle in der Provinz der wissenschaftlichen Elite gemacht zu werden. Trotz der eindrucksvollen Lebensläufe der Armee von Astronomen und Geologen "gehören" ihnen die massivem und einzigartigen Planeten im Sonnensystem nicht, und die Biologen und Psychologen steuern nicht das Verhältnis zwischen Geist und Materie. Die Fähigkeit zu entdecken, Quantenschritte zu machen und uns zu wandeln, liegt in uns allen.

In den folgenden Kapiteln werde ich die Wege beschreiben, die ich entweder aus freien Stücken einschlug oder die mir aufgezwungen wurden. Sie haben mich gleichzeitig zu vielen neuen Erkenntnissen geführt, die allgemeingültig zu sein scheinen. Ich zeichne Experimente zum Nachmachen auf, die bei der Entdeckung der Mysterien der größeren Realität helfen könnten.

Viele der Experimente kann ein Wissenschaftler im Labor nachvollziehen, wenn er "beweisen" muß, daß wir uns alle lösen und in diese bemerkenswert freudenvolle Zukunft einfließen können. Würde *eine einzige* dieser Entdeckungen von der naturwissenschaftlichen Gemeinschaft bestätigt, könnte es einen Wandel der Welt bedeuten. Meine Leser, die selbst Naturwissenschaftler und besonders Skeptiker sind, bitte ich, Urteile zu suspendieren, und sich selbst einer bislang unbekannten Erfahrung zu öffnen.

Das nächste Kapitel beschreibt meinen Transformationsvorgang in Bezug auf unsere Zivilisation. Es berichtet von dem Teil von mir, der ein soziales Gewissen hat, aber anfänglich ängstlich und böse war. Ich stehe sprungbereit auf der Schwelle in eine Transformation zum Wohlwollen für jeden und alles. Aber ich habe das Endziel der Transformation noch nicht erreicht, und auch die meisten von uns haben es nicht, selbst wenn wir noch so sozial gewissenhaft sind.

Kapitel 2

Die Welt der Illusion und ein Hoffnungsstrahl

Haben Sie die Nase voll vom kleinlichen Streit und Mangel an wirklichen Themen in den letzten Wahlkampagnen? Haben Sie die Unpersönlichkeit der Bürokratie und der Krankenhäuser satt? Machen Sie sich Sorgen um die unerwünschten Nebenwirkungen verschiedener Arzneimittel und Medikamente? Haben Sie genug vom Festhalten an altmodischen Werten und Zielen an Ihrer Arbeitsstelle? Fürchten Sie die Unvorhersagbarkeit der Wirtschaft und des Budgets sowie die Handelsdefizite? Finden Sie die überfetten Verteidungsetats erforderlich? Stört Sie die Verschmutzung der Flüsse und die Zerstörung der Wälder und damit der Luft und vielfältiger Lebensformen? Erzürnt Sie das Versteckspiel der amerikanischen Regierung? Haben Sie genug von Anwälten und Scheidungen? Hören Sie noch Religionen zu, die nur Dogmen predigen und Schuld- und Angstgefühle erregen? Beunruhigen Sie oberflächliche Führer ohne Ideen und Ziele? Beleidigen Sie die Nachrichten mit der Darstellung von Grausamkeiten und Weltdramen ohne Zusammenhang und Zweck?

Wenn ja, *haben* wir Alternativen. Wir *können* uns selbst und unsere Institutionen transformieren. Aus unseren inneren Selbst heraus können wir eine bessere Welt gestalten und uns aufmachen, darin zu leben. Wir können völlig neue gesellschaftliche Tagesordnungen der menschlichen Belange erzielen, die bereits von einigen Einzelnen und Gruppen praktiziert werden und sich weltweit verbreiten. Die Wende war kein Zufall. Doch haben selbst die alten Beamten nur die fadenscheinigsten Erklärungen für das, was wie das Wunder einer spontanen Heilung anmutet. Das Konzept der transformierten Gesellschaft wird von den meisten von uns verleugnet, weil wir fürchten, daß wir durch den Prozeß der Transformation unsere berufliche Position gefährden, unser Geld und unseren Besitz verlieren, unsere gesellschaftliche Stellung aufs Spiel setzen und unsere Glaubwürdigkeit verlieren könnten. Aber manche von uns haben den Sprung bereits gewagt und überlebt.

Die neue Realität, von der ich spreche, nimmt ihren eigenen Verlauf, der kühner und revolutionärer ist, als die Ereignisse, die uns mit den Gezeiten der Geschichte in einem turbulenten Jahrhundert gebeutelt haben. Wir stehen am Ende dieses Jahrtausends, und wir reichen weiter, jenseits des computerisierten Zeitalters der Information, jenseits des Atom- und Weltraumzeitalters in eine Ära der kosmischen Intelligenz. Das New Age ist keine kleine Gruppe von kristallsäubernden Aussteigern der 60er Jahre, der Psychiker, Channeler, UFO-logen, Parapsychologen und transpersonalen Psychologen. Die größere Realität wird zwar öffentlich nicht anerkannt und nicht von Politik und Industrie finanziert, aber sie umfaßt das ganze Land, die Konzerne, Kriegsministerien, Universitätslabors und unsere Heime, Schulen und Kirchen - denn es gibt nur ein Universum, wie die alten Weisen sagten, in dem die Gewillten von der Schicksalsgöttin geführt und die Unwilligen mitgezogen werden. Diese Realität ist keine Lebensexpo oder Gegenkulturausstellung, die das Verteidigungsministerium zerstören könnte. Sie ist größer als die Trident-Raketen oder SID-Laser. Sie hat die Zähne wie der Löwe von Narnien und die Schwingenweite von Don Juan Mutus' Adler. Sie ist die endgültige Waffe.

Durch meine Erfahrung als Insider in der amerikanischen Öffentlichkeitsarbeit erwarte ich eine Zeit des Stillstands, die dann zu einem wirtschaftlichen und ökologischen Chaos führen wird, bevor sie sich dann einer globalen Ordnung öffnet. Was das Jetzige ersetzt, wird ganz anders sein, so anders, daß wir es uns kaum vorstellen können. Aber wir können einige Projektionen anstellen und uns Ziele setzen, die uns ermöglichen werden, in die persönliche und globale Transformation einzugehen, die ich hier beschreibe.

Wir könnten jetzt den Aufbruch der größten Revolution in der Menschheitsgeschichte erleben. Wir sprechen dabei von mehr als nur Treffen auf extraterrestielle Intelligenz, Erhalt wissenschaftlicher Beweise des Überlebens nach dem physischen Tod und Reinkarnation, ungewöhnliche Kommunikation des Bewußtseins, Wunderheilungen und vieldimensionale Reisen. Wenn der Schleier der Illusion gehoben wird, erscheint in jedem von uns eine stark erweiterte Kenntnis dessen, was wir sind und daß wir unsterblich sind, nicht als religiöse Doktrin sondern als lebendige Realität.

Als Einzelmenschen können wir eine bewußte Wahl treffen und diese neue Realität jetzt aufnehmen. Wir brauchen nicht zu warten, bis die ganze Welt sie als Konsensbewuß_sein annimmt. Wir können jetzt beginnen, einen politischen und sozialen Kontext zu entwickeln, den andere nicht ignorieren können.

Von Schwerter zu Pflugscharen: Bürgerliche Diplomatie

Als ich acht Jahre alt war, besuchte ich das Observatorium am Harvard College; es war der Abend, an dem Truman seinen Gegner Dewey in der Wahl des Jahres 1948 besiegte. Ich sah mit großem Erstaunen durch das Teleskop auf Saturn und Mars. Diese unscharfen Leuchten waren ganze Welten anderes als unsere. Was bedeutet schon eine Wahl von Leuten auf der Erde? Von dem Zeitpunkt an wurde mein ziemlich einseitiges Ziel die Erforschung des Weltraums, obwohl dafür noch kein Programm existierte.

Ich verschlang Zeitschriften mit den Visionen von Wernher von Braun und anderen Weltraumpionieren. Der Kreuzweg, an dem wir uns befinden, machte sich bereits in der futuristischen Wissenschaft und Sci-Fi der 1940er und frühen 1950er Jahren bemerkbar: Einerseits würden wir bald die Fähigkeiten entwickeln,Menschen und Roboter auf den Mond, die Planeten und Sterne zu schicken, um unser Wissen zu vergrößern, nach anderen Lebewesen zu suchen und sogar andere Welten zu besiedeln; andererseits können wir im Schatten von Kernwaffen und Zerstörung leben und sterben.

Ich erinnere mich an seltsame Gefühle, als ich mit internationale Reisen zum Mars und die Suche nach außerirdischem Leben ausmalte. Aber ich lebte auch inmitten der Diskussion um kernwaffensichere Bunker, unter Stalin, McCarthy, Hiroschima und dem Niedergang der Vereinigten Staaten von einem mitfühlenden Weltführer zu einem unpersönlichen Kollaborateur mit militärischer Macht und Geschäftsgewinnen in unglaublichem Ausmaß. Präsident Eisenhower nahm sein eigenes Vermächtnis voraus, als er vor der Macht des militärisch-industriellen Komplexes warnte.

Als Erwachsener zeigte ich bei verschiedenen Gelegenheiten auf, wie die Regierung ihre wissenschaftlichen und technologischen Prioritäten auf friedliche Projekte lenken könnte, denn ich beobachtete, wie die öffentlichen Mittel zur Einschüchterung der Amerikaner und der weiteren Herstellung von Waffen bereitgestellt wurden.

Zu meiner Bestürzung entdeckte ich, daß die Drehtür zwischen Regierung und Industrie enorme aber völlig legale Barzahlungen für die Gesetzgeber erstellt. Und dies hat nichts mit den berühmten fünftausend Dollar kostenden Schraubendrehern zu tun, die vom Pentagon bestellt wurden. Daher erstaunt es nicht, daß Star Wars so populär wurde, denn diese Programm ist das umfangreichste Forschungs- und Entwicklungsprojekt, das je von der Regierung finanziert wurde und entpuppt sich jetzt das neueste Billionen werte Spielzeug des Pentagons entpuppt. Details der legalen und illegalen selbstfördernden Aktivitäten in Regierungskreisen (im Namen der nationalen Sicherheit) sind in Norman Cousins Buch *The Pathology of Power* wohl dokumentiert.

Unsere politischen Führer haben ihren Mut zu Überzeugungen und ihre positive Vision für unsere Kinder und unseren Platz in der Geschichte verloren und sie mit einer schleichenden Furcht ersetzt, die von raffinierter Flachheit und zeitweiligem Komfort überdeckt ist, da wir nach einem immer höheren materiellen Lebensstandard drängen. Gelegenheiten gibt es für die ausgewählten oberen Zehntausend, die einen schnellen Profit durch Manipulieren des Finanzsystems erringen.

Nach all den schlechten Nachrichten, die ich hier aufgezeichnet habe, mag es schwerfallen, die guten Nachrichten zu verstehen und zu glauben. Aber obwohl wir von politischen Skandalen, Profitmacherei und auf das Militär verschwendete Milliarden überrannt werden, beleben wir auch von Brauns Traum der internationalen Reisen zum Mars und Buckminster Fullers Vision der Wandlung von Waffen in Leben. In vieler Hinsicht gibt es Grund zur Vorfreude auf eine positive Zukunft. Der Kobold des Friedens ist aus der Flasche entwichen und lebt als Teil der neuen Realität. Ich glaube nicht, daß Unterdrückung, Terror, Propaganda oder sogar ein Regierungswechsel den Kobold wieder in die Flasche stopfen könnten.

Ich beginne zu verstehen, daß mein Ärger ein Teil der Illusion der Trennung ist, und daß dieser Ärger aufgehoben werden muß, bevor die neue Weltsicht sich entfalten kann. Bei dieser neuen Entwicklung ist es erstaunlich, daß die Führungsrolle nicht von Regierungen, Industrien und Universitäten der westlichen Welt übernommen wird. Stattdessen sind die Führer bürgerliche

Diplomaten, die überkukturelle Kontakte pflegen. Unsere vermeintlichen Differenzen schwinden bei solchen Kontakten. Wir entdecken mit unseren Herzen, daß die Verbreitung der Friedensidee schneller erfolgt, als unsere Verstand erfassen kann.

Der Weltfrieden ist eine Reflektion des inneren Friedens. Wir arbeiten als Einzelne daran, zu diesem stillen Ort in uns zu kommen, und wir finden Frieden erreichbar in Gruppen, Gemeinden, Ländern und jetzt auch auf dem gesamten Planet. Unser inneres Wachstum macht sich jetzt im kollektiven Bewußtsein der Erde bemerkbar.

Manchmal ertappt man sich suspendiert zwischen Ärger und Liebe. Man sucht eine geduldige, tolerante Haltung, die daran glaubt, daß eine weltweite Ordnung besteht, und man die richtige Entscheidung zur richten Zeit fällt. Daher fragt man sich im politischen und gesellschaftlichen Bewußtsein, was der eigentlich Zweck des Einzelnen ist.

Langsam wird dann der Zweck klar: Man muß anderen auf liebende Weise die Anwendungen der neuen Gedanken über individuelle Erlebnisse und die Belange der Welt mitteilen und konkrete Projekte als Metaphern der kommenden Transformation vorstellen. So muß ich die Ideen, wie ich in diesem Buch darlege, mitteilen. Die Ehrfurcht, die ich als Kind empfand, verwirklicht sich jetzt in einer unerwarteten Weise. Also lade ich meine Leser ein, das größte Abenteuer der Menschheit mitzuerleben: die Erkundung der inneren und äußeren Welt in Harmonie mit unseren Brüdern und Schwestern auf Erden.

Liebe und Frieden sind die Haupteigenschaften, die unsere Herzen für die Erkundung der neuen Realität öffnen. Wenn wir zu zynisch sind, werden wir Wesentliches versäumen. Deshalb erzähle ich meine Geschichte auf diese Weise und schließe auch den politischen Zusammenhang mit ein, zu dem wir alle gehören. Der Alltag auf diesem Planeten ist noch immer in Illusionen verstrickt. Wir können unsere Welt liebevoll als unseren Nährboden umarmen und dennoch jenseits davon in die neue Realität einmünden. In Kapitel 4 werden wir sehen, wie die friedliche internationale Erforschung des Weltalls den idealen Zugriff für die Erkundung der Reichtümer der inneren Welt bietet. Für viele von uns ist sie unser Reisepaß in ein neues Bewußtsein.

Drei Verhaltensebenen

Aufgrund meiner Erlebnisse habe ich erfahren, daß es drei Ebenen des Verhaltens in der heutigen Welt gibt. Die erste Ebene ist das alte Spiel mit dem politischen System als Zentrum, mit der Vorherrschaft des militärisch-industriellen Komplexes in der Entscheidungsfällung und mit der immer weiter wachsenden geldmanipulierenden Infrastruktur, die sich von allem anderen nährt. Diese werden von den Massenmedien gestärkt, die sogar die ausgehöhlte Schale der Religion übernommen hat. Gewinn um des Gewinns willen und materielle Bequemlichkeit sind die wichtigsten Motivierungsfaktoren an der Oberfläche. Darunter liegt jedoch Angst - vor Feinden, vor Armut, vor dem Tod und so weiter. Viele Leute spielen das alte Spiel mit, weil sie nicht wissen, daß es Alternativen gibt. Selbst wenn die Alternativen bekannt wären, würden sie wegen des zugrunde liegenden Angstmechanismusses und der angenommenen Androhung des Verlusts von materiellem Komfort nicht für realistisch anwendbar gehalten. Wir sind in ein massives Verleugnen verstrickt. Die Emotionen von primitiver Angst und Gier durchdringen das alte Spiel.

Die zweite Ebene umfaßt das sogenannte Protestspiel. Dies beginnt, wenn ein wesentlicher Teil der Bevölkerung vom Status quo desillusioniert wird. Da sie von Ärger motiviert sind, schaffen Proteste oft Veränderungen durch Revolution, die manchmal blutig sein kann. Wenn eine Nation strukturmäßig stark genug ist, wie die Vereinigten Staaten, kann die Veränderung auf friedliche Weise eintreten, und die alte Ordnung erlischt still durch ihre eigene Unfähigkeit. Das geschah mit dem Vietnam-Krieg. Das Problem bei Protesten ist, daß das Neue, das das Alte ersetzt häufig genauso korrupt ist - ein Wolf in neuen Kleidern.

Obwohl Ärger und Empörung von Außenseitern vorübergehend die schändlichen Handlungen der alten Spieler an den Pranger stellen kann, ist ihre Wirksamkeit begrenzt. Wenn die Ziele der Protestierenden erreicht sind, werden sie selbst häufig zu alten Spielern. Daher sehen wir die Kriegsgegner der sechziger Jahre heute als Computerwissenschaftler und Broker der neunziger Jahre, Die Yippies werden Yuppies. Institutionen, die zum Zweck des Protests gegen einen bestimmten Zustand gegründet werden, bleiben oft nach der Lösung des Problems intakt, aber die institutionelle Trägheit und Mangel an Zweck sendet die Institution auf unvermeidbare Weise zurück zum Aufnehmen des alten Spiels. Protest kann ein guter Katalysator sein, kann aber die erforderlichen Veränderungen nicht aufrechterhalten. Ein Mensch, der böse ist, kann Veränderungen nicht stützen; er ist zu stark mit seinem Ärger beschäftigt.

Die dritte Verhaltensweise umfaßt das neue Spiel, die neue Realität. Diese wird auch aus moralischer Überzeugung aus gespielt, aber von einem disziplinierten und positiven Ausdruck gegenüber allen Menschen und Dingen - selbst "Gegnern". Manche bezeichnen diese positive Haltung ganz einfach als "Liebe". Dazu gehört die Anerkennung der bitterer Wahrheit der Gegenwart. Und danach folgt die Entfernung von Beschuldigung und Ärger und ein Weiterleben mit Liebe. Immer wieder haben die Propheten, unter ihnen Jesus und Buddha, die einfache Wahrheit des Liebens gelehrt. Sie sagten, daß uns die Wahl offensteht, aus Angst, Ärger oder Liebe zu reagieren. Und nur das Lieben - echte disziplinierte Liebe vom Herzen, nicht Selbstlosigkeit oder oberflächliche Sentimentalität - löst das Negative auf und bringt bleibende Veränderungen für den Einzelnen und die Gemeinschaft. Ärger kann Veränderungen antreiben, aber nur Liebe vollendet sie. Das bedeutet nicht Liebe als Idee, sondern das Praktizieren der Liebe. Dies zu lernen ist noch schwieriger, als Astronaut zu werden.

Aber es funktioniert! Ich finde diesen Ansatz subtil aber durchschlagend. In allen Situationen braucht man nur eine liebevolle Haltung, aus der man positive Lösungen für Probleme vorschlagen und vom Herzen sprechen kann. Wenn mehrere Menschen in einem Raum versuchen, dasselbe mit Liebe zu tun, dann weichen Furcht und Angst. Dieser Ansatz funktioniert und hat nichts mit dem religiösen Glauben oder philosophischer Haltung zu tun. In Kapitel 7 werden wir sehen, daß ein liebendes Bewußtsein sogar mit Wünschelruten gemessen werden kann, was nahelegt, daß eine wissenschaftliche Realität und nicht nur ein abstraktes Konzept vorhanden ist.

Ich muß zugeben, daß ich auch noch am Lernen dieser Liebe arbeite, denn ich nehme an, daß Liebe als Realität eine der größten Herausforderungen der Friedensbewegung ist. Ein Teil von mir ist noch immer ärgerlich. Ich erkenne die Ungleichheiten und Grausamkeiten des alten Spiels an, aber ich fühle mich auch beraubt. Ich bin böse auf die Regierungsbehörden, die sich kurzsichtig weigern, gebotene Gelegenheiten zu ergreifen. Ich bin ärgerlich auf die Medien, die nur Desaster, Skandale und Abwendungen vom Frieden berichten. Ich bin oft böse auf die raffgierige Infrastruktur, die die Profite des militärisch-industriellen Glücksspiels einsteckt. Und ich bin manchmal ärgerlich auf meine akademischen, industriellen und behördlichen Kollegen, die aufgegeben haben.

Kapitel 3

Die neue Physik

Im College wählte ich Physik als mein Hauptfach, denn ich wollte die Geheimnisse des Weltalls erforschen. Die Zeit hätte nicht vollkommener sein können. Der Abschuß des Sputnik am 4. Oktober 1957 fiel mit dem Anfang meines ersten Studienjahrs am Williams College zusammen. Etwa die Hälfte der neuen Studenten bevölkerte das Auditorium und studierte Physik und intensive Mathematik. Das Land brauchte schnell Naturwissenschaftler und Ingenieure, und wir folgten dem Ruf!

Als ich mich stärker in mein Fachgebiet vertiefte, fand ich die Arbeit zeitraubend und schwierig. Die Anzahl der Physikstudenten sank dramatisch von etwa 125 auf 25. Ich erhielt mittelmäßige Noten, die sich erst später verbesserten. Dann schienen sich meine Träume vom Weltall zu verwirklichen, als ich von NASA als Astronaut gewählt wurde. Aber leider machten Büdgetkürzungen meine Hoffnungen auf einen Flug im Weltall zunichte, und ich kehrte zur akademischen Welt zurück.

Aber meine Ausbildung und Forschungstätigkeit waren nicht umsonst. Ich hatte die Kenntnis darüber, wie Dinge funktionieren, vom Toaster bis zur Apollo-Saturnrakete. Das mechanische und chemische Universum stand mir offen und war auch kein Rätsel mehr, abgesehen von beschreibenden Aspekten bislang unbekannter Plätze wie die Oberfläche von Mars. Ich lernte, daß eine relativ kleine Anzahl unveränderlicher Gesetze wie das der Schwerkraft so ziemlich alles überall erklärten. Selbst die weit entfernten Galaxien und Sterne gehorchten den Gesetzen der Schwerkraft und bestehen zum großen Teil aus demselben Rohstoff wie unser Sonnensystem: Wasserstoff.

Ich lernte, daß unser gemeinsamer Bestand an äußerlichen menschlichen Erfahrungen auf der Erde mühelos mit den Gesetzen der klassischen Mechanik erklärt werden kann, die von Newton vor mehr als dreihundert Jahren formuliert wurden. Diese Weltsicht umfaßt eine Realität, in der wir Festkörper sehen, die sich auf vorhersagbare und nachvollziehbare Weise bewegen und mit einander agieren innerhalb eines starren Rahmens von Raum und Zeit, in dem der Beobachter von Beobachteten getrennt ist.

In dieser Sicht kann Materie zu grundlegenden festen Bausteinen namens Atom reduziert werden. Diese Materiebrocken müssen sich wie Billiardbälle durch das Weltall bewegen und strikten Gesetzen folgen, die haargenau bestimmen, wo sie sich in der Vergangenheit und Zukunft finden. Erst im neunzehnten Jahrhundert begann man Elektrizität und Magnetismus zu verstehen, aber sie folgten ebenfalls Gesetzen und Prinzipien, die denen der klassischen Mechanik ähnelten, zum Beispiel, daß aufgeladene Partikel wie Elektronen ein Feld erzeugen und durch Leiter fließen.

Diese Modelle wurden Anfang dieses Jahrhunderts durch die Theorien und Experimente der Relativität und Quantenmechanik ernsthaft in Frage gestellt. In der Relativität offenbart die Beobachtung von Objekten, die sich nahe der Lichtgeschwindigkeit bewegen, Verformungen unserer Messungen von Raum, Zeit und Masse. Die Mathematik der Relativität zeigt das gegenintuitive Resultat, daß ein Beobachter, der sich nahe der Lichtgeschwindigkeit fortbewegt, eine kürzere abgelaufene Zeit beobachtet, als der stationäre Beobachter mißt. In der Quantenmechanik haben wir keine winzigen Bausteine sondern stattdessen eine Wellen-/Partikeldualität von atomischen Systemen, die unwiderruflich von der Handlung der Beobachtung gestört werden. Die Quantentheorie unterliegt fast allen modernen Erfindungen von der Elektronik bis zu den Kernwaffen.

Seltsamerweise schlug die volle Wichtigkeit der neuen Physik erst in den siebziger Jahren auf mich ein. In der Sicherheit der Büros im Physik-Fachbereich hatte ich mich daran gewöhnt, die wichtigsten Formeln in der angemessenen Sprache zu lehren und so meine Rolle als rationeller Sprecher selbst für das scheinbar Irrationale, Gegenintuitive und Bizarre der Physik zu erfüllen. So lebte ich mein Leben in Bezug auf mechanische Ursache und Wirkung, und auf die Vorhersagbarkeit des Bahn des Billiardballs, wie wir es fast alle tun. Weil unsere fünf Sinne die mechanistische Sicht der Wirklichkeit durch unsere alltäglichen Erfahrungen bestätigen, werden die neuen Realitäten der Physik und des Paranormalen oft ignoriert oder verleugnet und in zusammenhanglose intellektuelle Übungen in Mathematik, Modellbau und Entdeckung neuer Partikel relegiert.

Wissenschaftler vergessen oft ihren wahren Zweck: zu forschen, Modelle zu bauen, zu erklären, wie alles funktioniert und so einfach und so elegant wie möglich die Prinzipien zu beschreiben, die auf einen weiten Bereich von Phänomenen zutreffen. Wenn die Wissenschaftler denken, sie haben alle Antworten, wenn sie Beweise durch ein vollständig kontrolliertes und wiederholbares Experimentieren vorlegen (und kaum die Existenz einer möglichen neuen Realität anerkennen), wenn sie die Realität von Phänomenen zeigen, die sie nicht konfrontieren wollen oder wenn sie mit Autorität zu erklären versuchen, weshalb ein bestimmtes Gesetz des Weltalls zutreffen muß, dann verstoßen sie gegen ihre Berufung.

Erst nach meinen Erlebnissen im Seminar des Jahres 1979 begann ich mich der echten Bedeutung der neuen Physik zu öffnen, obwohl meine Physikerkollegen dieses Unterfangen gotteslästerlich, irrelevant und sogar als die Handlung einer gestörten Seele betrachteten. Mir wurde plötzlich bewußt, daß die neue Physik nicht nur das Winzige (Quantenmechanik) oder das ganz

Schnelle oder Dichte (Relativität) umfassen muß, sondern auch die Kommunikation über Raum und Zeit. Mein Verstand schwankt noch immer zwischen Glauben zu Unglauben, da mein rationales und wissenschaftlich geschultes Wesen sich gegen die irrationalen Implikationen meiner Erfahrungen aufbäumt.

Die neue Physik ist ein mächtiges wissenschaftliches Tor in das Paranormale: sie ist der direkteste Pfad zum Mystizismus. Sie gibt uns einen akzeptablen Stützrahmen für einige höchst ungewöhnliche Phänomene, die wir in den letzten Kapiteln betrachten werden.

Was hat die neue Physik an sich, das unseren Verstand und unsere Herzen der neuen Realität öffnet? Viele Schriftsteller haben die Verbindung zwischen der neuen Physik und mystischen Erlebnis überzeugend beschrieben. Mein Zweck beim Schreiben dieses Buches war nicht eine Wiederholung dieser Perspektiven und Konzepte, sondern deren Anwendung auf die Offenbarungen der neuen Realität. Hier sprechen wir von mehr als nur von den Mysterien der Quantenphysik und der Relativität, wir sprechen von "Paraphysik", der Physik des bewußten Seins. Das Verhältnis von Physik und Paraphysik war den Pionieren der Quantenmechanik wohl bekannt - Bohr, Pauli, Heisenberg und Schrödinger unter anderen.

Es ist bedauerlich, daß oft das einzige Überbleibsel der frühen Arbeiten der Physiker lediglich die quantitive Information und die deduktiven Aspekte der Quantentheorie ist. Und die Parallelen zwischen Physik und Metaphysik präsentieren den Forschern und Lehrern unüberwindliche Hindernisse, die die Realität in einer objektiven, mechanistische und reduktionischen Weise betrachten.

Eine der herausforderndsten Aufgaben beim Schreiben dieses Buches ist das Verständnis der vielen Ebenen der Komplexität der neuen Physik und der Erklärungen, die auch einem uneingeführten Leser einleuchten. Wegen des Einsatzes von Mathematik und neuen Konzepten kann ein kurzes Kapitel nicht viel zur Erklärung beitragen. Aber wichtige Resultate lassen sich zusammenfassen, selbst wenn nicht alle Ideen leicht verständlich erscheinen.

Um die Substanz der neuen Physik von ihren Anfängen an zu verstehen, müssen wir die Beobachtungen ihrer Pioniere betrachten. Vermutlich hat kaum eine Idee die Physik stärker beeinflußt als Heisenbergs Unschärferelation, die er zuerst im Jahre 1927 vortrug und die besagt, daß wir den Standort und die Bewegung eines Partikels/einer Welle nicht gleichzeitig festhalten können. Ein solches Prinzip könnte der Trivialität anheimfallen, hätten wir nicht die Beobachter und die Apparatur, dies zu beweisen - aber wir haben sie. Es geht einfach um die Tatsache, daß auf einer subatomischen Ebene der Beobachter das Beobachtete beeinflußt und daher eine Anzahl von Resultaten ermöglicht. Daher gibt es keine Prädestination und auch keine Reduktion der Materie in ultimative Bausteine. Die Vorhersagbarkeit der Quantenmechnik entstammt nur von der Statistik durch die Ansammlung großer Zahlen von Partikel/Wellen. Aber das einzelne Partikel/Welle beginnt einen unvorhersagbaren Tanz mit dem Beobachter/Teilnehmer.

Es gibt zahlreiche Bücher über die Anwendung dieses Prinzips auf unser Verständnis des Bewußtseins und des Mystizismus. Vielleicht ist das spekulativeste *Stalking the Wild Pendulum* von Itzhak Bentov, der vorschlägt, daß wenn Masse einen Moment der Ruhestellung (wenn zum Beispiel ein Pendel den entferntesten Punkt seiner Bewegung) erreicht, sich seine Position in das Universum ausbreitet und den unendlichen Raum, das unendliche Bewußtsein und den unendlichen Geist aufnimmt. Genau in dem Moment, in dem wir feststellen, daß die Geschwindigkeit bei Null ist, haben wir seiner Position erlaubt, sich zum Umfangen der gesamten Realität zu erweitern. Dieses Prinzip könnte auch auf unser eigenes Bewußtsein anwendbar sein, nämlich an den Drehmomenten, wenn unser Atemstrom vom Einatmen zum Ausatmen und so fort wechselt. Dies entspricht auch dem Erleben vieler Mystiker.

"Wirklich tiefreichende Konzepte scheinen fünfzig Jahre zu benötigen, bevor sie in das kollektive Gewissen der denkenden Menschheit einsinken", schrieb der Elementarteilchenphysiker Harold Morowitz. "Daher beginnen wir erst jetzt die volle Bedeutung bestimmter Ideen zu spüren, die schon seit dem ersten Viertel des zwanzigsten Jahrhunderts in der Physik gegärt haben." Die neue Physik findet erst jetzt ein sicheres Heim, während das Paranormale noch draußen steht und klopft, um eingelassen zu werden. Aber es ist nicht weiter hintenan.

Wie weit sind die modernen Physiker fortgeschritten und wo ziehen sie die Trennlinie zwischen dem, das sie als Realität anerkennen und dem, vor dem sie sich fürchten? In der Physik scheint die Hauptaufgabe zu sein, die vier bekannten Naturkräfte in eine vereinte Feldtheorie zusammenzubringen. Albert Einstein versuchte das in seinen letzten Jahren erfolglos. Viele Physiker arbeiten heute an demselben Problem.

Die vier Kräfte sind Schwerkraft, elektromagnetische Kraft, die schwache Kernkraft (radioaktiver Verfall) und die starke Kernkraft (die einen Atomkern zusammenhält). Eine einheitliche Feldtheorie würde die Quantenmechanik, Schwerkraft und Relativität verbinden und "sollte alle bislang unerklärten Rätsel lösen", sagte der legendäre Kosmologe Stephen Hawking, der Autor des Bestsellers *A Brief History of Time*. Hawkins meint, dieser bedeutsame Tag sein nicht weit.

Nach Ansicht mancher Physiker tritt eine Versöhnung zwischen den Kräften ein, wenn Masse und Energie als schwingende

Saiten in einem zehndimensionalen Raum betrachtet werden - die Saitentheorie. Die mathematische Folgerung ist dabei erstaunlich, aber Kritiker haben Schwierigkeiten, sich die zehn Dimensionen vorzustellen, da sechs unsichtbar klein sind (die anderen vier sind die bekannten drei des Raumes und eine der Zeit). Es erscheint wie es hypothetisches zweidimensionales Wesen auf einer flachen Welt, der darauf besteht daß eine Kugel ein Kreis ist.

Hawking, ein brillianter Naturwissenschaftler, dessen Verstand sich über eine schwere Erkrankung hinwegsetzt, ist einer der führenden Optimisten in Bezug auf eine Versöhnung der physikalischen Gesetze. In seinem Buch führt er uns auf einer intellektuellen Reise durch die Wunder des Weltalls. Er zeigt die Grenzen von Raum und Zeit in Bezug auf exotische theoretische Orte wie Einzelerscheinungen, schwarze Löcher und den Zustand des Universums zur Zeit des Urknalls. Schwarze Löcher sind Objekte, die so dicht sind, daß gemäß Einsteins Theorie der allgemeinen Relativität Zeit und Raum in sich selbst einstürzen und die Gesetze der Physik, wie wir sie kennen, darin zusammenbrechen.

Aber Hawking bleibt unerschrocken. "Wenn wir Quantenmechanik und allgemeine Relativität verbinden, schreibt er scheint eine neue Möglichkeit auftreten, die zuvor nicht existierte, daß Raum und Zeit zusammen einen endliche vierdimensionalen Raum ohne Einzelerscheinungen oder Grenzen formen, wie die Erdoberfläche aber mit mehr Dimensionen, Es scheint, daß diese Idee viele der beobachteten Eigenschaften des Weltalls erklären könnten wie die Gleichartigkeit in großem Maßstab und auch die kleineren Abweichungen von der Homogenität wie Galaxien, Sterne und sogar Menschen. Es könnte sogar für den Pfeil (Richtung) der Zeit begründen, den wir beobachten. Aber wenn das Universum vollständig von einer einheitlichen Theorie beschrieben ist, gibt dies profunden Implikationen für die Rolle von Gott als

Schöpfer ... das war der endgültige Triumph für den menschlichen Verstand, denn dann würden wir Gottes Geist kennen."

So brilliant und allumfassend wie Hawkings Analyse und so scharfsinnig seine Beobachtungen auch sein mögen, entstammen sie dennoch *aus der Perspektive eines Physikers*, und es gibt eine Unmenge von Daten, die er daher außer Acht läßt. Dazu zählen das Paranormale, der menschlichen Geist und das Bewußtsein. Ich glaube nicht, daß wir Gott nur durch die Gesetze der orthodoxen Physik erkennen können, gleichgültig, wie einsichtsvoll wir sie sehen und sie abstimmen.

Die neue Physik führt innovative Konzepte und Prinzipien ein, die die Perspektiven unserer Weltsicht ausweiten. Aber wir sehen auch, daß diese Beobachtungen nicht ausreichen. Sie erinnern uns daran, daß unser mechanistisches Denken seine Grenzen hat. Sie zeigen uns den Weg in die richtige Richtung, aber wir sind noch
nicht angekommen. Wir stecken noch immer in der Orthodoxie.
Einige mutige Physiker sind noch weiter vorgestoßen als Hawking. Alan Guth von MIT hat zum Beispiel vorgeschlagen, daß mit Wurmlöchern, theoretischen Löchern in Raum und Zeit, sofortiges Tunnelieren in entfernte Teile des Universums möglich sei. Dadurch sei es scheinbar für eine fortgeschrittene Gesellschaft tatsächlich möglich, ein vollkommen neues Universum zu schaffen. Hier kommen wir einer wissenschaftlichen Neudefinition des Verhältnisses zwischen Verstand und Materie näher. Aber wir leben noch immer unter dem Einfluß von Berufswissenschaftlern, die sich über die internen Mysterien des Lebens noch keine Rechenschaft abgelegt haben. Man kann sich die Geheimnisse des gesamten (holistischen, holografierten) Universums nicht aus einem Denkfabrik zwischen Mittag- und Abendessen vorstellen.

In seinem Buch *Star Wave* argumentiert Fred Allen Wolf, daß die Prinzipien der Quantenphysik direkt auf das Bewußtsein anzuwenden seien: "Wenn die Quantenmechanik wörtlich verstanden wird", schreibt er, "dann ist die Zeit nicht beobachtbar und ... parallele Universen existieren ... unser neues Zeitalter wird von der Rolle des Geistes beherrscht ... es ist möglich, daß der Verstand im physischen Universum überhaupt nicht existiert. Er könnte sich jenseits der Grenzen von Raum, Zeit und Materie erstrecken. Er benutzt vielleicht den Körper auf dieselbe Weise wie ein Autofahrer das Auto benutzt ..."

Im November 1977 traf sich eine Gruppe von innovativen Naturwissenschaftlern in Reykjavik, der Hauptstadt von Island, und besprach die Physik des Bewußtseins. Daraus entstand eine bemerkenswerte Sammlung von Artikeln, *The Island Papers*, in denen die Physiker die wohlbekannten Resultate der Quantentheorie auf paranormale Phänomene wie Vorkenntnis, Psychokinese und Telepathie anwandten. Die Physiker Amit Goswami, Richard Mattuck und Evan Walker postulierten zusammen mit Fred Alan Wolf einen "Kollaps der Qantenwellenfunktion" von Substanzen, die der Konzentration von Psychikern und Hellsehern ausgesetzt sind. Das Ergebnis ist Verformung und Transformation unserer vertrauten Konzepte von Zeit, Raum und Materie in eine uns noch unbekannte Richtung.

Die Quantenmechanik, die die Erfindung des Fernsehens, der Miniaturelektronik, des Computers, der Kern- und Laserenergie möglich gemacht hat, kann auch den Weg zu unserem Verständnis der Prinzipien des Geistes und Bewußtseins bahnen.

Das deutlichste Beispiel ist das Hologramm - ein dreidimensionales Bild, das durch die Interferenz der von einem Laser ausgesandten Lichtwellen geschaffen wird. Besucher des spukigen Haunted House in Disneyland oder Disneyworld haben einige realistische aber wuschelich aussehende Hologramme gesehen. Das Hologramm hat die seltsame Eigenschaft der Unzerstörbarkeit. Wenn man das Bild zerschlägt, zerbricht es nicht in Stücke, sondern mehrere verschwommene Gestaltungen desselben Bildes erscheinen. In ähnlicher Weise glauben manche Wissenschaftler, daß das Gehirn nicht aus spezialisierten Einheiten besteht, die mechanische Aufgaben bearbeiten wie ein Computer, sondern daß es ein komplexes, wechselseitig verbundenes System ist, in dem jedes Segment die Information des Ganzen enthält oder widerspiegelt. Ist es dann nicht auch möglich, daß unser Verstand wirklich ein Ebenbild eines universalen Verstandes ist, wie Philosophen und Geistliche vorgeschlagen haben?

Im Zusammenhang mit dem Studium der Quantenphysik und des Bewußtseins beginnen die Ideen über Zeit-Raum, Materie, Reduktionismus und mechanische Kausalität ihre Bedeutung zu verlieren. Statt dessen behandeln wir im Reich der neuen Physik die Konzepte von Energie, Resonanz, Synchronizität und Einheit. In einer ungewöhnlichen Zusammenarbeit schlugen der Physiker Wolfgang Pauli und der Psychologe Carl Jung vor, daß die Ansicht der physisch-psychologischen Realität eines Einzelnen oder einer Kulturgemeinschaft auf einem Diagramm darstellbar ist, wobei Kausalität und Gleichzeitigkeit auf der horizontalen Achse und unzerstörbare Energie und das Raum-Zeit-Kontinuum auf der vertikalen Achse lägen.

Bis ins zwanzigste Jahrhundert hinein hat sich die Sicht des Westens fest an die Extreme der Kausalität und Raum-Zeit geklammert; jetzt aber ist die Blase unwiderruflich geplatzt. In der neuen Physik trifft der Verstand auf die Materie, der Orient trifft auf den Okzident, Yin trifft Yang, Psychologie trifft Physik und Mathematik trifft Mystizismus. Wir werden auf unwiderstehliche Weise zur Mitte des Diagramms gezogen, wo wir beginnen, die Mythen, Metaphern und Methoden der mystischen Tradition des Fernen Osten zu verstehen und gleichzeitig die Gesetze der Materie begreifen. Heisenberg war dafür Prophet.

Viele Bücher der achtziger Jahre beschreiben die tiefreichende Verbindung des Ostens mit der modernen Physik: *The Tao of Physics* des Physikers Fritjof Capra, *The Dancing Wu Li Masters* von Gary Zukav oder *Mysticism and The New Physics* von Michael Talbot.

"Die Wissenschaft braucht keinen Mystizismus, und Mystizismus braucht keine Naturwissenschaft", urteilte Capra, "aber der Mensch braucht beide. Mystische Erfahrungen sind unentbehrlich zum Verständnis der tieferen Natur der Dinge, und Wissenschaft ist für das moderne Leben unentbehrlich ... Derzeit ist unsere Haltung zu sehr wie Yang - zu rational, zu männlich und zu aggressiv. Wissenschaftler selbst sind dafür ein typisches Beispiel. Obwohl ihre Theorien zu einer Weltsicht führen, die der der Mystiker ähnelt, ist es erstaunlich, wie wenig dies die Haltung der meisten Wissenschaftler beinflußt hat."

Talbots Buch dokumentiert die Gemeinsamkeiten, die zwischen den Ergebnissen der Physiker und den Einsichten einiger großer zeitgenössischer Denker des Ostens und den Westens bestehen. "Der Zusammenfluß von Mystizismus und der neuen Physik hat uns zum Tor unseres Menschseins gebracht", folgert Talbot. "Jenseits davon liegt es etwas, das wortwörtlich auch jenseits der Erfassung durch die Sprache liegt. In den Worten von Satprem 'stehen wir am Anfang des Unermeßlichen, das immer unermeßlicher werden wird ... die physische Welt selbst wird sich bald vor unseren ungläubigen Augen wandeln.'"

Talbot sieht keinen Tod für die Physik voraus, nur eine Transformation. "Vielleicht kann die ernsthafte Forschungsarbeit dann beginnen, wenn das wissenschaftliche Establishment gewahr wird, daß die Rätsel in den psychischen Phänomenen eigentlich ein Teil des gesamten Gewebes der Naturwissenschaft ist. In der Tat müßte die Physik - in Lichte von Wheelers Definition für Rolle des 'Teilnehmens' - die psychische Forschung erfinden, wenn sie nicht schon existierte".

Das Paranormale

Wir können die Realität vieler paranormaler Erfahrungen und Experimente (z.B. Bewußtseinskommunikation, psychische Einsichten, Psychokinese, Gleichzeitigkeit, außerkörperliche Erlebnisse usw.) wissenschaftlich ebensowenig verleugnen wie die Beobachtungen der Quantenphsyik und Relativität. Es gibt zu viele unmißverständliche Resultate, die selbst die entfernteste Möglichkeit ausschließen, daß sie *alle* Fälschungen oder Illusionen sind. Ich glaube, daß sich die Erforschung des Paranormalen in einem ähnlichen Stadium befindet wie die Quantenphysik und Relativität am Anfang des zwanzigsten Jahrhunderts.

Genau wie Einstein, Heisenberg, Bohr, Pauli und ihre Kollegen von ihren der Intuition widersprechenden Beobachtungen verblüfft waren, haben viele von uns Schwierigkeiten, einen Sinn in den paradoxen Verhältnissen von Verstand und Materie zu sehen. Doch diese Pioniere behaupteten sich trotz der negativen Kritik ihrer Kollegen und setzten ihre Wahrheitssuche unbeirrt fort. Sie *wollten* die Resultate nicht, die sie bekamen. Genau so verhält es sich mit dem Paranormalen. Eine unbehagliche Erregung liegt in der Luft.

Diejenigen von uns, die sich mit der Erforschung des Paranormalen beschäftigen, können von der Quantenphysik und der Relativität viel lernen. Wir können die Beobachtungen, die wir für gültig halten, aufnehmen und Arbeitsprinzipien entwickeln, die diesen Beobachtungen unterliegen. Anfänglich umfaßte die neue Physik auch nur wenige Grundsätze, von denen einige später anerkannte Theorien wurden. Heisenbergs Unschärferelation, das holografische Gehirnmodell und die Teilnehmer-Beobachter-Prinzipien sind dafür nur einige Beispiele.

Wir haben das Ausschließungsprinzip von Pauli, das nur bestimmte Energiestadien für Elektronen zuläßt. Das anthropische Grundsatz besagt, daß das Weltall hier ist, weil wir hier sind, denn ein sich willkürlich entwickelndes Universum könnte uns nicht aufnehmen. Dann gibt es das Materie-Energie-Gleichheitsprinzip, das besagt, daß Materie gemäß der Formel $E=mc^2$ gespeicherte Energie ist. Das Theorem von Bell schlägt vor, daß eines von zwei Partikeln, die zuvor mit einander in Wechselbeziehung standen, "wissen" was der andere tut, selbst wenn sie getrennt sind.

Wie sind diese Grundsätze der Physik auf das Paranormale anwendbar? Treffen sie nur durch Analogie zu oder ist unsere alltägliche Realität (die sowohl das Normale als auch das Paranormale umfaßt) eine direkte Folge der Grundsätze der neuen Physik? Diese Fragen stehen zur Diskussion. Fred Alan Wolf ist überzeugt, daß die Mysterien des Geistes durch die Quantenphysik gelöst werden können. Die Nobelpreisträger John Wheeler und Eugene Wigner (meine Kollege bei Princeton, bevor ich zu meiner eigenen Wahrheitssuche aufbrach) glauben ebenfalls, daß Quantenphysik und Bewußtsein miteinander in Wechselbeziehung stehen, obwohl sie paranormale Forschung nicht befürworten. Ich stimme im allgemeinen Wheeler und Wigner zu, obwohl das Paranormale nicht mehr ignoriert werden kann.

Wir wissen nicht mit Sicherheit, inwieweit die neue Physik das Paranormale zu erfassen in der Lage ist, aber wir können einige Grundsätze formulieren, die auf bestimmte Phänomenkategorien anwendbar sind. In den folgen Kapiteln werde ich einige Erlebnisse und Erfahrungen zusammen mit den sie verbindenden Grundsätzen beschreiben.

Weil die Teilnahme von Beobachtern so unerläßlich ist, sollten wir alle Beobachter sein, wenn immer möglich. Unmittelbares Erleben übertrifft "die Literatur" als eine Wirklichkeitsprüfung für jedes einzelne Phänomen. Die Suspendierung des Unglaubens und die Öffnung dem Lernerlebnis gegenüber scheinen wesentliche Voraussetzungen für die Bestätigung des Erlebnisses zu sein; wissenschaftliche Arbeit kann nach dem verhältnismäßig unwissenschaftichen Unterfangen eines persönlichen Erlebnisses in ihrer vertrauten Umgebung erfolgen. Man kann als Glücksfall betrachten, daß uns allen, im Gegensatz zur neuen Physik, das Paranormale gleicherweise zugänglich ist. Dazu brauchen wir keinen Doktorgrad, keinen Intelligenzquotienten über 150, keinen mehrere Milliarden kostenden Teilchenbeschleuniger und auch keinen Raumflug.

Kapitel 4

Die Verbindung der inneren und äußeren Welt

Obwohl die faszinierenden Konzepte der neuen Physik eine intellektuell einladendes Tor zur neuen Realität bieten, werden im Endeffekt nur unsere eigenen Erlebnisse die erforderlichen Realitätstests bereitstellen. Mathematische Gleichungen mit zehndimensionalen Reihen und Quarks fesseln den interessierten Laien kaum. Aber die Erkundung der inneren und äußeren Welt ist für den Laien von Interesse, und sie bietet eine Gelegenheit, mitzumachen, statt nur Hypothesen aufzustellen.

Für diejenigen unter uns, die alt genug sind, Neil Armstrongs und Buzz Aldrins erste Schritte auf dem Mond am 20. Juli 1969 am Fernseher miterlebt zu haben, wissen, daß dies ein ungewöhnliche erregendes Erlebnis nicht nur für die zwei Astronauten war sondern auch für die gesamten zwei Milliarden Menschen auf der Erde vor.

Während weniger kurzer Minuten kam der Planet zusammen im Bewußtsein und feierte die bis dahin größte Leistung der Menschheitsgeschichte.

Die Bedeutung der ersten menschlichen Fußstapfen auf dem Mond ging weit, weit über diese geschichtliche Erfahrung hinaus. Wie Joseph Campbell beobachtete, bezeichnete die Landung auf dem Mond einen Zeitpunkt, in dem unsere Ignoranz und Selbstgefälligkeit zu Ende gehen mußten. Das Bild des Erdaufgangs über dem Mondhorizont, der von den Astronauten im Lunarorbit betrachtet wurde, kündigte keine neue Kosmologie an, leitete aber eine neue Phänomenologie ein. Die Weltsicht würde nie mehr diesselbe bleiben.

Die Sicht des ganzen Planeten Erde aus dem Weltall symbolisierte die Geburt des Bewußtseins. Als die Astronauten auf unsere bunte Murmel in einem schwarzen Meer starrten, wurden sie transformiert. Die spektakulären Fotos, die sie zurücksandten und die vermutlich mehr Wände in Wohnungen und Büros zieren als alle anderen Arten von Bildern, erinnern uns intensiv daran, daß wir einen unglaublich schönen und fragilen Planeten zu lieben und zu schützen haben. Unser kollektives Monderlebnis schuf Einheit.

Mehr als ein einmaliges Ereignis oder Symbol verdanken wir einem einzigen Foto der ganzen Erde die Genese der Umweltbewegung in den siebziger Jahren und den Beginn unseres wachsenden Erkennens, daß Kriegsführung und Verschmutzung aufgehalten werden müssen. Die Zeitschrift *Time* brach im Jahre 1988 mit der Tradition, einen Mann oder eine Frau des Jahres zu ernennen und wählte statt dessen die Erde als *Planeten* des Jahres.

Die Erlebnisse der Astronauten

Reichliche Beweise sprechen dafür, daß die Erforschung des Weltalls, die kaum erst eine Menschengeneration alt ist, als wesentlicher Katalysator für die planetare Transformation dient. Die Erkundung der äußeren Welt wird eine Metapher für die Erkundung der inneren Welt und für das Erreichen des scheinbar Unerreichbaren: planetares Bewußtsein und Harmonie. Darin liegt einer der Gründe, weshalb eine Reise zum Mars ein so dramatisches Potential hat.

Der Autor Frank White nennt dies den "Überblickeffekt". Durch Interviews und Untersuchung der Schriften von vierundzwanzig Astronauten oder Kosmonauten, die an einem Raumflug teilgenommen haben, kommt White zum Schluß, daß die menschliche Anwesenheit im All nicht nur den Einzelnen sondern die ganze Welt wandelt. White beschreibt den Wert der "zentralen Projekte" wie die Pyramiden der Ägypter, die großen Kathedralen und das Apollo-Projekt. Wie Willis Harman und Howard Rheingold konstatieren, ziehen solche Projekte die besten und abenteuerlichsten Geister des Zeitalters an ... erweitern das Bewußtsein der gesamten Bevölkerung ... sind ein Mittel für die Fokussierung der Volksenergien bei einem evolutionären Übergangs zu einem höheren Kulturniveau.

White kommt zum Schluß, daß "meine Forschung zum Überblickeffekt legt nahe, daß er nur die Vorwärmzeit für die potentielle Rolle der Raumforschung als das größte Kulturprojekt der Menschheitsgeschichte beschreibt. .. der Überblickeffekt und die damit verbundenen Erscheinungen sind die Grundlage für eine Serie neuer Zivilisationen, die auf der Erde und im Weltraum evolutionär entstehen werden." Wir leben in einer Zeit, die nicht weniger radikal und tiefgreifend ist, als die beim Anslandkriechen unseres ersten Fischvorfahren: die Menschen sind dabei, den Weltraum zu erobern.

Der Astronaut Rusty Schweikart beschreibt den Anblick der Erde aus dem Orbit überzeugend als eine sich schnell bewegende Landschaft, Wolkenschaft und Meerschaft, über der er den Globus in 90 Minuten umkreiste und geräusch- und schwerelos mit der schwindelerregenden Geschwindigkeit von acht Kilometern pro Sekunde flog. Zuerst begann er sich mit ihm bekannten Orte wie Los Angeles und Phoenix und Houston zu identifizieren, und dann lernte er weniger bekannte Landschaften wie Nordafrika kennen.

Bei seinem Flug zum Mond auf Apollo 14 hatte der Astronaut Ed Mitchell ein transformationelles Erlebnis.

Mitchell und White stellten fest, daß die Interpretation der Erlebnisse im Weltall sich stark von einem Astronauten zum anderen unterscheidet. Diese Interpretation hängt zum größten Teil mit dem Glauben des Einzelnen zusammen. Sie fanden, daß die größte Variabel beim Messen des Überblickeffekts kein Parameter des Weltraums wie die Erde oder die Schwerelosigkeit ist. Vielmehr ist es ist der Astronaut selbst. Dies führt uns zum dritten Element der höheren neuen Realität: unsere innere Welt beeinflußt unsere äußere auf profunde Weise. Wir haben bei den ersten beiden Elemente in der neuen Physik gesehen, daß kein Modell der Wirklichkeit unantastbar ist und daß wir alle in Wechselbeziehung stehen.

Mitchell gründete später das Institut für Noetische Wissenschaft, eine Organisation, die sich die Erforschung des Verhältnisses zwischen Wissenschaft und Bewußtsein zur Aufgabe macht.

Schweikart gründete den Verband der Weltraumforscher mit einer Gruppe von Astronauten und Kosmonauten, die die Bruderschaft und Schwesternschaft der Menschheit suchen. In der irdischen Mission dieser zwei Astronauten sehen wir den unbeirrbaren Wunsch, eine globale Harmonie zu schaffen, und eine beharrliche Sehnsucht nach einem breiteren wissenschaftlichen Paradigma. Mitchell kam zum Schluß, daß die Belohnung der Apollo-Mission unermeßlich höher sein könnte, als wir uns träumen ließen.

Mitchell überdachte den Anblick der Erde vom Mond aus. Er war fähig, die Erde mit dem Daumen auslöschen und grübelte: "Die Mannschaft des Raumschiffs Erde befindet sich in einem virtuellen Aufruhr gegen die Ordnung des Universums." Er empfand sich in erster Linie als Bürger der Planeten und erst sekundär als Staatsbürger der Vereinigten Staaten.

Je stärker wir das physische All meistern, sagte Buckminster Fuller, desto besser sind wir vorbereitet, uns zu einem höheren Bewußtsein zu transformieren. Aber dieses Meistern setzt eine friedliche Koexistenz mit der Erde voraus und nicht die Ausbeutung, Bewaffnung und Verschmutzung, die uns dem Untergang weihen. Schweikart und Mitchell repräsentieren diese Werte wohl als Botschafter im All.

Mein Eintritt in die innere und äußere Welt

Meine Mutter erinnert sich, daß all meine Projekte in der Schule auf meine Berufswahl ausgerichtet waren: ein Astronaut zu werden und den Weltraum zu erforschen. Ich weiß noch, wie ich als Achtjähriger eines Abends in der Sternwarte der Harvard Universität durch das Teleskop auf Saturn sah, und der Astronom mir erklärte, daß diese exotische, umringte Welt größer als der Planet Erde und mehr als eine Milliarde Meilen entfernt ist! In diesem einen Augenblick wurde ich transformiert. Die äußere Welt war in einem Moment der Offenbarung, die das "Heureka" hervorrief, und wurde zur inneren Welt.

Aber meine Lehrer taten meinen Traum als unrealistisch ab; im Jahre 1948 war noch keine Rede von einem Weltraumprogramm.
Sie dachten, ich könnte vielleicht Anfang des einundzwanzigsten Jahrhunderts ein greisenhafter Astronaut werden. Im Frühjahr 1957 mußten wir in der Oberschule einen Aufsatz über ein wichtiges zeitgenössisches Thema schreiben. Mein Aufsatz handelte von Satelliten im Weltraum. Der Lehrer gab mir de Arbeit mit dem Kommentar zurück: "Gut belegt aber nicht relevant". Im Herbst desselben Jahren ging der Sputnik hoch, und schon zehn Jahre später wurde ich als zweitjüngster Astronaut zum das Apollo-Programm berufen, war aber noch zu "Junior", an einer Reise ins All teilzunehmen zu dürfen. Zwei Jahre später erfolgte die Mondlandung.

Als Kind spürte ich irgendwie die tiefere Bedeutung der Weltraumforschung. In der Rückschau sehe ich mein Gespür nun als eine transponierte Metapher für die Erkundung der inneren Welt. Sie ist das zentrale Projekt der Technologie unserer Zeit, das als Katalysator zum Vorstoß in die allerletzte Grenze der Bewußtseins dienen wird.

Probleme bei der Verknüpfung der inneren und äußeren Welt

Zwei scheinbare Probleme treten bei der Verknüpfung der äußerem und inneren Welt auf. Erstens ist die Erkundung der inneren Welt kein zentrales Projekt. Keine Fanfaren in der internationalen Öffentlichkeit feiern die Erkundung, noch besitzt die Sprache die Wörter, das Erlebnis ausreichend zu beschreiben. Es ist das entfernteste, dezentralisierte Projekt; und aus diesem Grund erscheinen seine Vorteile vielen zu vage.

Das zweite Problem ist, daß wir jetzt kein zentrales und mit Apollo vergleichbares Weltraumprojekt haben, das die Menschheit für die neue Realität, die Erkundung der inneren und äußeren Welt umfaßt, begeistern könnte. Wie wir in Kapitel 6 sehen werden, könnte die Freigabe von Informationen, die die Kontakte mit außerirdischen Wesen beschreiben oder eine potentiell dramatische Offenbarung über ihre Anwesenheit sogar die Pläne einer visionären Regierung aus der Bahn werfen. Die Existenz außerirdischer Wesen könnte die äußere und innere Welt zusammenbringen.

In der Zwischenzeit müssen wir uns mit Metaphern und Modellen der positiven Verwendung des Weltraums zufrieden geben, die uns zu einem höheren Bewußtsein führen können. Die äußere Welt dient in mancher Hinsicht demselben Zweck wie die neue Physik: sie bahnt eine begehbaren physischen Weg in die neue Realität.

Physikalische Metaphern für die innere Welt

In mystischen Lehren hören wir Hinweise auf Energieniveaus, Schwingungsraten, Schwerkraftzug, Endlichkeit unseres Planeten und zurückgestrahltes im Gegensatz zu ausgestrahltem Licht. All diese Konzepte haben ihren Ursprung und ihre Parallelen in der Physik und den Weltraumwissenschaften, deren Ursprung wiederum in der Alchemie und im Okkulten zu finden ist. Stünden diese Ähnlichkeiten nicht zur Verfügung, wäre das Verständnis dessen, was in unserem inneren Wesen geschieht, noch schwieriger.

Wir leben fast alle wachen Stunden in einer Welt der Gedanken. Selbst dieses Buch ist ein gedanklicher Zugriff auf eine experimentelle Domäne. Meiner Meinung nach erwartet die Naturwissenschaft eine Wiedergeburt bei der Erforschung des riesigen grauen Bereichs zwischen der gegenwärtigen Praxis in den objektiven Naturwissenschaften und den unbegrenzten Ausblikken auf das partizipatorische spirituelle Kosmos. Als Vermittler stehen zwischen ihnen die verschiedenen aber verwandten Komponente wie das Gefühl der Schwerelosigkeit im Weltraum, das Studium der paranormalen Phänomene und anderer Grenzbereiche der Wissenschaft, Suche nach extraterrestieller Intelligenz, Entwicklung von unserem Planeten hinweg, Betrachtung der ganzen Erde und Durchdenken der Theorien, wie dieser Planet sich zu einem Superorganismus bestehend aus zehn Milliarden Menschen entwickelt.

Die Dualität von zurückgestrahltem und ausgestrahltem Licht, die lichte und dunkle Seite trifft auch die physischen Wissenschaften zu, aber die zwei Ideen werden selten zusammen besprochen.

Menschen mit spirituellen Tendenzen fragen häufig danach, wie physische Prozesse ein Licht auf ihre inneren Erlebnisse werfen könnten. Wissenschaftler wollen wissen, wie innere Erlebnisse zu einer allgemein gültigen Erfahrung erweitert werden können. Mit offener Gesinnung werden wir finden, daß sich die wissenschaftlichen und spirituellen Ansätze gegenseitig bekräftigen.

Das Verstehen und Erleben der physischen Metaphern für spirituelle Realitäten geht über den gedanklichen Aspekt hinaus. Ich habe gelernt, daß die Fähigkeit, etwas in mir selbst sichtbar zu machen oder zu erfahren, enorm durch das Verständnis der Prinzipien des physischen Universums unterstützt wird. Und umgekehrt führt ein inneres Erlebnis zur Visualisierung der Prozesse des äußeren physischen Universums und dessen Verständnis.

Ausgestrahltes und zurückgestrahltes Licht

Ein Beispiel dafür, wie etwas in der äußeren Realität nur eine Metapher für etwas in der inneren Realität sein kann, ist das Konzept des ausgestrahlten und zurückgestrahlten, reflektierten Lichtes. Wenn es einem gutgeht, hat man das Gefühl, Licht auszustrahlen. Dies zeigt sich sofort im reflektierten Licht des eigenen Spiegelbilds oder in den Gesichtern anderer.

Dieses ausgestrahlte Licht wird nicht von sichtbaren Frequenzen ausgesendet noch kann es vom physischen Auge eines Lichtmessers erfaßt werden. Es emittiert eine unsichtbare Frequenz und wird von Menschen empfunden, die darauf abgestimmt sind.

Das reflektierte Licht ist einfacher zu beschreiben. Es ist einfach Sonnenlicht oder elektrisches Licht, das sich in einem Körper widerspiegelt. Wenn wir Mond, Venus, Mars, Jupiter oder andere Planeten mit dem nackten Auge oder durch ein Teleskop sehen, betrachten wir das zurückgestrahlte Sonnenlicht auf der Tagesseite. Diese Rückstrahlung befähigt uns, die Erscheinung der Oberfläche der Planeten zu beschreiben und Vermutungen über ihre Evolution anzustellen wie zum Beispiel aufgrund der Meteorkrater, Berge vom windverwehtem Staub und so fort. Wie beim von Menschen zurückgestrahlten Licht ist das von Planeten zurückgestrahlte Licht interessant, aber es sagt uns kaum etwas darüber, wie es innen aussieht.

Die himmlische ausgestrahlte Komponente ist eine andere Sache, die aber wieder im Menschen eine Parallele findet. Wir können kein sichtbares Licht mit nacktem Auge entdecken, das von Planeten ausgestrahlt wird, aber wir können das ausgestrahlte Licht mit Infrarotsensoren und Radioteleskopen aufnehmen. Bei sichtbaren Frequenzen überwältigt die zurückgestrahlte Lichtkomponente die ausgestrahlte Komponente vollständig. Bei anderen Frequenzen dominiert das ausgestrahlte Licht. Dieses ausgestrahlte Licht sagt uns auch, was innen passiert, was dem Planeten inhärent ist, denn es handelt sich um Energie, die von innerhalb des Planeten ausgestrahlt wird.

Ein Teil des Sonnenlichts, das auf die Planetenoberfläche fällt, wird ins All zurückgestrahlt und ist bei sichtbaren Frequenzen auffindbar. Der Rest wird vom Planeten absorbiert und mit anderen Frequenzen erneut ausgestrahlt, ist aber nur mit Instrumenten und nicht mit den nackten Augen sichtbar. Das Ausmaß, mit dem ein Planet ausstrahlt oder zurückstrahlt, wird mit Reflektivität beschrieben. 100% Reflektivität bedeutet einen perfekten, weißen Ball ohne jede Absorption oder Rückstrahlung. 0% Reflektivität bedeutet ein pechschwarzes Objekt, das für das menschliche Auge unsichtbar ist aber bei anderen Frequenzen perfekt absorbiert wird und ausstrahlt. Monde und Planeten liegen irgendwo dazwischen. Der Mond unserer Erde reflektiert nur 6% des einfalllenden Sonnenlichts; die Erdoberfläche strahlt etwa 30% zurück.

Das bedeutet nicht, daß man nur schwarz tragen sollte, damit man mehr Licht ausstrahlt. Aber es bedeutet, daß das ausgestrahlte Licht in uns allen als eine Manifestation unserer inneren Realität oder Wesenheit vorhanden ist. Das zurückgestrahlte Licht entspricht unserer Körperlichkeit, und da es leichter sichtbar ist, neigt es dazu, uns vom Erleben unserer eigenen inneren Lebensform abzulenken.

Anders als unbelebte Objekte können Menschen die unsichtbare innere Ressource "Licht" aufnehmen und ausstrahlen. Wir können die von uns ausgestrahlte Lichtstärke erhöhen oder senken. Unsere innere Quelle ist nicht Sonnenlicht oder zumindest nicht dreidimensionales Sonnenlicht, denn je näher wir an die Quelle kommen, desto mehr Energie scheinen wir zum Ausstrahlen verfügbar zu haben. Es scheint immerfort und in alle Richtungen zu strahlen. Wie wir in Kapitel 7 sehen werden, kann die Intensität und das Ausmaß dieses Lichtes mit Wünschelruten gemessen werden. Diese "Lebenskraft" ähnelt der Glaubensstärke der Gesundbeter oder der Heilmittel in der Homöopathie.

Die himmlische Mechanik

Eine weite physikalische oder weltallbezogene Metapher für die neue Realität beschäftigt sich mit himmlischer Mechanik; der Gedanke wurde von meinem Kollegen Dan Drasin vorgeschlagen. Der Zweig der klassischen Physik (die von Isaak Newton erfunden wurde) beschreibt die Bewegung der Planeten, Satelliten, Planetensonden, der Sterne in unserer Galaxie und eines großen Teils des vorhandenen Weltalls. Ich habe diesen Wissensbereich gut in der Schule gelernt und ihn jahrelang an verschiedenen Universitäten gelehrt.

Der wichtigste Ausdruck der himmlischen Mechanik ist das Gesetz der Schwerkraft. Wir alle sind mit den Wirkungen der Schwerkraft vertraut. Auf Erden zieht sie uns dauernd an, und ihre

Manifestationen regieren uns, wenn wir etwas fallen lassen, aus dem Bett steigen, springen und so weiter.

Weltraumflüge sind so teuer, weil wir im Grunde einer Schwerkraftsenke liegen, und unsere derzeitige Technologie ist kaum fähig, uns mithilfe riesiger chemischer Raketen von unserem Planeten zu befreien.

Aber wenn wir schwerkraftlos entfernt von der Erde schweben, ist die Szene völlig anders. Schon vor hundert Jahren wies der sowjetische Raketenpionier Konstantin Tsiolkowsky und vor kurzem der amerikanische Physiker Gerard O'Neill auf die enormen wirtschaftlichen Vorteile des schwerelosen Arbeitens im Weltraum hin. Da könnten wir die verfügbare Rohmaterialien in viel kleineren

Senken wie dem Mond (zwanzigmal weniger Energie erforderlich) und den Asteroiden (hundert- bis tausendmal weniger) benutzen. O'Neil schlug vor, daß sich die Menschheit bald von diesem Planeten hinweg in den Weltraum entwickeln und eine selbstständige industrielle Wirtschaft frei vom Zug der Erde schaffen kann. Das macht in pragmatischer Hinsicht Sinn.

O'Neil und ich arbeiteten mehrere Jahre zusammen. Ich entwickelte Variationen des Themas und konzentrierte mich auf die Ressoucen der winzigen Marsmonde Phobos und Daimos. Diese könnten nicht nur vorteilhafte Stützpunkte werden, von denen man Mars erforschen könnte, sondern sie sind viel leichter zugänglich und besitzen mehr Ressourcen *als selbst unser eigener Mond*! Sie enthalten vermutlich große und leicht erreichbare Mengen Wasser im Boden, das zum Auftanken von Raumschiffen und der Erhaltung des Lebens dient. Bald hätten wir eine selbstständige, erdunabhängige menschliche Renaissance im Weltall - Bergbau auf Asteroiden, Weltraumkolonien, Satelliten mit Sonnenenergie, Mond- und Planetenstützpunkte und Sternschiffe.

Man kann sich den transformativen Wert einer Reise zum Mars vorstellen, bei der die Erde zu einer kleinen Scheibe und schließlich zu einem hellen Stern schrumpft. Welch eine Vorstellung, Zeichen von vergangenem Leben auf dem Mars zu finden!

Wie bezieht sich das alles auf die neue Realität? Ich glaube, wir Menschen stecken in einer Schwerkraftsenke des Bewußtseins. Die alte materialistische Wissenschaft und die klassische Mechanik hat uns an eine Ideenebene gefesselt. Wir sind nicht nur von der Erdoberfläche gefangen, sondern auch in den begrenzenden Glaubensregeln des Materialismus verhangen. Aber die mystische Praxis erinnert uns daran, daß wir eine andere Wahl haben: Wir können Raketen für die Reise in die innere Welt bauen und das Weltall frei bereisen, nicht als staatliches Projekt sondern als individuelle Gelegenheit. Der Rest dieses Buches ist ein Entwurf dafür.

Sobald wir die Werkzeuge gemeistert und den Zweifel suspendiert haben, sind wir unterwegs. Dann können wir zu Phobos und Daimos in der inneren Welt reisen. Reisen außerhalb des Körpers werden in Kapitel 9 beschrieben und sind wahrscheinlich die direkteste Verwirklichung dieses Aspekts der neuen Realität.

Dualität

Impliziert in dieser Diskussion ist die Dualität der Wissenschaft und des Geistes, des Sondierens der inneren und äußeren Welt. Wir alle erleben Gefühle der Dualität im Alltag: Mann und Frau, richtig und falsch, negativ und positiv, gut und böse, alt und neu. Viele der Zugriffe zu persönlichen, gesellschaftlichen oder politischen Situationen reflektieren Dualität.

Unsere moderne Welt ist angefüllt mit Dualität. Sie durchdringt die marxistische Dialektik, das kapitalistische Gewinn-Verlustgebot, das Yin und Yang des Ostens. Unser adversatives

Rechtssystem ist dualistisch. Die Medien fördern sie durch Schaustellung von Konflikt und Kampf auf der physischen Ebene. In der Ausbildung und in den Religionen besteht der Zwiespalt zwischen dem, was man "tun sollte" gegenüber dem, was man "tun möchte", und den Zweifeln, mit denen wir häufig reagieren. Selbst in der Liebe zeigt sich der Zwiespalt zwischen ideal und real.

Dualität bietet ein geistiges Bezugssystem, das beim Ausdrücken von Konzepten nützlich ist. Dabei ist nicht wichtig, ob diese Dualität objektiv und real existiert; was zählt ist, wie wir unsere Dualitätserfahrung benutzen. In einer Beziehung ist sie eine selbstgemachte Illusion, ein Kunstwerk unserer Kommunikation. Zu Zeiten im Leben betrachten wir Dualität als Illusion und empfinden gleichzeitig ein Gefühl des Einsseins und der Liebe.

Zu anderem Zeiten stecken wir "mitten din". Ein treffendes Beispiel ist mein Versuch der Kommunikation neuer Konzepte der Weltraumfahrt mit meinen wissenschaftlichen Kollegen während ich gleichzeitig den Werten der neuen Realität die Treue bewahrte. Wissenschaftler und Ingenieure verlangen normalerweise empirische Beweise, bevor sie sich neue Konzepte zueigen machen. Die Leiter der neuen Realität nehmen solche Ideen entweder aus Glauben oder aus eigener Erfahrung an, was oft wissenschaftlich unakzeptabel ist. Der scheinbare Konflikt zwischen diesen Ansätzen schafft Zwiespalt. Uns fehlen "spirituelle Wissenschaftler", die fähig sind, wissenschaftliche Konsequenz ohne Vorbedingungen anzuwenden.

In diesem Buch versuche ich, die Bresche der Dualität zu überspringen, aber sie erscheint häufig wie eine Schlucht. Dabei bin ich vorsichtig mit dem, was ich sage, und habe um meine schwer verdiente Glaubwürdigkeit Sorgen. Ich fühle mich dauernd, als ob ich in zwei Welten lebte, wie C.P. Snow in *Two Cultures* ausführte. (C.P. Snow, ein bekannter englischer Wissenschaftler, schrieb diesen berühmten Aufsatz und klagte über die Trennung und Feindseligkeit zwischen Wissenschaftlern und Humanisten in den vierziger und fünfziger Jahren in England).

Manchmal baue ich eine Dualität in mir selbst auf und unterscheide zwischen "wir" und "sie". "Warum brauchen Wissenschaftler einen greifbaren Beweis, um alles real zu machen?" frage ich mich, "wenn so vieles passiert, das von der Erfordernis von Beweisen unabhängig ist." Dann mache ich mir das Leben schwer, spiele mich als Märtyrer auf und bemühe mich, anderen die Schuld zu geben: ich schaffe meine eigene Dualität.

Yin und Yang

Man spricht immer häufiger von der Dualität von Yin und Yang, den zwei Polen, die nach der Tradition des Orients einen Mechanismus zum Wachstum und endgültigen Gleichgewicht auf der Erde bieten. Diese alte Weisheit bekräftigt, daß die Evolution der Seele vom Lösen scheinbarer Konflikte zwischen den zwei entgegengesetzten Kräften gefördert wird.

Yin ist die weiche, weibliche, empfangende und nährende Energie des Planeten. Yang ist die harte, männliche, ausdrucksvolle, treibende Energie. Das Verschmelzen von Yin und Yang umfaßt viel mehr als nur Sex, Liebe, Ehe; es wirkt auf jede nur vorstellbare menschliche Handlung ein. Viele Philosophen glauben, daß die Wechselbeziehung von Yin und Yang ein elegantes Modell für die persönliche und gesellschaftliche Transformation bietet.

Wir brauchen das Wechselspiel beider Pole. Ohne Sex würden wir nicht lange überleben, selbst nicht mit genetischer Manipulation. Was wäre für die Gelehrten zu sagen übrig, wenn sie unfähig wären, Dualität zu beobachten und zu erleben? Ohne

Dualität verliert ein Großteil unserer Kommunikation ihre Wirksamkeit. Durch Widrigkeit wachsen und transformieren wir uns.

Frauen und Männer spielen die achetypischen Rollen von Yin und Yang. Gelegentlich treten Unausgewogenheit auf, die nach den Theorien des kosmischen Gesetzes früher oder später wieder ausgeglichen werden müssen. Die Vorherrschaft einer der beiden Polaritäten in einer Gemeinschaft oder bei einem Ereignis erfordert einen Ausgleich. Die Alternative zum Ausgleichen ist Atrophie, verringerte Erregung, kein echtes Leben und Lieben, Schwanengesang und Tod. Die Geschichte ist voll von diese Unausgewogenheiten: Kriege, Kreuzzüge, Revolutionen, Sklaverei, Prostitution, Vergewaltigung, Mord, Alkoholismus, Hungersnot, Scheidung, ungleiche Entlohung und die kreischenden Aspekte der Frauenbefreihung.

Neben dem verblassenden Einfluß von Herrenklubs und Alte-Herren-Netzwerken und gewissen Kreisen im Militär kann ich heutzutage kein treffenderes Beispiel der Vorherrschaft der Yang-Kräfte finden die Raumforschung. In den frühen Tagen betrachteten wir das Yang als das Richtige; Männer bauten und flogen Flugzeuge und Raketen, die schneller und höher an den Rand der Atmosphäre vorstießen, bis sie schließlich ins Weltall eindrangen.

Als ich im Jahre 1967 Mitglied des US-Astronautencorps wurden, waren wir 67 - alle Männer. Heute werden wohl Frauen aufgenommen, aber die Raumforschung ist noch immer überwältigend Yang.

So sind Raumstationen und Stützpunkte auf dem Mond oder Mars wegen ihrer Eigenschaften Yin-Einrichtungen. Sie sind passiv, sie nehmen die Raketen auf. Und meistens tun sie nicht sehr viel, a_ßer da zu sein über Monate und Jahre, während sich Daten häufen und Menschen Raketen und Geräte kommen und gehen. Dabei handelt es sich nicht mehr die dynamische Erregung im grauen Cockpit mit all den Joysticks und Kippschaltern und großen lautstarken Motorantrieben und 8 Gs; die Raumstationen werden still, wohlgesittet schweben (oder an einem Planeten verankert sein) wie Nester, in denen monatelang Menschen arbeiten, leben, schlafen und essen.

Aber die Hi-Tech-Mannschaften erscheinen in futuristischen Skizzen und manipulieren im Yang-Stil die Regler beim Marathontasking in beengten Quartieren. Modelle von Raumstationen beim Johnson Space Center und McDonnell Douglas sehen Umkleidekabinen ähnlicher als Wohnräume. Die kalte, metallene, technische Gestaltung erlaubt Astronauten, die täglich mehr als zwei Stunden auf einem Übungsfahrrad verbringen muß, nicht einmal, aus dem Fenster zu sehen.

Aber Berichte von den Salyut- und Skylab-Flügen reflektieren die Sehnsucht nach Autonomie und das Verlangen nach Privatsphäre, die Hoffnung auf reflektierendes Betrachten der Erde sowie auf gemütlicher Unterbringung, den Wunsch nach Ausschalten des Radiogequassels und nach Verlangsamung der Termine, die vom Bodenpersonal diktiert werden. Diese sind Beispiele von Yin-artigen Astronautenwünschen, die wir immer deutlicher laut werden. Jetzt ist die Zeit, dies wahrzunehmen, bevor wir die Raumstationen in antiseptische, quasimilitärische graue Kasernen in einer Yang-Sackgasse festlegen. Ein Yang-Overkill im Weltraum könnte später eine Überreaktion des Yin auslösen.

Die Kräfte des Yin könnten bald neue ökologische Nischen und Lebensstile im Weltraum jenseits der Reichweite der Yang-Reißbretter schaffen. Mannschaften werden aus vielen Kulturen und Disziplinen stammen und endlich gleichberechtigt werden. Zusammenarbeit zwischen Nationen wird bei gemeinsamen Reisen zum Mars und weiter alltäglich werden. Die Reisen selbst dauern Monate bis Jahre lang; sie sind passiv und schweben auf Yin-Art.

Es scheint jedoch, daß die Bürokratie der NASA, des Militärs und die gehorsamen Auftragnehmer einem Pfad folgen, der so Yang-artig ist, daß die Lebensfähigkeit des gesamten amerikanischen Raumprogramms gefährdet ist. Dies spiegelt sich auch in der Überbetonung des Yang in den Wissenschaften der westlichen Welt. Während der vergangenen Jahre wurde die kollektive Kultur betäubt mit einem übermäßigen Yang-Paradigma, das in seiner vormaligen Vitalität erstickt und in mancher Hinsicht tatsächlich gedopt ist mit Crack, halbautomatischen Waffen und dem Fernsehen. Aber wir müssen uns auch vergegenwärtigen, daß sie die äußerlichen Symptome der inneren Realität der Beteiligten sind. Viele im Weltraumgeschäft sind als Einzelne und als Gruppe von ihrer eigenen Lebenskraft entfremdet. Sie warten hinter den Kulissen auf den Tag, wenn das innere und äußere Yin und Yang wieder in Gleichklang gebracht werden. Erst dann können wir unsere sehnlichsten Träume verwirklichen wie eine internationale Mission zum Mars.

Eine meiner persönlichen Herausforderungen der letzten Jahre war die Transformation meines eigenen Yang-Aspekts. Durch die Ablehnung meiner weiteren Teilnahme am großen amerikanischen Weltraumabenteuer habe ich einen umfangreichen und legitimen Teil meiner selbst des Erbteils beraubt, den Teil, der die Weltraumforschung weiterbetreiben möchte. Statt dessen wende ich mich dem Yin-artigen Pfad zu meinem inneren All, während die Formulierung von Zielen für den äußeren Raum außerhalb meiner Reichweite zu liegen scheint.

Warum habe ich die praktische Teilnahme an der äußeren Welt zurückgewiesen? Ging es dabei um mehr als die Tatsache, daß das Raumprogramm in den letzten Jahren verwelkt ist? Oder habe ich mich damit getäuscht? Unter den neuen Grundsätzen der Realität habe ich meine eigene Wirklichkeit geschaffen, indem ich meinen persönlichen Fokus vom Erforschen des äußeren

Weltraums zur Erkundung der inneren Welt gewendet habe. Ich wäre noch immer Teil des NASA- Weltraumteams entweder als Shuttle-Astronaut oder als Planetenwissenschaftler und würde das Beste aus einer schwierigen Situation machen und den Komfort und die Kontinuität in der Erfüllung meines Knabentraums fühlen, wenn ich nicht den Drang nach ch etwas Höherem empfände.

Kapitel 5

Mars und die Suche nach außerirdischem Leben

Für einen Weltraunmwissenschaftler wie mich ist die provokativste Frage, die ich je gestellt habe, ob wir allein im Weltall sind. Der Mensch war immer neugierig über seinen Platz im Kosmos, aber erst im zwanzigsten Jahrhundert haben wir die Technik und die Wissenschaft zur Verfügung, ernsthaft nach einer Antwort zu suchen. Das wissenschaftliche Prinzip ist zwingend: um einige der Trillionen von Sternen wie unsere Sonne müssen irgendwo erdähnliche Planeten kreisen. Viele namhafte Wissenschaftler spekulieren, daß einige von ihnen auch von intelligenten Wesen bewohnt werden.

In den vergangenen Jahrzehnten sind amerikanische Astronomen von der Regierung finanziert worden, um Radioteleskope zum Aufnehmen von möglichen Signalen von intelligenten Zivilisationen auf Planeten, die nahegelegene Sterne umkreisen, zu entwickeln. Das Programm ist als SETI bekannt, Suche nach Extraterrestieller Intelligenz, ein Akronym, das dem Sternennamen Tau Ceti ähnelt, einem frühen Kandidaten für diese Suche.

Eine Anzahl von Variablen machen diese Suche zu einer der spekulativsten Aktivitäten, die zeitgenössische Wissenschaftler in der westlichen Welt je zu versuchen wagten. Eine erfolgreiche Entdeckung hängt ab von der Wahl der richtigen Radiofrequenz, des richtigen Zielorts, von der Integration des Signals über einen langen Zeitraum, der Unterscheidung, was intelligent und was natürlich ist, und schließlich - und das ist keine kleine Sache - Brechen des Codes.

Selbst bei einer erfolgreichen Detektion könnten wir wohl kaum einen bedeutsamen Dialog führen. Der uns nächstgelegene

Stern außer der Sonne ist Alpha Centauri in einer Entfernung von 4,3 Lichtjahren (ein Lichtjahr ist die Entfernung, die Licht- und Radiowellen in einem Jahr bereisen). Die Lichtgeschwindigkeit beträgt fast 300.000 km pro Sekunde. Es leuchtet ein, daß ein Lichtjahr eine Entfernung ist, die wir nicht mit normalen Begriffen erfassen können. Im Vergleich dazu ist der Mond nur geringfügig weiter entfernt als eine Lichtsekunde und die Sonne, der Mars, die Venus und der Merkur sind Lichtminuten entfernt, während die Sterne und Milchstraßen Milliarden von Lichtjahren entfernt sind. Die Zielsterne von SETI liegen in einer Entfernung von mehr als 10 Lichtjahren von uns. Das bedeutet, daß unsere Versuche, Radiosignale zurückzustrahlen, um eine Antwort auf eine erfolgreiche Entdeckung zu geben, erst in mindestens einem Jahrzehnt beantwortet würde. Mein früherer Kollege Carl Sagan bedauerte dieses Problem in seinem Roman *Contact*, der auch verfilmt wurde.

Es ist erstaunlich, daß SETI überhaupt finanziert wurde in einem Umfeld, das dieser Art von Aktivitäten, die kaum spektakuläre Resultate erbringen werden, nicht wohlgesinnt ist. Vielleicht ist eine Rechtfertigung, daß das Programm in den 1960er Jahren mit einem kleinen Budget und der Verwendung von existierenden Radioteleskopen (Projekt Ozma) begann, die vorübergehend von den "echten wissenschaftlichen Projekten" abgezweigt wurden. Der frühere Senator William Proxmire verlieh SETI in einem Jahr den Preis "das goldene Vlies", eine berüchtigte Auszeichnung für bundesweit finanzierte Forschungsprojekte, die in Proximires Meinung eine frivole Verschwendung von Steuergeldern waren.

Es ist klar, daß Unterstützung von SETI durch die Bundesregierung und der wissenschaftlichen Gemeinschaft, aber der Mangel an Hilfe für weniger traditionelle Suchwünsche dem informierten Beobachter nicht einleuchten. Von den weniger traditionellen Suchmöglichkeiten erscheinen Berichte über UFOS und die Verarbeitung von Bildern anomaler Eigenschaften auf dem Mars bedeutend erfolgversprechender zu sein, aber sie werden von den konservativen Wissenschaftlern mit Abscheu zurückgewiesen.

Meine Astronomenkollegen haben eine exotische Suche begonnen, die aber viele vom Aufbruch dahin, wo die echte Handlung abläuft, abgelenkt hat. Diese Handlung könnte fordern, vorgefaßte Ideen, wie sich extraterestielle Intelligenz manifestiert, fahrenzulassen. Ich gehöre zu den Wissenschaftlern, die sich bis vor kurzem weigerten, alternative Suchprotokolle zu betrachten. Zuerst erschienen sie mir seltsam und unwissenschaftlich, obwohl Michael Papagiannos und andere Astronomen seit langen darauf bestehen, daß die Artifakte im Sonnensystem und vielleicht im Asteriodengürtel plausible Ziele für eine Suche sind, und selbst wenn der Astronom J. Allen Hynek behauptete, daß einige UFO-Berichte *absolut wahr* sind. Es ist mir jetzt klar geworden, daß die Erforschung von UFOs und die Prüfung der anomalen Gesichtszüge auf dem Mars sehr viel interessantere und schnellere Resultate erbringen werden als die Suche mit SETI-Radioteleskopen. Es dauerte leider eine Weile, bis ich mich zu diesem Gesichtspunkt durchgerungen hatte. Der Druck wissenschaftlich Ebenbürtiger kann eine schier unüberwindliche Barriere darstellen.

Ich hege den Verdacht und glaube an die Annahme, daß wir bei unserem ersten Treffen mit einer außerirdischen Intelligenz Wesen mit einer höheren technologische Fähigkeit als unserer begegnen werden. In unserer Geschichte haben wir Menschen erst innerhalb eines Jahrhunderts gelernt, in der Luft zu reisen, Radiosignale zu senden und zu empfangen, uns in den Weltraum zu wagen und Waffen für Massenzerstörung zu entwickeln. Die Annahme, andere Wesen auf demselben technologischen Niveau und aus der sicheren Entfernung von Lichtjahren zu treffen, ist eine ungeheuerliche Mutmaßung.

Andererseits, falls wir auf untraditionelle und nicht zeitgenössische Weise aufgefunden werden, und die breiten Paradigmen der neuen Realität leben, dann können wir nur das Unerwartete erwarten. Wir müssen uns darauf vorbereiten, das Wunder der außerirdischen Intelligenz zu konfrontieren und dabei Phänomenen zu begegnen, die wir als paranormal einschätzen.

Nehmen wir an, wir gehören zu einem primitiven Volk der Erde, dem die Technologie des zwanzigsten Jahrhunderts unbekannt ist. Einige von sehen vielleicht ein Flugzeug oder finden ein modernes Gerät. Vielleicht sind wir der Buschmann, der über die Cokeflasche stolpert, oder der Eingeborene, der den "großen silbernen Vogel" am Himmel sieht, von dem Donnergeräusche ertönen. Was sollten wir von diesen Erscheinungen denken? In Wirklichkeit fehlen uns die sprachlichen und wissenschaftlichen Mittel, die wir auf diese Phänomene anwenden könnten. Wir wissen nicht, was passiert, außer daß einige von uns etwas Seltsames erlebt haben. In solchen Fällen schafft man Mythen aus dem Gegenstand oder dem Erlebnis oder betet es an. In dem Maße, wie wir wissenschaftlich ausgebildet sind, können wir beobachten und die Informationen über Objekt und Beobachtung verbinden. Es ist eine Ironie der modernen Naturwissenschaft, daß wir häufig uns unbekannte Phänomen vorsätzlich verleugnen, die Daten ignorieren und uns etwas Orthoxerem zuwenden. Folglich konzentrieren wir uns ausschließlich auf die Suche mit dem Radioteleskop. Als Stammesmitglieder könnten wir die Erscheinung des Flugzeugs ablehnen, die Cokeflasche wegwerfen und Mythen heraufbeschwören über fremde Wesen und uns mit Stammeshäuptlingen den provinziellen Fragen des Stammes zuwenden. Ich gebe ungern zu, daß viele unserer besten und brillantesten Wissenschaftler so antrophomorphe Perspektiven haben wie unsere Vorfahren, die glaubten, die Erde sei der Mittelpunkt des Weltalls. Diese

Selbstabsorption blockiert ordnungsgemäße Erforschung einer Anzahl von unerklärten Beobachtungen und Erscheinungen

Ich gebe es dennoch zu, weil ich bis vor kurzem ein solcher Wissenschaftler war, der in vieler Hinsicht an Tunnelsicht leidet. Ich hatte zwar Artikel über Bereiche geschrieben, die manche Wissenschaftler nicht gewagt hätten, vorzulegen. Manchmal besprach ich Themen am Rande des Akzeptablen bemühte mich, die Arbeiten durch die verschiedenen Lagen skeptischer Kritiken fortzubewegen, bis meinen Kritikern endlich einleuchtete, worum es ging. (So brauchte ich zum Beispiel zwei Jahre, bevor ich eine grundlegende Arbeit in *Science* veröffentlichen durfte, in der ich die Zugänglichkeit der die Erde erreichenden Asteroide für Bergebauexpeditionen besprach.) Die negativen Kritiken betrafen nicht die Wissenschaftlichkeit sondern griffen den Mangel an Eignung dieses Forschungsthemas an, ein Thema, das nicht in die traditionellen Kategorien einzuordnen war. Die negativen Kritiken bezogen sich auch auf die sich schnell offenbarenden unorthodoxen und häufig geäußerten Forschungsfragen über einen benachbarten Planeten.

Mars

Es gibt keinen anderen Bestimmungsort, der mich mehr bezaubert als der Planet Mars. Schon als kleiner Junge malte ich mir aus, wie es wäre, wenn man dahin reisen könnte, und ich las begeistert Wernher von Brauns Marsvisionen. Meine Magister- und Doktorarbeit hatten die Simulation der Eigenschaften vom Mars im Labor zum Thema. NASA plante Missionen zum Mars, und ich wurde als Astronaut berufen, an der Reise teilzunehmen. Der größte Teil meiner Forschungsarbeit, Lehr- und Schriftstellertätigkeit konzentrierte sich auf diesen erdähnlichsten Planeten in unserem Sonnensystem.

Ich habe oft die Frage gestellt, ob es Leben auf dem Mars gibt oder gab und schwanke bei der Beantwortung Frage je nach Gesprächspartner und Untersuchungsmethode. Diese Debatte ist *immer* emotional erhitzt.

Es dauerte bis zum Jahre 1965, bis unsere Augen geöffnet wurden, wie Mars wirklich aussieht. Davor hatte man den Planeten nur durchs Teleskop betrachtet, und er erschien wie eine verschwommene rote Scheibe mit undeutlichen Markierungen an den Polkappen. Das amerikanische Raumflugzeug Mariner 4 flog am Planeten vorbei und fotografierte ein Prozent von dessen Oberfläche. Wissenschaftler sahen eine enttäuschende Ansammlung von Kratern, die ein uraltes und unmodifziertes Terrain wie das auf dem Mond nahelegten. Sie kamen zu dem Schluß, daß es sich um einen langweiligen toten Planeten handelte.

Aber 1971 überrollten uns einige Überraschungen. Der Mariner 9 Marsorbiter sandte spektakuläre Bilder eines Vulkans zurück, der dreimal so hoch ist wie Mt. Everest, eines Grand Canyons, der dreimal so tief ist wie unserer sowie 4025 Kilometer lange ausgetrocknete Flußbetten, die zeigen, daß dort einst Wasser floß und daß es auf dem Mars geregnet hatte.

1976 landete amerikanische Viking Roboter auf zwei Stellen auf Mars. Der Apparat für die Feststellung von Lebewesen des zeigte kein Anzeichen irgendwelcher Lebensformen, obwohl einige der Resultate unerwartete chemische Zusammensetzungen aufwiesen. Viele Wissenschaften sind davon überzeugt, daß wir nirgendwo Leben finden werden; andere spekulieren, daß wir es vielleicht in anderen Gegenden auf dem Planeten entdecken werden. Es besteht auch die Möglichkeiten, daß die Experimente von Viking nicht spezifisch genug waren, Leben zu entdecken, da wir nicht genau wissen, was wir suchen.

Eine andere Hypothese schlägt vor, daß intelligentes

Leben einst auf Mars existierte und davon Reste zu finden sind. Aber diese Möglichkeit schien den Viking-Forschern so weit hergeholt zu sein, daß sie einige der verblüffendsten Beweise ignorieren, die wir je auf der Suche nach außerirdische Intelligenz gesammelt haben: Bilder von Objekten auf der Marsoberfläche, die einem gigantischen Menschenantlitz ähneln sowie benachbarte Pyramiden.

Ich habe diese Bilder anfänglich auch ignoriert, bis zum Sommer 1984, als mich ein begeisterter Sachbuchautor Richard Hoagland bat, mit ihm neuere Versionen der kontroversen Viking-Marsaufnahmen zu betrachten. Das war bei der Konferenz "The Case for Mars II" in Boulder, Colorado, wo eine Gruppe von Wissenschaftlern und Ingenieuren die weitere Erforschung von Mars fördern wollte. Ich setzte all meinen wissenschaftlichen Einfluß ein und schlug wegen ihrer Ressourcen und strategischer Lage eine unkonventionelle internationale bemannte Mission zu den Marsmonden Phobos und Daimos vor. Mich noch weiter zu exponieren, hätte mich die Unterstützung meiner Kollegen gekostet.

Hoagland glaubte, daß einige der Bilder Beweise für Monumente zeigen, die von einer früheren Zivilisation auf dem Mars zurückgeblieben waren. Damals hörte ich ihm zu, aber ich glaubte ihm nicht. Um ehrlich zu sein: *Ich wollte ihm nicht glauben.* Mit meinem unorthodoxen Marsmissionskonzept hatte ich schon genug aufs Spiel gesetzt.

Während Hoagland sprach, erinnerte ich mich unwillkürlich an die lange, fadenscheinige Geschichte der übertriebenen Behauptungen über Leben auf dem Mars. Ich hatte an Arbeiten teilgenommen, die die relevantesten Beweisstücke für Leben auf dem Mars in den 1960er Jahren entkräfteten. Als ich mit meinem Doktorvater in Berkeley, Donald Rea, arbeitete, beweis ich, daß die infraroten Beobachtungen der Marsoberfläche, die die Anwesenheit organische Stoffe nahelegten, nichts anderes waren als Wasserdampf von der Erdoberfläche über dem Teleskop!

Ich kannte auch die Interpretationen von Percival Lowell, der Anfang dieses Jahrhunderts die vermeintlich beobachteten Kanäle auf dem Mars als Bewässerungskanäle interpretierte, die von einer intelligenten Zivilisation benutzt wurden, rares Wasser von den schmelzenden Polkappen in die niedriger gelegenen Gebiete zu bringen. Diese These stellte sich später als eine physio-psychologische Illusion heraus.

Also war ich jetzt bei der Schaffung einer weiteren Marsmythe zugegen. Darüber hinaus war Hoagland nicht einmal ausgebildeter Wissenschaftler. Und diese Bilder waren vor so langer Zeit wie 1976 vom Viking Marsorbiter aufgenommen worden. Meine Kollegen der wissenschaftlichen Fernsehmannschaft hatten bereits die Objekte, die Hoagland so interessant fand, als "Täuschung durch Beleuchtung und Schatten" abgetan. Die Mitglieder dieses Teams waren meine Kollegen, Leute, mit denen ich eng zusammengearbeitet hatte und denen ich wegen ihrer Disziplin und Objektivität vertraute. Was war dann der Sinn, den toten Stein nochmal umzudrehen und ihre Bewertung in Frage zu stellen?

Hoagland zeigte mir zwei Ansichten eines anderthalb Kilometer großen Tafelbergs, der einem menschlichen Gesicht ähnlich sah. Er zeigt mir auch mehrere Berge, die an Pyramiden erinnerten. Er betonte eine mögliche erstaunliche Ausrichtung dieser Objekte. Ich erinnerte mich dunkel, daß Vincent diPietro und Gregory Molenaar, zwei Computerwissenschaftler außerhalb der konventionellen planetaren Gesellschaft, ein Büchlein über das Gesicht und die Pyramiden veröffentlicht hatten. Sie hatten neue Bildverarbeitungsmethoden angewandt, und hoben damit einige auffallende Merkmale wie einen Augapfel im "Auge" hervor. Da diese Untersuchungen in den Randgebieten lagen, hatte ich sie kaum beachtet. Meine Kollegen vom Viking-Team würden sich schon damit abgeben, dachte ich.

Warum aber fühlte mich innerlich hin- und hergerissen, als ich die Bilder betrachtete? Warum kramte Hoagland alte Kamellen heraus? Hatte man sich diese Sachen nicht schon dutzendmal angesehen? Einerseits wollte der neugierige Knabe in mir die unbekannten Rätsel auf dem Mars mehr denn je erforschen. Andererseits rebellierte der mißtrauische Wissenschaftler gegen weitere Illusionen, Fälschungen oder Überinterpretationen.

Dennoch zwang mich etwas, Hoagland weiter zuzuhören. Das Treffen mit ihm 1984 leitete eine vier Jahre lange intensive Untersuchung ein, die mir einige erregende Resultate offenbarten, aber auch die Gefahren, diese innerhalb des heutigen wissenschaftlichen Denkmusters zu präsentieren. Ich besuchte Hoagland häufig, leitete Zusammentreffen mit anderen Forschern und wurde schließlich zum Vorsitzenden der "Mars Anomalies Research Society" (M.A.R.S.), einer gemeinnützigen Organisation, die vorübergehend gegründet wurde, um Ermittlungen in die ungewöhnlichen Züge auf dem Mars anzustellen. Daraus erwuchs eine Anzahl wissenschaftlicher Artikel und Bücher, die alle dem fast absurd uninformierten Spott meiner konventionellen Kollegen ausgesetzt wurden.

Der planetare Geologe Michael Carr war früher der Leiter des Viking-Orbiter-Fototeams und erklärte bei verschiedenen Interviews im Fernsehen, daß das Gesicht ein windverwehter Tafelberg sei. Eine andere Erscheinung auf Mars erinnert an die Handpuppe Kermit der Frosch aus der Sesame Street; Carr kam zum Schluß, daß unter den Tausenden von Bergen, die die Viking-Kamera aufgenommen hatte, sicherlich einer an ein Gesicht oder was immer erinnern könne. Solche Naturerscheinungen glichen dem Old Man on the Mountain im Staate New Hampshire. Man konnte auf Carrs Gesicht einen sarkastischen Ausdruck erkennen, und sein herablassendes Lächeln bezeugte seine Geringschätzung der Untersuchung, die er als aussichtslos betrachtete. Unter anderem ignorierte er, daß der Old Man of the Mountain nur ein Profil ist, während das Gesicht auf dem Mars aus allen Blickwinkeln wie ein Antlitz aussieht.

Bald mußte ich entdecken, daß Carrs Ansichten von all meinen gut plazierten planeraren Kollegen geteilt wurden. Carl Sagan zeigte auf ein Bild von Jesus auf einem Tortilla-Chip. Lou Friedman, mein alter Freund und Leiter von Sagans Planetarer Gesellschaft warf mich beinahe aus seinem Büro heraus, als ich das Gesicht erwähnte. "Dieser Unsinn ist nicht eine Sekunde deiner Zeit wert, Brian," sagte er. Hoalands Buch ist voller Anekdoten über die Reaktion der traditionellen Wissenschaftler auf eine Ermittlung der anomalen Züge auf dem Mars. Es wurde deutlich, daß ich jemanden außerhalb des Fachbereichs finden mußte, mit dem ich zusammenarbeiten konnte.

Ich bin noch heute ehrlich bestürzt über die Haltung meiner früheren Kollegen. Selbst wenn es sich herausstellen sollte, daß sie rechthaben und das Gesicht in Cydonien nichts anderes als windverwehte Berge, haben wir das Recht, weiter nachzuforschen.

Ich folgerte aus alledem, daß wir den Ursprung dieser Erscheinungsform nicht kennen und daß wir zum Mars zurückkehren müssen. In der Zwischenzeit nehmen wir die existierenden Bilder vor und analysieren sie, um mehr Licht auf die Sache zu werfen, und warten auf weitere Bestätigung bei künftigen Missionen zum Mars.

All dies erschien unschuldig und logisch, aber als wir unsere Resultate veröffentlichen wollten, öffneten wir eine weitere Büchse der Pandora. Dr. Mark Carlotto, der Leiter einer Forschungsgruppe im Bildberarbeitungslabor bei der "Analytical Science Corporation" in Reading, Massachusetts, benutzte eine

Methoden auf dem neuesten Stand der Technik und verarbeitete die Aufnahmen vom Viking weiter in klarere, detailiertere Bilder. Die Planetenwissenschaftler bei NASA und anderswo hätten diese Arbeiten selbst mit der ernormen Finanzierung des Vikingprojekts ausführen können, aber ihre gedankenlose Zurückweisung dieser Objekte als weiterer Forschung unwürdig schloß ein Jahrzehnt lang weitere Arbeiten mit den besten verfügbaren Geräten aus.

Da Carlotto kein planetarer Wissenschaftler ist, hatte er bei diesen Arbeiten nicht viel zu verlieren. Aber seine Qualifikationen sind unantastbar, da er über Erfahrung in der Bildverarbeitung irdischer Merkmale besonders für das militärische Reconnaissanceprogramm verfügt. Es wurde erforderlich, Fachleute aus anderen Bereichen einzubringen, um etwas zu schaffen. Die Planetenwissenschaft, die einst ein vielversprechendes neues Fachgebiet war schon zu einem eingefleischten Priesterstand geworden, dessen Leiter die überalterte Ansichten der Fragestellung und Entdeckung predigen. Die Viking-Geologe sahen durch geologisch gefärbte Brillen und waren blind gegenüber der Realität, daß sie etwas Ungewöhnliches anstarrten.

Carlotto und ich analysierten die dreidinemnsionale Struktur des Gesichts. Bei der Arbeit wandten wir die bekannten Algorithmen der Optik und die Bestätigungsmethodik für Resultate an. Wir kamen zum Schluß, daß die Auflösung, die uns in den Daten vorlag, eine dreidimensionale Struktur der gesichtsartigen Züge und eine bilaterale (links-rechts) Symmetrie ausweist. Die Hinweise auf einen intelligenten Ursprungs waren überzeugender als der für The Old Man on the Mountain, einem Profil das in der Natur *nur in einer Dimension* erkennbar ist, der aber dennoch von Skeptikern als "Beweis" dafür herangezogen wurden, das Gesicht sei eine Naturerscheinung.

Wir konnten jedoch keine Aussage über die Hypothese des "außerirdischen Ursprungs" machen, obwohl wir ohne ein Zweifel bestätigen konnten, daß das Gesicht kein Trick von Licht und Schatten ist.

Carlotto und ich reichten wissenschaftliche Arbeiten bei Carl Sagans *Icarus* ein, einer internationalen Zeitschrift über das Sonnensystem, und die vermutlich bekannteste und geschätzteste Planetenzeitschrift. *Icarus* hatte in den letzten fünfundzwanzig Jahren elf meiner von Kollegen bewertete Arbeiten veröffentlicht.

Dieses Mal wurden unsere Arbeiten von den Herausgebern glatt und fast ohne Erklärung zurückgewiesen, was mir bei *Icarus* noch nie passiert war.

"Leider ist das Manuskript von B. O'Leary ein Nicht-Aufsatz." schrieb ein Kritiker. "... zweifellos wird sich der Autor über den Mangel an 'spezifischer Kritik' meinerseits beklagen. ... Der Autor sollte sich mit den grundlegenden Regeln der elementaren Logik vertraut machen ... Es gibt nichts in seiner Ausbildung, das ihn befähigt, von der allgemeinen Morphologie aus eine Aussage über Prozesse, die bei der Schaffung von Oberflächenmerkmalen beteiligt waren, zu machen... Also lassen wir diesen Unsinn!"

Die Kritiker hielten daran fest, daß der Old Man of the Mountain natürlich sei und es keinen Grund gebe, weshalb das Gesicht auf dem nicht auch natürlichen Ursprungs ist. Wie hoch ist jedoch die Wahrscheinlichkeit, daß ein natürlicher Berg so gesichtsartig in *drei* Dimensionen erscheint? Sehr gering, glaube ich. Mir ist keine derartige Erscheinung auf der Erde bekannt.

Und etwas anderes war an der Debatte beteiligt. Meine Kollegen wollten nicht glauben, daß dieses Gesicht etwas auf sich hatte, entweder weil sie es wirklich nicht glaubten oder weil sie ein begründetes Interesse daran hatten, es nicht zu glauben. So könnten sie fürchten, daß ihnen ihre Gelder entzogen würden, wenn sie sich mit etwas so Absurden wie einem Gesicht auf dem Mars abgeben würden.

Carlotto reichte seinen Aufsatz bei *Applied Optics* ein, wo er fast anderthalb Jahre nach dem *Icarus*-Episode veröffentlicht wurde. Das Gesicht auf dem Mars erschien auf der Deckblatt der Ausgabe vom 15. Mai 1988 der bekannten Zeitschrift mit dem unauffälligen Titel "Remote Sensing" [Aufnehmen aus der Ferne]. Dabei wurde das Hauptaugenmerk auf die Fototechnik gelenkt. *Applied Optics* war weit genug von der planetaren Bruderschaft entfernt, und die Arbeit war für Optiker interessant. Ich reichte meine Arbeit erneut ein, diesmal beim *Journal of the British Interplanetary Society*, wo Carlotto und ich bereits andere Arbeiten vorgelegt hatten.

Die Veröffentlichung erregte in der Presse zumindest Aufsehen. Hoagland, Carlotto, der Anthropologe Randy Pozos und ich hielten im Juli 1988 eine gut besuchte Pressekonferenz. Dabei wurde ich gefragt, ob ich glaubte, daß eine außerirdische Intelligenz existiere und wann wir mit einer derartigen Entdeckung rechnen könnten. Ich antwortete scherzhaft, daß man mich mit dieser Frage an die Wand stellte, aber daß ich trotzdem eine Antwort versuchen wollte. "Ich kann mich des Gefühls nicht erwehren," sagte ich, "daß wir innerhalb der nächsten zehn Jahre extraterrestielle Intelligenz entdecken werden".

Carla Hall von der *Washington Post* nahm dieses Zitat auf (am 8. Juli 1988) und berichtete, daß ich "ein bißchen näher an den Rand geschwankt" sei als die anderen Teilnehmer der Pressekonferenz, da ich dies so enthusiastisch verlautbarte. Sie schrieb, daß die anwesenden Reporter auf meine Aussage "Oooo-wooo-oo" gebrüllt und "gekichert" hätten. Die *Post* zitierte keine meiner Bemerkungen über die Wichtigkeit unserer Rückkehr auf den Mars zum Studium des Gesichts und anderer Eigenschaften.

Im selben Artikel in der *Post* wurde Carl Sagan folgendermaßen zitiert: "Es ist wahrscheinlich etwas völlig Natürliches, was zufällig wie ein Gesicht aussieht ... Da ist ein wundervoll glückliches Gesicht der Mitte eines Kraters (am dem Mars) - wovon ich nicht ableiten kann, daß es Leute gibt, die auf dem Mars leben und Happy-Knöpfe machen". Offensichtlich ignorierte Sagan die vorliegenden Daten.

Diese Pressekonferenz belehrte mich über die Gefahren, einen Krieg mit der Presse und mit meinen Kollegen anzuzetteln. Es wurde allzu deutlich, daß Sagan und Co. nicht glauben wollten, daß es damit etwas auf sich hatte, und ich mußte vorsichtiger mit meiner Wortwahl werden, damit man mich nicht zu den Verrückten zählte. Die Presse und publicity-bewußte Wissenschaftler wie Sagan plapperten alte Denkmuster nach, indem sie Aussagen über den naturgegebenen Ursprung des Gesichts und sich über die Hypothese der außerirdischen Intelligenz lustig machten, ohne überhaupt die entsprechenden Informationen überprüft zu haben.

So traurig ich auch war, die Priesterschaft der planetaren Wissenschaft zu verlassen, empfand ich nun doch eine neue Freiheit. Ich brauchte mich nicht mehr auf NASA und meine Kollegen verlassen, daß ich etwas zu essen hatte oder daß sie meine Arbeit gutheißen. Schon Mitte 1988 hatte ich mich als freiberuflicher Vortragender und Schriftsteller etabliert. Endlich hatte ich die Freiheit, mich auszudrücken, wenn auch vorsichtig, so daß ich meine Erforschung der neueren Modelle der Naturwissenschaft mit Integrität statt zwischen den Extremen des Verleugnens und des voreiligen Wunschdenkens weiterbringen konnte.

Aber ich mußte weiterhin vorsichtig vorgehen. Ich wünschte, ich hätte vor der Presse nicht so stark aufgetrumpft. Aber ich fühle *wirklich*, daß wir auf der Schwelle der Entdeckung stehen. Aber das ist nur ein Gefühl und keine wissenschaftlich untermauerte Tatsache.

Ohne Furcht vor Kollegen und Presse fuhr Carlotto mit seiner Forschung fort und reichte eine weitere Arbeit ein, dieses Mal bei der renommierten Zeitschrift *Nature*. Hier betonte er die "Fraktale" oder dem Grad der Selbstähnlichkeit einer Landschaft. Dieser recht komplexe Algorithmus in der Bildbearbeitung ermöglicht Feststellungen über die Tendenz einer Landschaft, an einer Skala oder in bestimmter Auflösung gleich auszusehen. Ein sich selbst ähnelndes oder fraktales Terrain tritt häufig in der Natur auf. Ein nicht fraktales Terrain bezeichnete eine Eigenschaft, die von einer Intelligenz geschaffen wurde. Wissenschaftler benutzen Fraktale in der militärischen Raum- und Luftrekonnaissance, um Panzer, Gerätschaften und Gebäude aufzufinden, die zum Teil von Bäumen oder Landschaftsformen getarnt sind.

Carlotto fand, daß das Gesicht und einige andere Erscheinungsformen auf dem Mars nicht fraktal sind, was nahelegt, daß sie nicht auf natürliche Weise entstanden. Das Gesicht selbst ist die *am wenigsten natürliche* der vielen Landformen auf dem Mars, die analysiert wurden.

Nature wies die Arbeit aus ähnlichen Gründen wie *Icarus* zurück. Ich las den Artikel und stellte fest, daß die Beanstandungen von *Nature* nichts mit der technischen Gültigkeit zu tun hatte. Es war die Aversion des naturwissenschaftlichen Establishments gegen Gedanken, die sie für zu heikel hielt.

Andere Forscher haben sich der Forschungsbemühung zugesellt. Der Geograph Erol Torun betrachtete die Winkel, die von den Fazetten der zwei Meilen lange "D&M-Pyramide" geschaffen werden, einem fünfseitigen pyramidenförmigen Objekts, das einige Kilometer südwestlich vom Gesicht liegt. (M&D steht für DiPietri und Molenaar, die die Pyramide bei ihrer Untersuchung der Viking-Bilder entdeckten). Torun fand erstaunliche Verhältnisse zwischen den fünf wichtigsten Winkeln der Pyramide, die "die universal mathematischen Konstanten der Wurzeln von 2, 3, 5, 6,

E und Pi enthalten... Diese Konstanten sollten Zivilisationen bekannt sein, die etwa das Niveau der ägyptischen Technologie (oder ein höheres) hatten... Die Konstanten selbst sind universal, da sie existieren, gleichgültig welche Grundzahl benutzt wird..." Bei anderen Winkeln fand Torun weitere mathematisch bedeutungsvolle Zahlen, "wie immer ich auch den Gegenstand betrachtete."

Torun kam zum Schluß, daß innerhalb einer kleinen Fehlergrenze bei der Messung diese Geometrie nicht auf natürliche Weise entstanden sein könne; sie sei ganz einfach zu elegant. Auch habe Winderosion dieses Objekt nicht ohne Zerstörung der fünf Seiten schaffen können. All dies mache glaubhaft, daß eine Intelligenz hinter der Schaffung der Pyramide steht. Ich habe seinen Aufsatz gelesen und finde die These fesselnd, wenn auch nicht ganz ohne Widersprüche.

Zweifellos bietet uns der Mars Daten von wissenschaftlichem Wert. Es betrübt mich, daß sich meine Kollegen in der Planetenwissenschaft über diese vielversprechenden Fragen lustig machen. Sie sind intelligente Leute mit beträchtlichem Einfluß bei NASA und ausreichenden Mitteln für die Ausführung solcher Forschungsarbeiten.

Aber stattdessen dominiert das menschliche Element. Jeder unkonventionelle Zugriff auf die Suche nach außerirdischer Intelligenz fällt mit großer Wahrscheinlichkeit auf taube Ohren in Kreisen der Naturwissenschaft und Regierung. Natürlich ist ein Grund dafür die Bedrohung, die solche Fragestellungen auf Karrieren ausübt. Es war schwer für mich, mich von der wissenschaftlichen Orthodoxie zu trennen, ein Vorgang, der vor mehr als zehn Jahren begann. Ich beginne erst jetzt, mich zu lösen.

Eine zweiter möglicher und noch bedrohlicherer Grund für die Verdunkelung der wissenschaftlichen Suche ist eine Verschwörung. Durch die Androhung, Forschungsmittel zurückzuhalten, entmutigt die Regierung vielleicht die Fragestellung. Unter meinen Kollegen war ich Zeuge von einer plötzlichen Umkehr von Enthusiasmus zur Ablehnung der Marsforschung. Hoagland dokumentiert in seinem Buch ähnliche Situationen.

In dieser Hinsicht ist die Marsforschung der UFO-Forschung ähnlich, die im nächsten Kapitel diskutiert wird. Im Gegensatz zu einer Vielzahl von bizarren und spontanen UFO-Ereignissen haben wir durch das Marsprojekt wir eine Anzahl von Objekten auf Magnetband festgehalten, die sich als hochinteressant erweisen. Sie werden im Gegensatz zu flüchtigen UFOs noch da sein, wenn wir zum Mars zurückkehren. Aufgrund der Bemühungen von Außenseitern wie Hoagland, Carlotto und Torun hat sich NASA vorbehaltlich bereit erklärt, die anomalen Merkmale von Cydonia mit einer sehr viel besseren Kamera zu überprüfen.

Auf jeden Fall hält der rote Planet weiterhin eine geheimnisvolle Anziehungskraft für die Menschheit. Er scheint "nach Erforschung zu schreien", wie Carl Sagan sagte; viele von uns haben auch Gründe für eine erneute Reise zum Mars, die vermutlich nicht mit Sagans übereinstimmen. Aber ich glaube fest, daß wir vor einer großen Entdeckung stehen. Sagan und einige Planetengeologen sprechen von möglichen Fossilien in den ausgetrockneten Flußbetten auf Mars, was einen traditionelleren Grund für weitere Forschung vorschlägt.

Hoagland und seine Genossen reichen nach noch ehrgeizigeren Zielen: Gibt es eine intelligente Zivilisation auf dem Mars? Wenn das so ist, muß die Manifestation des menschenähnlichen Gesichts denen ironisch erscheinen, die das SETI-Projekt als zu anthropomorph kritisiert haben. Was konnte antropomorpher sein als eine enormes menschenähnliches Antlitz, das uns ins Gesicht starrt. Die hypothetischen Bewohner von Mars scheinen zu sagen, daß die Wahrheit seltsamer und erstaunlicher ist als die Erfindungen, die von den SETI-Wissenschaftlern heraufbeschworen wurden.

Hoffentlich werden wir bald eine Antwort auf den wahrscheinlichen Ursprung der mysteriösen Merkmale in Cydonien bekommen.

Was das Gesicht betrifft, habe ich eine Vorahnung. Die Forschung hat erbracht, daß seine dreidimensionale Form ebenso erstaunlich ist wie die bilaterale (links-rechts) Symmetrie und die unfraktale Beschaffenheit. Benachbarte Merkmale scheinen ebenfalls einzigartig und künstlich zu sein. Diese Qualitäten anullieren Sagans oberflächliche Bemerkung über das Auffinden von Gesichtern überall. Aber die Symmetrie des Gesichts ist nicht vollkommen und legt daher nahe, - wenn wir die Hypothese akzeptieren, daß es von einer Intelligenz geschaffen wurde - daß wir auf spätere Erosion oder eine unvollständige Konstruktion blicken.

Die Tatsache, daß das Gesicht menschenähnlich anmutet, findet Resonanz in uns und entspricht den Berichten über Zusammentreffen mit UFOs. Wenn das Gesicht das Produkt einer Zivilisation ist, warum ist es menschenähnlich? Ist es eine allgegenwärtige Form, die überall im Universum zu finden ist? In einem Interview mit Richard Hoagland schlug Richard Grossinger in *Planetary Mysteries* vor: "Eine archetypische Kraft könnte im Universum an der Arbeit sein, eine Kraft, die recht unmodern geworden ist. Wenn an anderer Stelle auch menschenähnliche Wesen evolviert sind, dann muß es eine grundlegende humanoide Struktur in der Natur geben. Diese Kraft braucht nicht nur das physiologisch Archetypische nahezulegen, wie es (Carl) Jung sah; sie liegt in der Tat näher an etwas biologisch oder astrophysisch Archetypischen und reicht bis ins Herz des Schöpfungsvorgangs des Weltall selbst. Sie zeigt eine mögliche Übersetzung von der grundlegenden atomischen Morphologie zur Psychomorphologie, eine Route, die das Merkmal einer umfassenden vitalistischen

Wissenschaft und deren Aufgeben eines der Axiome dieses Jahrhunderts ist.

"Daher legt die Existenz eines Humanoiden, und sogar eines Humanoiden auf dem der Erde am nächsten benachbarten Planeten, zwei verschiedene Interpretationen nahe, die beide für die progressive, liberale, wissenschaftliche Mentalität äußerst beunruhigend sind: Entweder gibt es eine innewohnende "humanoidisierende" Kraft im Universum (die der atheistischen Basis der Wissenschaft entgegensteht) oder menschenähnliche Wesen kommen von woanders her und waren schon immer mit diesem Planeten, mit diesem Sonnensystem verbunden. Nimmt man die erstere These an, kommt man nahe an die Spiritualisierung des Universums. Erscheint die letztere These logisch, dann unterstützt man die Randgruppe, die an vorhistorische Astronauten glauben, was aber modernen Astronomen zuwider ist. Und dann erinnert man sich an die Theorie von Francis Crick (daß Pan-Samen aus dem Weltall auf die Erde gerichtet wurde), daß wir wegen der besonderen Chemie unserer Moleküle stärker die Nachkommen von Leuten aus dem Weltall sind als Erdenbürger, die hier einheimisch evolviert sind."

Eine der wichtigsten Lektionen unserer Zeit ist, daß alles möglich ist. Das Unerwartete steht vor der Tür, und wir brauchen nur einen offenen Sinn für die Assimilierung eines viel größeren Datenkörpers, als uns anfänglich verblüffte. Wenn nötig, müssen wir die Priester der Wissenschaft des Westens umgehen und nach den Informationen greifen, die zum Transformieren unserer Welt erforderlich sind.

Kapitel 6

UFOs, außerirdische Wesen und andere Dimensionen

Selbst wenn die meisten von uns in der naturwissenschaftlichen Gemeinschaft weiterhin die neue Realität aus freien Stücken ignorieren, zeigen derzeitige Trends, daß die Realität uns nicht ignorieren wird. Wir haben bereits gesehen, daß die Haupteigenschaft dieser größeren Realität ist, daß die gesamte Wissenschaft wie ein "angemeldetes Patent" wartet, daß der Beobachter mit dem Beobachteten in einer Wechselbeziehung steht und daß unsere innere Welt die äußere zutiefst beeinflußt. Bei alten wissenschaftlichen Modellen erinnert man sich an das Neuaufstellen der Deckstühle der *Titanik* , während sie sinkt, oder an die unbeirrbare Behauptung, daß die Erde flach ist, wenn überwältigende Beweise für das Gegenteil vorliegen.

Kein Beispiel der neuen Realität ist eindringlicher als das der unidentifizierten fliegenden Objekte. Das UFO-Phänomen umfaßt Berichte von Augenzeugen, die angeblich Fahrzeuge beobachteten und sich mit ihren menschenähnlichen Insassen trafen. Am häufigsten beobachten die Zeugen scheibenförmige Schiffe in verschiedenen Größen, die einfach und meist vertikal zu manövrieren scheinen und scharfe Wendungen in scheinbarem Verstoß gegen die Newtonschen Gesetze ausführen können. Sie werden manchmal von Radar entdeckt, können vielfarbiges Licht ausstrahlen, schnell auftauchen und wieder verschwinden, aber sichtbare Spuren auf dem Boden hinterlassen.

Der Begriff "unidentifizertes fliegendes Objekt" ist nicht ganz zutreffend. Tiere spüren sie; Menschen können gelähmt, geblendet oder verbrannt werden und bekommen Kopfschmerzen und Übelkeit. UFOs scheinen Störungen im Radio, Fernsehen und den elektrischen Systemen in Autos und bei Stromleitungen auszulösen. In vielen Fällen werden menschenähnliche Wesen (Piloten?) gesehen, die gewöhnlich wegrennen, wenn sie entdeckt werden. Manche Leute berichten von einem "Zeitausfall" und erinnern sich später, daß sie entführt und an Bord eines Fahrzeugs gebracht wurden. Untersuchungen, telepathische Unterhaltungen und sogar Geschlechtsverkehr wurden berichtet.

Es erstaunt mich, daß ich die Informationen über UFOs so viele Jahre lang ignoriert habe, wenn man bedenkt, wie häufig man mich nach den Reden, die ich hielt, danach fragte. Ich tanzte um das Thema herum und nahm an, eine Stellungnahme dazu würde mein professionelles Renommee vor meinen Kollegen gefährden. Erst vor kurzem habe ich die außergewöhnliche Bedeutung des UFO-Phänomens für die Vergangenheit, Gegenwart und Zukunft der Menschheit zu erfassen begonnen.

Das Eingeständnis, daß UFO-Phänomene gültig sind, erscheint mir aber noch immer wie Ketzerei, weil meine Indoktrination so tief und klassisch ist. Es rüttelt an den Grundfesten des geschulten westlichen Wissenschaftlers. Aber jeder intelligente Forscher, der sich die Zeit nimmt, die Beweise zu überprüfen, kommt zum Ergebnis, daß diese Phänomene *real* sind, zumindest für diejenigen, die sie erlebt haben. Wir sind über den Punkt hinweg, der noch Verleugnung entschuldigt; die Frage ist jetzt, was hat es damit auf sich? Wegen der großen Menge zusammengetragener Daten und der enormen philosophischen Bedeutung von positiven Ergebnissen sollte Konzentration auf UFOs und extraterrestielle Intelligenz eine der primären wissenschaftlichen Forschungsbereiche unserer Zeit sein.

Zweifler an der Realität der UFO-Phänomene sollten beim Weiterlesen versuchen, ihren Unglauben zu suspendieren. Kein Thema wird stärker mißverstanden, übertrieben oder falsch berichtet wie UFO-Begegnungen. Sie sind das Thema unseriöser

Zeitschriften und Hollywood-Fantastereien, die der wissenschaftlichen Realität der Phänomene eine geringe Glaubwürdigkeit zumessen. Hier müssen wir das Beweismaterial sorgfältig unterscheiden.

In diesem Kapitel biete ich einen kurzen Überblick über die vorliegenden Beweise und eine Liste von Büchern, die von führenden Ermittlern in der UFO-Forschung geschrieben worden sind. Eine Zusammenfassung in nur einem Kapitel kann das Thema nicht ausschöpfen. Da die Bedeutung der UFO-Begegnungen so weit über unseren Verstand hinausgeht, kann eine intellektuelle Präsentation ihre Grundsubstanz nicht wiedergeben. Wie bei anderen Aspekten der neuen Realität gibt es keinen Ersatz für Erlebnisse, aber diese Erlebnisse könnten sich als fürchterlich herausstellen und deshalb verleugnet werden.

Mein eigenes UFO-Erlebnis

Im Mai 1987 waren eine Freundin und ich Gäste in Whitley und Anne Striebers Landhaus im Staate New York. Strieber ist der Autor der Bestseller *Communication* und *Transformation*, Büchern, die seine außergewöhnlichen Begegnungen mit vermutlich fremden Wesen beschreiben. Er berichtet, wie die Wesen ihn gegen seinen bewußten Willen wegtrugen und ihn unvorstellbaren bizarren Erfahrungen und emotionelle Transformationen aussetzten - Amnäsie, Verlust des Zeitgefühls, telepathische Kommunikation, traumartige Begegnungen, kosmische Einsichten, Lähmung, Untersuchungen und eingeflößte paranormale Einsichten.

Das Landhaus der Strieber war der Ort der meisten Begegnungen mit seinen "Gästen". Einige seiner Hausgäste haben diese Erlebnisse auch beobachtet oder daran teilgenommen. Striebers ausgezeichnetes Renommee als Schriftsteller ist wohlbegründet. Viele Batterien von psychologische Tests, Hypnosesitzungen und Lügendetektortests bestätigen (soweit sie dazu fähig sind) die Richtigkeit seiner Beobachtungen. Gäbe es nicht Tausende von ähnlichen Fällen, wäre es noch immer nicht einfach, die Glaubwürdigkeit von Striebers Berichten zu akzeptieren.

Wir kamen an einem schönen Frühlingsnachmittag bei Striebers an. Gegen Mitternacht gingen wir zu Bett. Meine Freundin und ich waren im Gästezimmer im Obergeschoß. Nachdem wir einander eine gute Nacht gewünscht hatten, hatten wir unabhängig von einander die folgenden Erlebnisse, die wir uns am nächsten Morgen erzählten. Zuerst meditierten und beteten wir, daß wir in dieser Nacht beschützt und nicht entführt werden. In der Rückschau mußten wir zugeben, daß wir uns beide vor den Konsequenzen einer Entführung fürchteten.

Innerhalb von Minuten nach Beginn unserer Meditation fühlten wir beide eine seltsame Lethargie und Lähmung. Wir konnten uns beide an ein überwältigendes Gefühl von Wohlbefinden, von Euphorie erinnern, während wir bewegungslos auf dem Rücken lagen. Wir hatten das Gefühl, unter Drogen zu stehen, aber hatten beide seit Wochen keinerlei Drogen oder Alkohol zu uns genommen. Und wir haben nie wieder ein solches Erlebnis gehabt außer vielleicht unter Narkose.

Um wach zu bleiben begann ich, meine Meditation laut zu rezitieren, aber meine Worte verschwammen im Nichts. Ich konnte mich nicht bewegen. Meine Freundin erkannte meine Unfähigkeit, den Satz zu Ende zu bange, und das erhöhte ihre Angst und beschleunigte ihre Meditation. Aber all das nützte nichts.

Ich kann mich an nichts in dieser Nacht erinnern außer meinem Einschlafen. Ich schlief sehr tief und erwachte in derselben Lage, in der ich eingeschlafen war. Meine Freundin erinnerte sich, daß sie viermal aufwachte und bemerkte, daß sie sich nicht bewegen konnte. Sie sah das Zimmer hell erleuchtet. Aber wir hatten die Lampen vor dem Schlafengehen gelöscht und sie waren auch beim Aufwachen nicht an. Striebers waren keine Leute, die als eine Art praktischen Spaß die Lampen einschalten würden. Sie schliefen oben ruhig und tief. Wer hatte die Lichter eingeschaltet? Wer hat uns gedopt? Diese Fragen bleiben unbeantwortet. Aber das Erlebnis war für uns beide sehr wirklich. Am nächsten Morgen erinnerte sich Witley an Besucher in unkörperlicher Form. Unser Erlebnis erstaunte ihn nicht; wir erfuhren später, daß es ein gemeinsamer Aspekt der UFO-Phänomene war.

Wurden wir entführt und können wir uns nicht mehr daran erinnern, weil wir unter Drogen standen? Machte man Untersuchungen an uns? Oder hat man nur eine unkörperliche Anwesenheit angezeigt, indem man unsere Körper manipulierte und die Lampen anschaltete? Oder war alles nur das Produkt zweier fruchtbarer Fantasien, das Resultat der Macht der Einbildung, da wir in Striebers Haus waren und sein Buch gelesen hatten.

Ich weiß es nicht. Was ich weiß, ist, daß etwas geschehen war, und ich schuldete mir als Wissenschaftler, mehr darüber herauszufinden. Seitdem habe ich die UFO-Berichte gelesen und die meisten renommierten Forscher im Fach interviewt. Durch ihre Erlebnisse sagt uns eine dauernd wachsende Anzahl von Menschen, daß wir uns auf einem Kollisionskurs mit unserem Schicksal jenseits unseres bewußten Verstandes befinden. Ich bin zu dem Schluß gekommen, daß wir die physische Realität eines kommenden Zusammenstoßes nicht länger ignorieren können. Durch die Begegnungen mit den UFOs wird uns die größere Realität schrittweise aber unerbittlich aufgezwungen.

Eine kurze Geschichte der UFOs

Die jüngste Serie der UFO-Phänomene begann 1947, zufälligerweise nur zwei Jahre nach der ersten Detonation einer Atombombe in der Nähe von Alamagordo im US-Staat Neumexiko. Am 24. Juni erspähte der Pilot Kenneth Arnold, der über die Cascade-Berge im Staate Washington flog, eine Formation schnell und in Kurven fliegender Objekte, von denen blauweiße Blitze ausgingen und die mit einer Geschwindigkeit, die er maß, von mehr als 2500 Stundenkilometer flogen - weit jenseits der Technologie der Zeit.

Eine Woche später, am 2. Juli, hörte Mac Brazel, ein Schafrancher in Roswell, Neumexiko, eine laute Explosion. Angeblich entdeckte er am nächsten Morgen zu seiner Überraschung ein abgestürztes scheibenförmiges Objekt und rief sofort das Roswell Flugfeld der Armee an. Das Objekt wurde danach anscheinend gekapert und zum CIA Hauptquartier in Langley in Virginia gebracht. Angeblich wurden exotische Metalle in den Trümmern gefunden. Der Offizier für Öffentlichkeitsarbeit an der Basis erließ ein Bulletin über die "geborgene fliegende Scheibe", bevor das Militär den Vorfall als Geheimsache klassifizierte. Eine Anzahl von späteren Berichten erklären, menschenähnliche Wesen wären im Schiff gewesen, von denen einige tot und mindestens eines am Leben war.

Diese Ereignisse waren vermutlich der Anfang einer massiven Vertuschung durch die Regierung. Das Geheimnis, das diese Ereignisse umgibt, ist in *The Roswell Incident* von Charles Berlitz und William Moore dokumentiert. Nach Jahrzehnten meldeten sich Augenzeugen, und Regierungsdokumente wurden freigegeben, die tatsächlich die Existenz der UFOs noch durchschlagender zu unterstützen scheinen.

Die Vielfalt glaubhafter UFO-Berichte von Piloten, Astronauten, Angehörigen des Militärs und intelligenten Laien sind zu zahlreich für eine detaillierte Beschreibung an dieser Stelle. Meine Absicht ist nicht, meine Leser zugunsten der Existenz von UFOs zu überzeugen, sondern nur einige der vielen Berichte, die über die Jahre zusammengetragen wurden, zu erwähnen.

Der verstorbene Astronom J. Allen Hynek war ein hochgeschätzter UFO-Forscher. Als die Wellen von Meldungen und Begegnungsberichten die Schreibtische des Militärpersonals in den späten 1940er Jahren zu überfluten begannen, erteilte das Pentagon Hynek den Auftrag, die Berichte zu sichten, die Zeugen zu befragen und dem Militär als Berater zu dienen. Hynek war skeptisch und fest entschlossen zu beweisen, daß UFO-Phänomene entweder als Naturerscheinungen (Meteor, Venus, Wolken, Aurora, Halo usw.), überlebhafte Fantasie oder komplette Fälschungen erklärlich waren.

Er wurde aber eines anderen belehrt, denn er fand Hunderte von Berichten, die diesen Kategorien widersprachen, "Ich kann mich nicht so weit versteigen zu beschreiben, was UFOs *sind*, denn ich weiß es nicht. Aber ich kann ohne den geringsten Zweifel feststellen, daß sie nicht alle Falschmeldungen oder Fälschungen sind.

"Diese Leute (die Zeugen) sind nicht nur Namen in einem Telefonbuch; sie sind Fleisch und Blut, die, so weit es um sie geht, Erlebnisse hatten, die für sie so real sind, wie das Auto auf der Straße für andere ist." Viele der Zeugen waren wissenschaftlich geschult.

"In meiner jahrelangen Erfahrung", fuhr er fort, "mit den Befragungen der UFO-Reporter ist eine Tatsache unumstößlich: Ich habe unveränderlich das Gefühl, daß ich mit jemandem sprach, der ein sehr *reales Ereignis* beschrieb."

Kurz vor seinem Tod sagte Hynek in einem Interview in der Zeitschrift *Omni*: "Die Frage, ob wir an UFOs glauben oder nicht, ist irrelevant ... die eigentliche Frage ist, ob das UFO-Phänomen mit dem derzeitigen wissenschaftlichen Modell erklärt werden kann. Ich bin zu dem Schluß gekommen, daß die Antwort nein ist." Dann beschrieb er verschiedene paranormale Ereignisse wie Raumschiffe, die Kraftfahrzeuge anhielten, und UFOs mit hoher Geschwindigkeit, Beschleunigung und Richtungswechsel.

Als er sich einarbeitete, entdeckte Hynek, daß viele seiner Kontakte mit seinen militärischen und wissenschaftlichen Kollegen stressig und rauh waren. "Bei meiner Arbeit am UFO-Phänomen war ich so etwas wie ein unschuldiger Zuschauer, der erschossen wird." Die meisten seiner Kollegen, sowie auch mein altes Astronauten-Astronom-Selbst waren seine Angreifer.

Die Ausgabe von *Sky & Telescope* (einer Zeitschrift, bei der ich einmal Redakteur war) vom Juni 1987 enthielt die Bermerkung: "Unidentifizierte fliegende Objekte haben in den letzten Jahren etwas von ihrer Popularität eingebüßt, vielleicht weil die Nachrichtenmedien erkannt haben, wie wenig hinter allen UFO-Geschichten steckt, die gut untersucht worden sind."

Hynek gab ein fast humorvolles Beispiel bei einer Konferenz mit mehreren hundert Astronomen in Victoria, British Columbia, im Sommer 1968. Als die Meldung von Mund zu Mund ging, daß über dem Hotel, wo der Empfang stattfand, ein UFO beobachtet wurde, ging nicht ein Astronom nach draußen, um sich davon zu vergewisssern.

"Die erste Voraussetzung für einen Wissenschaftler", sagte der große Quantenphysiker Erwin Schrödinger einmal, "ist Neugierde. Er muß zum Erstaunen fähig und auf das Herausfinden erpicht sein."

Über den Zwischenfall in British Columbia schrieb Hynek ausführlich in *The UFO Experience: A Scientific Inquiry*.

Der kern seiner Aussage war: die Weltsicht oder das Paradigma der meisten Naturwissenschaftler ist zu begrenzt, um das UFO-Phänomen zu erfassen.

Um meinen Kollegen gegenüber fair sein, muß ich Hyneks Bemerkung bestätigen, "daß UFO-Geschichten wirklich bizarr und unglaubwürdig im Alltag sind, daß es für Wissenschaftler nur natürlich ist, sie zurückzuweisen. Sie sind daran gewöhnt, fast täglich mit Verrückten und Pseudowissenschaftlern umzugehen." Hynek hatte den Mut und die Integrität, so objektiv wie möglich über UFOs zu schreiben.

Hyneks Ansichten werden von Jacques Vallee einem weiteren UFO-Forscher mit hohen Renommee bestätig.

Nach der Ansicht von Hynek und Valee ist etwa eine von fünf gemeldeten Erscheinung und/oder angeblichen Begegnungen mit UFOs ein echter Bericht, d.h. er kann nicht mit konventionellen Mitteln beschrieben werden. Die vielen tausend Fälle in den Akten konstituieren eine mächtige Datenbank.

Nach einer umfassenden Suche der Literatur über seltsame Begegnungen erweiterte Vallee seine Sicht in seinem Buch *Dimensions*: Solche komplexen und verblüffenden Phänomene könnten Manifestationen einer Intelligenz sein, die nicht der normalen Interpretation der konventionelle Außerirdische entsprächen, sondern sich in Dimensionen jenseits von Raum und Zeit fortbewegen könnten. Hier kommen der innere und äußere Raum wahrlich zusammen!

Vallee benutzt diese UFO-Daten als Entwurf für die Suche nach neuen Modellen der Realität.

Er vertritt die Ansicht: Die Öffentlichkeit ist den Wissenschaftlern, den seriöseren Medien und den Regierungskreisen voraus. Umfragen zeigen einen stetigen Anstieg der amerikanischen Glaubens, daß UFOs real sind: von 40% im Jahre 1966 zu 54% im Jahre 1974 und 60% im Jahre 1980 und 80% im Jahre 1984. Einer von zehn Menschen behauptet, Zeuge eines UFO-Phänomens gewesen zu sein; die tatsächlichen Zahlen können noch höher liegen, wenn wir die vielen Menschen bedenken, die ihre Erlebnisse unterdrücken, die dann erst nach tiefer Überlegung oder Hypnose in Erscheinung treten. Vielleicht haben wir *alle* eine Begegnung mit UFOs gehabt, die wir aber unterdrücken.

In diesem Zusammenhang scheinen die Beschuldigungen einer massiven Vertuschung durch die Regierung immer mehr an Glaubwürdigkeit zu gewinnen.

Seitdem das Pentagon die Informationen nach dem schicksalhaften Ereignis in Roswell verborgen hat, formt die Regierung der Vereinigten Staaten wiederholt Ausschüsse mit Wissenschaftlern und Militärpersonal, um die Gültigkeit der UFO-Phänomene herunterzuspielen und zu bagatellisieren. Von der Regierung unterstützte Projekte wie "Sign", "Grudge", "Blue Book" und der "Condon Report" versuchten, die Öffentlichkeit und die Naturwissenschaftler von den UFOs abzulenken. Vor nicht allzu langer Zeit wurden eine Anzahl scheinbar legitimer Regierungsberichte über die wahre Beschaffenheit der UFOs unter dem Gesetz über die Informationsfreiheit freigegeben. Einige davon werden in einem Buch aus dem Jahre 1984 namens *Clear Intent* von Lawrence Fawcett und Barry Greenwood dokumentiert, und in den Folgejahren wurden weitere Berichte zugänglich gemacht.

Seit 1950 scheinen die Informationen über die UFOS als "strenger als streng geheim" klassifiziert zu sein. Beschuldigung, daß die Central Intelligence Agency mehr über das Thema weiß, häufen sich, und die Macht, die sie über die Behandlung von Informationen ausübt, wächst ins Enorme. Hier liegt potentiell ein Vertuschungsskandal vor, der Watergate und Irangate wie einen Spaziergang im Park erscheinen läßt.

Ein sogenanntes "ausgesickerten Regierungsdokument" beschreibt die Bemühungen einer streng geheimen "Regierung innerhalb der Regierung", die mit den außerirdischen Besuchern zusammenarbeitet. Ein unveröffentlichter Bericht des Piloten und Entrepeneurs John Lear skizziert tatsächliche Schritte, die die Regierung unternommen haben kann, um die Geheimhaltung sicherzustellen. Nach Angaben von Lear erklärten sich die UFO-Piloten im Jahre 1964 bereit, die Menschheit mit Informationen über ihre Technologie zu versorgen, wenn wir weiterhin über die Entführungen Stillschweigen bewahren. Der Plan sei für die Regierung nicht gut gegangen, und im Jahre 1979 habe sich angeblich ein Zusammenstoß zwischen den Fremden und Sondereinheiten des Militärs ereignet, bei dem viele ihr Leben verloren. Wäre es in diesem Zusammenhang zu weit hergeholt anzunehmen, daß wir so ignorant und kurzsichtig waren, die Fremden zu bitten, die Contras zu finanzieren und uns erst hinterher zu erzählten, wer sie sind?

Die US-Präsidenten haben immer von vielen Dingen Kenntnis bekommen und wurden zur Geheimhaltung vereidigt. Von Truman wird behauptet, er habe einen Eliteausschuß mit zwölf führenden Regierungsbeamten, Angehörigen der Streitkräfte und Wissenschaftlern zusammengestellt, die die UFO-Fragen leiten sollten. Der Ausschuß wurde als "Die majestätischen Zwölf" (MJ-12) bekannt. Der Physiker Stanton Friedman, ein UFO-Ermittler mit viel Erfahrung, erforscht jetzt die Aktivitäten der angeblichen MJ-12.

Der Lear-Bericht enthält auch einige schauerliche Interpretationen, die besagen, daß die angeblichen Außerirdischen für uns alle eine Drohung darstellen. Nach Lear ist das der Grund, weshalb der Geheimdienst das Geheimnis bewahrt hat. Aber das hat anscheinend nicht so geklappt, wie es beabsichtigt war. "In ihren Bemühungen, die Demokratie zu bewahren, hat uns unsere Regierung an die Fremden verkauft." Er spekuliert, daß die Strategische Verteidigungsinitiative "Star Wars" nicht als Verteidigung der Vereinigten Staaten gegen eine sowjetische Nuklearattacke vorgesehen war, sondern als Verteidigung gegen einen Angriff der Außerirdischen!

Diese Schlußfolgerungen können Aussagen des früheren Präsidenten Ronald Reagan kurz vor seinem Ausscheiden erklären: "Ich habe mich oft gefragt, was wäre, wenn wir entdeckten, daß wir von .... einer Macht im Weltall, von einem anderen Planeten bedroht würden. Vielleicht würden wir dann feststellen, daß wir eigentlich gar keine Differenzen haben, daß wir Menschen sind, Weltbürger, und dann fänden wir zusammen, um diese Bedrohung abzuwenden."

Eindringlinge aus dem Weltall! War dies ein kalkuliertes Leck, das die echten Absichten der Regierung enthüllte? Reagan machte ähnliche Bemerkungen dem sowjetischen Präsidenten Mikhail Gorbatschew gegenüber. Aber seine (und Lears) Anspielung einer "hypothetische Bedrohung" erinnern stärker an einen Western oder Kriegsfilm als eine Begegnung mit multidimensionalen Wesen. Es scheint, als schössen Eingeborene mit Steinschleudern auf eine Boing 747. Wußte Reagan etwas, was wir nicht wissen? Und wenn er es wußte, fehlte ihm die Weitsicht, eine passende Antwort zu geben?

Die Verpflichtung zur Geheimhaltung durch Präsidenten angesichts der unglaublichen Implikationen würde erklären, weshalb der frühere Präsident Carter sein während der Wahlkampagne gegebenes Versprechen nicht hielt, daß er nach seinem Amtsantritt die Informationen über UFOs veröffentlichen werde. Einige UFO-Interpreten einschließlich Lear haben sogar spekuliert, daß die Ermordung von Präsident John F. Kennedy dazu geplant war, ihn an der Offenbarung der UFO-Geheimnisse in der Öffentlichkeit zu hindern. Nach einer Aussage vor dem Kongreß und nach anderen unverblümten Bemerkungen über UFO-Verhüllungen durch die Regierung wurde der Physiker James McDonald von der Universität von Arizona unter mysteriösen und ungeklärten Umständen tot aufgefunden. Selbstmord?

Wir kennen die Wahrheit hinter dem UFO-Enigma nicht, wissen aber, daß die Regierung Geheimnisse von der Öffentlichkeit ferngehalten hat, obwohl wir nicht einmal wissen, was diese Geheimnisse sind. Und wir wissen nicht, was Tatsachen sind, was Mutmaßungen und was vorsätzliche Falschberichte; daher gibt es genug Gründe für Spekulationen. Weitere Berichte über diese ungewöhnliche Situation sind in der informativen Zeitschrift *UFO* zu finden.

Zur selben Zeit sind die UFO-Forschungsgruppen außerhalb der Regierung in Unordnung geraten. In den vergangenen Jahren sind die Ermittler einander an die Kehle gesprungen, statt bei Aufdeckung der einzelnen Fälle zusammenzuarbeiten. Amateurische und kurzsichtige Egos bedrohen die Glaubwürdigkeit der UFO-Ereignisse in den Augen der Öffentlichkeit. Die traditionellen Naturwissenschaftler, die Regierung und die offiziellen Medien könnten den Mangel an Glaubwürdigkeit der UFO-Geschichten dann besser aufrecht erhalten, wenn Schüsse aus dem Hinterhalt innerhalb der UFO-Forschungsgemeinde fallen.

Einer der bekanntesten Fälle war der von Ed Walters, einem erfolgreichen Geschäftsmann in Gulf Breeze, Florida. In einem Zeitraum von mehreren Monaten nahm er etwa fünfunddreißig hervorragende Fotos von UFOs mit einer Anzahl verschiedener Kameras auf. Er berichtete auch über zahlreiche Begegnungen, bei denen er gelähmt war, von einem blauen Strahl aus einem Fahrzeug hochgehoben wurde, Stimmen im Kopf hörte und Zeiträume übersprang.

Bruce Maccabee, einer der renommiertesten und erfahrensten UFO-Forscher, teilte mir die Details des Falles Ed Waters mit. Mark Carlotto und ich unternahmen die digitale Bearbeitung der Aufnahmen und konnten kein Anzeichen von Betrug erkennen. Dem stimmt Maccabee zu. Aber Fotoexperten am Düsenantriebslabor hegen den Verdacht, daß eine oder zwei der Aufnahmen gefälscht sein könnten. Wenn sich dieser Fall als Fälschung entpuppt, dann wäre er der ausgeklügelste in der Geschichte, da Dutzende von Augenzeugen in Gulf Breese auch UFOs bei mehr als zweiundfünfzig Gelegenheiten gemeldet haben und damit den Aussagen stärke Glaubwürdigkeit verleihen.

Budd Hopkins, eine Autorität auf dem Gebiet der Kunst, Hypnose und Entführung hat Entführte eingehend befragt und berichtete von Fällen, bei denen Frauen von den Fremden künstlich befruchtet und schwanger wurden; die Embryos wurden im dritten Monat entfernt und entführt. In seinem Bestseller *Intruders* schreibt er davon, wie die Fremden Männer und Frauen dazu benutzt haben könnten, hybride Wesen zu schaffen. "Entweder repräsentieren (die Entführungsmeldungen) ein neues und bis jetzt unerkanntes und fast universales psychologisches Phänomen," schrieb er, "eine Theorie, die die begleitenden *physischen* Beweise außer Acht läßt oder sie repräsentieren ehrliche Versuche, wahre Ereignisse zu berichten." Hopkins bedauert das enorme emotionelle Leiden der Entführten. Astronauten haben auch angeblich UFOs in der gesamten Geschichte des bemannten Raumflugs getroffen, wie frühere Angestellte der NASA aussagten und in Hyneks und Vallees Buch ausgeführt ist. Ein Fall wurde von folgendem kurzen Satz illustriert, der aber von NASA und der Presse übersehen wurde: "Houston, hier ist *Discovery*. Wir haben das fremde Raumflugzeug noch unter Beobachtung." Dieser Leckerbissen entstammte einer Radiokommunikation während des Fluges des Spaceshuttle im März 1989, der von einem Amateurradio aufgefangen wurde.

Ende der 1960er Jahre, als ich Astronaut bei der NASA war, hatte ich keine Ahnung von den Begegnungen der Astronauten mit UFOs. Meine Freundschaft mit einem der Astronauten, der angeblich ein UFO gesichtet hatte, schien keine Rolle zu spielen, denn als ich ihn danach fragte, antwortete er verdächtig ausweichend. Mußten auch Astronauten Geheimhaltung schwören? War das der Hauptgrund, weshalb alle Astronauten, auch die zivilen, eine streng geheime Zulassung haben mußten? Wenn ja, hat diese Situation die Beobachter von UFOs in eine schwierige Situation in Bezug auf die Regierung gebracht - keine beneidenswerte Position.

Was geht hier vor? Sind wir in der Lage, all dies zu erklären? Zur Zeit antworten die Experten mit Nein. Es scheint, als wenn die meisten von uns zumindest in Bezug auf die UFOs noch nicht psychologisch ausgerüstet sind, die erforderliche paradigmatischen Verschiebung vorzunehmen. Ich selbst bin dafür ein Beispiel. Ich habe die UFO-Daten zwanzig Jahre lang vollkommen außer Acht gelassen, obwohl sie in meinen Fachbereich gehören. Selbst als ich mich den Informationen öffnete, widerstrebte ich ihnen in mancher Beziehung. Mein Verstand konnte die größere Realität weder aufnehmen noch erfassen, was diese Realität sein könnte. Ich brauchte Zeit, in der Akzeptanz zu reifen, und jetzt wächst langsam ein besseres Verständnis. Als ich meine Forschungen der UFOs ernsthaft begann und eine Fallstudie nach der anderen durcharbeitete, geschahen mir seltsame Dinge. Ich war häufig "spaced out" oder irritiert, als ich das Material zu verdauen begann. Ich weiß nicht, warum.

Ich bin nicht der einzige, der sich gegenüber UFOs unbehaglich fühlt. Entführte, Ermittler und die informierte aber verwirrte Öffentlichkeit erleben dieselben Gefühle der Ohnmacht und Verdrängung. Zwei meiner Bekannten mit besonders starkem psychischem Talent schliefen auf unerklärliche Weise beim Sehen des Fernsehsonderprogramms "UFO-Cover-up? Life" ein, als die erstaunliche und seltsame Story unter lauter und patriotisch klingender Musik ausgestrahlt wurde. Gab es unterschwellige Schlafbefehle in der ablenkenden Musik? Wenn ja, wer würde auf diese Idee kommen und warum?

Wir brauchen eine Übergangszeit, in der wir in die Realität der UFOs eingeführt werden. Aber eingeführt werden wir auf jeden Fall. "Die Menschenrasse selbst wird außerirdisch," sagte die

Futuristin Barbara Hubbard, "und während wir reifer werden und ins Weltall reisen, reift auch unser Bewußtsein und wird empfänglicher gegenüber der Evolution, der Schöpfung und der Aktivierung unsere außersinnlichen Dimensionen. Dann werden wir feststellen, daß wir Informationen von Wesen in anderen Realitäten empfangen können."

Es besteht meiner Meinung nach kein Zweifel, daß wir paranormale Reiche betreten, wenn wir uns mit den UFO-Begegnungen auseinandersetzen. In Kapitel 9 betrachten wir das immense Gebiet der paranormalen Phänomene, von denen einige mit den UFOs verbunden sind. Bestimmte Ereignisse werden wissenschaftlich untersucht. Da unsere Forschung der UFOs und des Paranormalen im allgemeinen fortschreitet, verändert sich auch die Fragestellung. Dann sind wir nicht mehr gefangen in den alten Realitäten der Beweissuche und auch nicht mehr an die Überredungskunst traditioneller Wissenschaftler und der skeptischen Presse gebunden. Auch von der Auffindung von Koordinaten und Eigenschaften physischer Welten sind wir befreit, denn die paranormalen Phänomene scheinen nicht unter derartigen Regeln zu arbeiten.

Bei unseren Bemühungen, die UFOs verstehen, scheinen wir mit paramormalen Ereignissen und mit einer komplexen Hierarchie von intelligenten Wesen umzugehen, die bestimmte Ebenen der Realität bewohnen und auf die gelegentlich auch einige von uns stoßen. Die Kontakte sind nicht offensichtlich; andernfalls würden wir eine Landung auf dem Rasen des Weißen Hauses oder eine SETI-Reaktion à la Sagan erwarten.

Wir brauchen ein größeres Modell als unseren derzeitigen Wissensstand, eines, das sich an unser verändertes Bewußtseins wendet oder auch an die mystischen Erfahrungen der Meister im Fernen Osten oder sogar an Multidimensionalität der Quantenmechanik, Relativitäts- oder Saitentheorie.

Jacques Vallee spekulierte, daß UDO-Ereignisse "einen Einfluß auf einen Teil des menschlichen Verstandes ausüben, den wir bislang noch nicht entdeckt haben. Ich glaube, daß das UFO-Phänomen eine der Methoden ist, durch die eine fremdartige Intelligenzform von unglaublicher Komplexität mit uns *auf symbolische Weise* kommuniziert. Diese Intelligenz hat Zugang zu psychischen Prozessen, die wir noch nicht gemeistert oder auch nur erforscht haben."

Das UFO-Phänomen wird zu einem integrierten Teil unsers Verlangens nach einer modernen Mythologie. UFOs könnten das archetypische Symbol beim nächten Schritt in unseren spirituellen Wachsen bieten.

Es gibt auch Belege über UFO-Manifestation in der Geschichte. Vallee zeigt, daß UFO-Phänomene die Visionen von Ezekiel in der *Bibel*, die Feenringe, das Wunder der Fatima (die "sich drehende Sonne", die 1918 von 70.000 Menschen beobachtet wurde
und mit einer Erscheinung der Jungfrau Maria verbunden zu sein scheint) zu bestätigen scheinen. Da wir im Raumzeitalter leben und unsere Kultur ihre eigenen Versionen von Raumfähren herstellt, ist es nur natürlich, daß wir unsere Aufmerksamkeit auf außerirdische Fähren richten. Aber das Phänomen kann bei weitem komplexer sein. Wir müssen in die Geschichte zurückgehen, um UFOs vollständiger zu verstehen.

Jacques Vallee stellt fest, daß wir uns wohl zu früh gelobt haben, als wir dachten, daß wir die Landkarte besitzen mit Standorten im Kosmos, von denen die UFO-Wesen kommen. Aber damit haben wir uns nur von einer Substanz ablenken lassen, die uns noch nicht verständlich ist. Die Wesen könnten Einwohner der Milchstraße sein und durch Dimensionen reisen können, die wir nicht kennen, Aber wir müssen uns fragen: Ist es wirklich so wichtig zu wissen, woher sie kommen, wie sie aussehen oder ob sie von einem Augenblick zu anderen körperlich oder astral oder ätherisch erscheinen? Macht es einen großen Unterschied, ob ihre Handlungen feindselig oder freundschaftlich erscheinen, ob sie mit der CIA oder mit MJ-12 zusammenarbeiten? Sollte wir nicht unter all diesem Scheinbaren nach einer höheren Wesenheit in ihnen und uns suchen?

Darüber hinaus beginnen Körper und Orte ihre traditionelle Bedeutung zu verlieren angesichts der fortgeschrittenen genetischen Manipulation, der Reinkarnation, der außerkörperlichen oder todesnahe Erlebnisse (Kapitel 9). Vielleicht sehen wir mit den UFOs eine Manifestation der Symbole aus einem anderen spirituellen Reich, die uns eine Lektion lehren, Symbole, die als Spiegel unserer Evolution in eine erweiterte Erkenntnis jenseits der fünf Sinne und des logischen Verstands münden. Wir werden die UFO-Phänomene besser verstehen, wenn wir auch die anderen Aspekte der neuen Realität begreifen: die neue Physik, das Paranormale und die Metaphysik.

Vier Ansätze der zukünftigen UFO-Forschung

Wir tappen noch im Dunkeln über die wahre Natur der UFOs und müssen daher weiter sondieren. Bei einem Interview machten mich meine Freunde Brian Myers und Tina Choate, Direktoren des "Internationalen Center for UFO Research", das im Jahre 1984 von Allen Hynek 1984 gegründet wurde, auf vier Ansätze aufmerksam, die vielversprechender zu sein scheinen als die gegenwärtig führenden Datensammlungsmethoden.

Der erste Ansatz ist eine *Messung* der psychischen Manifestationen der UFOs. Dafür entwickeln Forscher einen multispektralen Analysierer, der die von UFOs ausgehenden Signale mißt (einschließlich Elektromagnetspektrum, Gammastrahlen, ultraviolettes, sichtbares und infrarotes Licht), Gravitometer, Geigerzähler, Elektrostatik-, Magnetfeld- und Ultraschalldetektoren. Diese werden in ein tragbares Observatorium namens Aerial Sensing, Tracking und Relay Appratus (Astra) eingebaut. Das kompakte Labor wurde nach der römischen Göttin für Wahrheit und Licht benannt und erinnert an R2D2 in der *Star Wars*- Trilogie. Astra würde die Kameras aktivieren, wenn die Detektoren eine Anomalie in einem oder mehreren Sensoren bemerkten. Das Aufstellen des Systems an Standorten mit häufigen UFO-Erscheinungen könnte fotografische Beweise der UFOs im Zusammenhang mit einem breiteren Bereich physischer Auswirkungen erbringen.

Wir wissen von vielen bizarren Manifestationen um ein angebliche UFO-Fähren. Aber was sind sie? Was verursacht sie? Eine interessante Arbeitshypothese ist, daß sich die von den UFOs implizierten Extradimensionen in winzigen, unsichtbaren schwarzen Löchern befinden, um die herum sich sichtbare physische Phänomene abspielen. Genau wie Stephen Hawking und die andere Astronomen den interstellaren Raum auf die physischen Auswirkungen untersuchten, die schwarze Löcher auf die sie umgebenden Objekte haben (wie relative Verformungen des Lichtes durch die Schwerkraft, Rotverschiebung usw.), können wir auch die Umgebung fotografierter oder gesehener UFOs auf ähnliche Eigenschaften untersuchen. Dann wird sich herausstellen, ob die Beobachtungen den Vorhersagen entsprechen.

Ein zweiter Ansatz für die zukünftige UFO-Forschung ist psychologisch und umfaßt die Erforschung der komplexen Erlebnisse derer, die einen Kontakt, eine Entführung oder eine Erscheinung erlebt haben. Wie hat sie das Phänomen beeinflußt? Wie verändert es ihre Weltsicht? "Viele dieser Menschen beginnen eine erneute Suche", sagte Myers, "und stehen der Natur und dem Paranormalen aufgeschlossener gegenüber." Sind das die sekundären Wirkungen der Kontakte oder die primären Effekte unterschwelliger Botschaften?

Der dritte Bereich ist gesellschaftlich und kulturell. "Wie beeinflussen die UFOs die Kultur der Zeit?" fragte Myers. "Wie reagieren die verschiedenen Gruppen, Wissenschaftler, Führungsgruppen und Religionen? Wie beziehen die Kulturen solche Erlebnisse in sich ein?" Es ist schwer, etwas zu verstehen, das sich physisch ereignete, ohne gleichzeitig die Vorurteile des gegebenen Gruppenverstandes zu verstehen. Dieselben rätselhaften Aspekte erzeugen Verleugnung an einem Ende des Spektrums und religiöse Kulte auf der anderen. Beide sind jedoch nicht für wissenschaftliche Abfrage zugänglich.

Die vierte Methode ist die Entwicklung eines Rahmens für einen nützlichen Dialog mit den vorgeblichen Fremden. Dies ist Teil der Geistes- und Gefühlsreife, durch die wir die größere Realität erfassen können. Wir müssen uns darauf vorbereiten, denn der Tag wird kommen. Zu unseren Vorbereitungen gehören alle oben erwähnten Aspekte: physisch, psychisch, und kulturell. Bei den Annäherungsversuchen müssen wir uns vergegenwärtigen, daß wir Bürger des Alls sind, nicht nur Erdenbürger.

Was wir brauchen, ist mehr als nur eine verstandesgemäße Erfassung und eine emotionelle Anpassung an dieses Phänomen. Wir brauchen eine breitere spirituelle Perspektive. Schon jetzt verbinden wir ein kleines Stück der westlichen Naturwissenschaft mit dem Mystizismus des Ostens oder mit anderen Elementen der größeren Realität, um ein gemeinsames Muster im Gewebe des Universums zu finden.

Kaum ein Forschungsbereich hat einen größeren Bedarf nach neuen Wissenschaftlern als das der UFOs. Die Aufgabe der Wissenschaftler besteht darin, scheinbar unzusammenhängende Beobachtungen in einen breiteren und konsequenteren Rahmen oder in ein anderes Denkmuster einzuordnen. Die neuen Einsichten erlauben uns eine geradere Blickrichtung und die Entwicklung der erforderlichen Werkzeuge für das Verstehen.

Wir Öffnen die Tür zu neuen Dimensionen, deren Inhalt unsere bewußte Vorstellungskraft überwältigt. Whitley Strieber schrieb: "Irgendetwas ist hier, ob eine Botschaft von den Sternen oder aus dem Labyrinth des Verstandes ... oder ... von beiden ... Und wir werden alle in das Labyrinth gehen, um auf das zu treffen, was uns da erwartet."

Jedoch ist zu bedenken, daß die Vorstellungskraft nur ein Teil der neuen Realität ist. Die neue Wissenschaft bietet uns einen körperlich greifbaren Pfad etwas unvorstellbar Immensem und Bedeutsamem entgegen, daß wir wie Knappen sind, die in die scheinbare Endlosigkeit eingeweiht werden.

Kapitel 7

Die lebendige Erde und ihre Momente

Während die UFOs am Rande der Tastbarkeit verbleiben und wir noch nicht wissen, ob auf dem Mars uralte Steinmonumente stehen, haben wir echte Steinformen auf diesem Planeten, die alte und fremdartige Kenntnis nahelegen. Vor kurzem vorgenommene Messungen der Energien, die von diesen Orten ausgehen, machen glaubhaft, daß die Erde lebt und vielleicht versucht, mit uns Kommunikation aufzunehmen. In gewisser Weise ist die neue Realität eigentlich eine alte Realität, die aber viele Kulturen verstanden haben, während wir sie als vorwissenschaftlich verachten.

In den vergangenen Jahren habe ich die Megalithen der Erde besucht: die Pyramiden in Ägypten und Mexiko, die astronomischen Anordnungen in England und Irland und die Festungen der Inka in Peru, die Statuen auf der Osterinsel und die Steinplatten in der Verbotenen Stadt in Beijing in China.

Der Wert dieser Entdeckungsreise war neben der schieren Freude und Ehrfurcht auch meine wissenschaftliche Neugier, die über die Mutmaßungen der Archäologen hinausgeht. Haben diese heiligen Stätten etwas Gemeinsames, das allen weltlichen, logischen Erklärungen trotzt? Haben die Archäologen tatsächlich noch nichts unter den Steine gefunden?

Paranormale Mechanik

Trotz des Risikos, daß ich naiv oder unprofessionell klinge, muß ich etwas Offensichtliches feststellen: es gibt bisher kaum oder keinen Beweis noch eine wissenschaftlich einleuchtende Erklärung, wie diese gewaltigen Steine aus den Steinbrüche an diese Orten und in ihre endgültige Stellung gebracht wurden. An allen Orten wogen die Steine bis zu 50 Tonne, und erforderten mindestens 100 Arbeiter, die die Steinblöcke ohne Unterstützung durch moderne Technik über meilenweite Entfernungen schleppten.

Über den Bau der großen Pyramiden Cheops und Kephren in Gise ist viel geschrieben worden. Obwohl die Beweise widersprüchlich sind, stimmen Archäologen überein, daß die große Pyramide während der 23 Jahre langen Regierungszeit von Cheops gebaut wurde. Bei der Konstruktion waren 150.000 Arbeiter erforderlich, die die 2.500.000 Blöcke, die jeweils zwei bis fünfzig Tonnen wogen, über glatte, langsam ansteigende Rampen schoben. Die Frage ist, wurde es wirklich so gemacht?

Peter Tompkins, der Autor von *Secets of the Great Pyramid* bestätigt, daß die Methodik des Transports und der Plazierung der Pyramidenblöcke noch immer nicht bekannt ist. I.E.S. Edwards von der ägyptischen Abteilung des Britischen Museums stimmt dem zu. Tompkins schreibt: "Edwards verbrachte sein Leben bei der Untersuchung aller verfügbaren Beweise (wie die Pyramiden gebaut wurden). Er zeigt in seinen gelehrten Ausführungen über die Pyramiden auf, ... daß die existierenden ägyptischen Dokumente in Schrift- oder Bildform wenig oder kein Licht auf das Thema werfen."

"Cheops", schrieb Edwards "war vermutlich größenwahnsinnig, aber er konnte in einer Regierungszeit von 23 Jahren unmöglich ein Bauwerk der Größe und Dauerhaftigkeit wie die große Pyramide gebaut haben, wenn technische Fortschritte seinen Steinmetzen nicht ermöglicht hätten, Steinblöcke mit so großem Gewicht und Umfang zu handhaben."

Vor etwa hundert Jahren schreib der englische Landvermesser Sir William Petrie, der die Pyramiden fast sein Leben lang studierte, daß "sich in der Pyramide von Kephren ein Tor mit dem Gewicht von zwei Tonnen befindet, das so in einer engen Passage liegt, daß nur sechs Männer daran auf einmal arbeiten können." Da es aber der Kraft von 40 bis 60 Arbeitern bedarf, eine solche Masse zu manipulieren, kommt Petrie zum Schluß, daß die Ägypter über leistungsfähigere Mittel verfügt haben müssen, als uns bekannt sind. Tompkins Buch enthält davon weitere Beispiele.

Aber das Rätsel, wie die Anforderungen an die Kraft erfüllt wurden, ist nicht nur ein historisches Rätsel. Viele meiner Freunde hatten auf Reisen nach Ägypten außergewöhnlich Erlebnisse in den Pyramiden. Im März 1985 tat ich mich mit einer Gruppe spirituell orientierter Touristen zusammen. Vor Sonnenaufgang am Frühlingsäquinoktikum kletterten wir zu viert zur Spitze der großen Pyramide von Gise. Auf dem Weg hinauf fühlte ich einen unsichtbaren Zug, der mich davon abhielt, die gigantischen Treppen so schnell wie gewöhnlich zu ersteigen.

An der Spitze der Pyramide fühlte ich nach dem schwierigen Aufstieg Ehrfurcht und Wunder, besonders als die Sonne aufging. Den ganzen Tag lang prickelte meine Kopfhaut, ein Erlebnis, das ich später mit der Öffnung meiner Kronenchakra verband.

Nur einmal zuvor hatte ich ein ähnliches Erlebnis, vor einigen Jahren im Grand Teton-Gebirge. An einem schönen Herbsttag hatte ich drei Stunden für meine Wanderung zum Amphitheater-See und für die Rückkehr zum Parkplatz veranschlagt. Der Parkwächter sagte mir aber, daß diese Wanderung mindestens sechs Stunden in Anspruch nimmt; ich fürchtete, ich könnte es nicht schaffen und würde meinen Flug verpassen. Zu meinem Erstaunen schaffte ich es doch und hatte noch eine Menge Zeit übrig. Obwohl ich nicht in erstklassiger Form war, kletterte den Pfad entlang, stieg über tausend Meter hoch und fühlte eine Leichtigkeit, als schwebte ich zum See hin. Ich legte die Wanderung in der Hälfte der normalen Zeit zurück und genoß zwanzig Minuten allein am See inmitten der Bergmajestät. Ich merkte, daß die Gipfel ein seltsames weißes Licht ausströmten, und ich war euphorisch, als ich gemütlich den Berg hinabging und noch Zeit hatte.

Die Pyramiden bleiben rätselhafte Bauwerke, errichtet von Kulturen, deren Fähigkeiten die ihnen von traditionellen Archäologen zugesprochenen weit übersteigen. Die mathematischen Proportionen und ihre genaue astronomische Ausrichtung weisen auf eine fortgeschrittene Kultur hin. Waren sie wirklich nur Grabstätten für größenwahnsinnige Pharaonen? Oder waren sie Einweihungskammern für die Menschen, die außerhalb ihrer Körper reisen wollten, wie einige Gelehrte spekuliert haben? Woher hatten die Ägypter die Kenntnis und die Technik, diese Monumente zu bauen? War eine höhere Macht oder eine anders dimensioniertes Dasein dabei? Diese Fragen haben Bände voller Spekulationen erzeugt, und wir haben noch immer keine soliden Antworten.

Etwa 10.000 Meilen entfernt auf der anderen Seite der Erde ist die kleine isolierte Osterinsel die Heimat von etwa sechshundert Statuen, die von 1100 bis 1700 n.Chr. vermutlich von den Polynesiern gemeißelt wurden, die vor 900 Jahren dorthin eingewandert waren. Jeder Stein wiegt etwa fünfzig Tonnen.

Wie diese erstaunlichen Denkmäler gemeißelt wurden, ist kein Geheimnis, denn wir sehen sie zusammen mit einer Vielzahl von Steinmeißeln in verschiedenen Stadien der Vollendung im Steinbruch. Aber wie konnten sie über mehrere Meilen zu ihrem Aufstellungsort transportiert und dann auf Plattformen aufgestellt werden?

Einige Archäologen spekulieren, daß eine Kombination von fachmännischem Werkzeug, Rollen, Seilen und Hebeln dabei geholfen haben könnte. Andere sind der Ansicht, daß dies nicht möglich ist, da die Statuen beim Transport abgerieben worden wären und das Gleichgewicht zu schwer zu halten wäre. Die konventionellen Erklärungen scheinen den Ansatz des Westens mit viel Schwerarbeit zu verbinden und die entspanntere aber spirituelle Haltung (die "Berge versetzen" könnte) der Polynesier außer Acht zu lassen. Wieder haben wir keine Belege, wie die Steine transportiert wurden.

Ähnliche Fragen umringen die Konstruktion der enormen Steinwände der Inka in der Nähe von Cusco in Peru und um den Titicaca-See. Diese Steinblöcke wurden zu präzisen Größen zugeschnitten und zusammengebaut wie ein Puzzlespiel und mit einer Präzision, die weniger als einen Millimeter Abstand zwischen den einzelnen Blöcken zuläßt. Wie wurden sie geschnitten und weitergetragen?

Irgendwann während der Ming Dynastie vor fünf hundert Jahren wurde in China eine riesiges Steintafel mit einem Gewicht von dreihundert Tonnen meilenweit zur Verbotenen Stadt in Beijing gebracht. Der exquisit geschnitzte Stein erstreckt sich drei Stockwerke hoch. Niemand weiß, wie er bewegt wurde.

Und dann gibt es noch die Megalithen in England und Irland. Die Steine von Stonehenge wiegen mehr als fünfzig Tonnen und wurden vor 3000 bis 5000 Jahren aufgestellt. Die großen Felsenmonumente der Welt bewahren gemeinsam das Rätsel, wie sie an ihren Ort transportiert wurden. Ihre Konstruktion liegt lange vor Newtons mechanischen Erfindungen, die uns Hebel und Flaschenzüge brachten. Selbst moderne Krane und Raupenschlepper hätten bei dieser Aufgabe Schwierigkeiten.

Wäre es möglich, daß die Schwerkraft vorübergehend suspendiert war und die Steine von der geistigen Kraft einer Gruppe zum Schweben gebracht wurden? Vielleicht wurden diese Megalithen so mühelos bewegt wie ich den Berg an einer anderen heiligen Stätte in den Grand Tetons überwand. Wir kommen auf die Frage der Levitation in Kapitel 9 zurück, wo ich die modernen Beweise der Psychokinese beschreiben werde.

Haben diese Monumente eine Verbindung mit dem enormen Gesicht und den Pyramiden auf dem Mars? Hat eine fortgeschrittene Kultur auf beiden Planeten gebaut?

Das Drachenprojekt

All das sind interessante Spekulationen, aber die Rolle, die die Wissenschaft bei der Konfrontation mit diesen Rätseln spielte, begann sich im Jahre 1977 zu wandeln. Ein interdisziplinäres Team begann die Kraft zu messen, die aus den Megalithen in England strömte. Eine Gruppe mit Physikern, Chemikern, Elektroingenieuren, Wünschelrutengängern, Historikern, einem Trancemedium, einem Astrologen, einem Folkloreforscher und einem Zoologe nannten ihre Arbeit das "Drachenprojekt" und benutzten mit nur minimaler finanzieller Unterstützung eine ungewöhnliche Vielfalt von Instrumenten, um die Theorie zu überprüfen, daß die heiligen Stätten tatsächlich besondere Energien enthalten.

Dr. Don Robins, ein Experte der archäologischen Chemie, maß unerwartete Pulse mit einem Ultraschalldetektor und mehreren Geigerzählern im Felsenkreis in Rollright in der Nähe von Oxford. Ultraschall bezeichnet die hohen Töne außerhalb unseres Gehörs, und Geigerzähler messen den Zerfall radioaktiver Stoffe wie Uran und auch den Hintergrund kosmischer Strahlen aus der Galaxie. Die Resultate erschienen so bizarr und schwer zu interpretieren, daß Robins, ein traditioneller Naturwissenschaftler, ein Buch mit dem Titel *Circle of Silence* schrieb, in dem er die rätselhaften Resultate darstellt und erklärt, wie sie das konventionelle wissenschaftliche Denken herausforderten.

Robins maß ungewöhnliche Ultraschallpulse um die Steinkreisanlage bei Rollright, die aber nur eine oder zwei Stunden nach der Morgendämmerung in den Monaten um die Tagundnachtgleiche im Frühling und im Herbst auftraten. Er entdeckte des weiteren eine hohe Strahlungszone in der Nähe von einem der aufrechten Felsen. Am rätselhaftesten erschien, daß die Strahlungsmessung innerhalb mehrere Steinkreise niedriger war als die des kosmischen Hintergrunds. Mit anderen Worten gelang es den Steinen auf unbekannte Weise, das Instrument von der normalen Messung der auf die Erde einfallenden kosmischen Strahlung abzuschirmen. Dieser Test ist seitdem häufig wiederholt worden.

"Es scheint Anomalien bei diesen Kreisen zu geben", schloß Robins, "die an einer großen Anzahl anderer Orte, die zur Kontrolle der Resultate benutzt wurden, nicht auftreten. Es könnte ein Faktor in der Erde sein oder eine Folge der Evolution der Steine, oder die Verbindung beider Faktoren. In jedem Fall sind wir zu der Überzeugung gekommen, daß die Megalithenbaumeister von diesen Phänomenen wußten, die wir jedoch nicht mit unseren Sinnen aufnehmen können. Wenn die Anomalien auf irgendeine grundlegendere Eigenschaft zurückgeführt werden, dann liegt sie wahrscheinlich auch jenseits der Grenzen unserer unmittelbaren Wahrnehmung, außer wenn wir zugeben, daß sie für eine Form eines erhöhten Bewußtseins zugänglich ist."

Robins machte deutlich, daß dies "nicht unbedingt mit den Ergebnissen der traditionellen Archäologie in Konflikt steht, noch diskreditieren wir die geometrischen oder astronomischen Vorschläge, wenn wir den Aspekt der Kraftanomalie in das Gesamtbild einfügen. Alle können zusammen existieren, obwohl der neue Rekrut das Leben der etablierten Mitglieder leicht unbehaglich macht."

Aber es gibt noch viel mehr. Mit verbesserten Geräten maß der Elektronikdesigner Rodney Hale in Rollright starke Korrelationen zwischen anomalen Radiosignalen (Teilen des elektromagnetischen Spektrums) und den Geigermessungen (Atomzerfall). Bei zwei Megalithenanlagen in Irland, Newgrange und Loughcrews, gab es vollständige Radiostille - überhaupt keine Hintergrundsgeräusche. Solche Messungen sind theoretisch unmöglich in der Abwesenheit von durch Menschen geschaffene Abschirmungen. Was ist hier geschehen?

Im Sommer 1988 besuchte ich Newgrange. Die Anlage umfaßt große, gut erhaltenen Grabhügel umgeben von Megalithen, die alle vermutlich vor mehr als 5000 Jahren aufgerichtet wurden. Der Korridor zur zentralen Kammer ist mit dem Sonnenaufgang am Tage der Wintersonnenwende ausgerichtet und bekommt einige kostbare Momente voller Beleuchtung. Ich hatte die Gelegenheit, in der mittleren Kammer des Hügels zu sitzen und zu meditieren. Nie in meinem Leben habe ich eine derartige Stille erlebt. Meine Ohren füllten sich mit einem Summton, der dann zu einer wunderbaren Schwingung wurde, die sich in meinem Kopf zu erhöhtem Bewußtsein erweiterte.

Die Stille, die ich fühlte, entspricht einem Versuch eines psychisch talentierten Studenten, sich in die Musik "einzuhören", die bei uralten Zeremonien gespielt wurde. Diese Studie war ein Teil seiner Dissertation unter dem Doktorvater Robins, dem "harten" Naturwissenschaftler. "Die Hauptthese dieser Dissertation war, daß trotz eines intensiven 'psychischen Zugangs' zu den neolithischen Zusammenkünften die Zeremonien in vollständiger Stille erfolgt zu haben scheinen", schrieb Robins.

Vielleicht ermöglichte die Stille eine Art von interdimensionalem Bewußtsein und damit Unsterblichkeit. Und vielleicht erstrecken sich diese Eigenschaften auch auf die Kulturen in Ägypten, Peru, Nordamerika, China und so fort. Vielleicht sind *wir* diejenigen, die in der Dunkelheit der Ignoranz leben. Vielleicht sind *wir* es, die im Glauben an unsere eigene Sterblichkeit gefangen sind.

Das Magnetometer, das beim Drachenprojekt eingesetzt wurde, maß auch einige seltsame Pulse in Rollright, wobei der anomalste Puls am Stein 62 auftrat. Während der Überwachung erhöhte sich eines Tages das Magnetfeld an der Stelle plötzlich ohne ersichtlichen Grund um das Tausendfache. Im Januar 1986 beobachteten die Wissenschaftler im Drachenprojekt einen flammenartigen Funken aus der Spitze des Steinblocks, ein Ereignis, das der Projektleiter Paul Devereaux fotografieren konnte. Scheinbar sind diese ungewöhnlichen, an den Steinkreisen entdeckten Energien natürlicher Art, aber sie könnten auch mit physikalischen Gesichtspunkten nicht erklärbar sein. Ihr Ursprung ist uns genauwenig offenbart wie das der UFOs.

Wünschelruten und Ley-Linien

Ein Verständnis der lebendigen Erde öffnet einen direkten wissenschaftlichen Pfad zur höheren Realität. Die oben erwähnten Messungen des Anomalen mit Ultraschall, Radio-, Magnetometer und Geigerzähler sind durch Tausende von kontrollierten Experimenten gut belegt. Was nun?

In den zwanziger und dreißiger Jahren entdeckte Alfred Watkins, daß die heiligen Stätten an geraden Wegen lagen, die die Landschaft durchkreuzten; er nannte diese Wege Ley-Linien. Die komplexeren Orte waren an Kreuzungen dieser Linien gebaut.

Wünschelruten wurden zur Messung der ungewöhnlichen Kraftmuster an Heiligtümern eingesetzt. Eine Wünschelrute besteht aus Stangen oder Stöcken oder sogar der menschlichen Hand, die die Gegenwart einer Anzahl von Dingen spürt: unterirdisches Wasser, Mineralien, Kraftfelder von Gegenständen und Lebewesen sowie die Energiemanomalien, die bei den Steinblöcken auftreten. Je nach der Erfahrung des Wünschelrutengängers kann dieses Werkzeug beim Auffinden von Wasser äußerst nützlich und genau sein. Die Arbeitshypothese lautet, daß es eine wechselseitige Kraftbeziehung zwischen dem Suchenden und dem Gesuchten gibt, die den Standort des Gesuchten durch Triangulierung von Punkten, auf die die Wünschelrute reagiert, genau festlegt.

Jeder kann das Wünschelrutengehen lernen. Ich benutze manchmal normale metallene Kleiderbügel in L-Form zum Messen der sich verändernden Kraftniveaus von Menschen. Es dauerte nicht lange, bis ich gelernt hatte, die Rute zu benutzen, um wesentliche Erhöhungen des Kraftfeldes eines Menschen bei dessen Entspannung, tiefer Atmung und angenehmen Gedanken nachzuweisen. Der Effekt ist noch dramatischer, wenn ich dies vor einem Publikum demonstriere, bevor und nachdem die Zuschauer angeleitet werden, einige Sekunden lang "positive Energie" auf das Objekt der Wünschelrute zu konzentrieren. Ausnahmslos erweitert sich dann das Energiefeld von einem bis zwei Metern zu mehr als sechs Metern. Wir kennen den Ursprung dieser meßbaren Wirkung nicht, aber sie stimmt mit den Beobachtungen einiger Hellseher und der Kirlian-Fotografie überein, die die erweiterte Aura eines gesunden Menschen gegenüber der zusammengezogenen Aura eines Kranken darstellt.

Dieselbe Wirkung kann auch im Wasser auftreten. Nach dem Segnen einer Tasse Wasser unter einer Anzahl identischer Tassen kann man das Zimmer verlassen, während ein anderer die Tassen umstellt. Dann identifiziert die Wünschelrute die Tasse mit dem gesegneten Wasser. Das gesegnete Wasser hat ein größeres Kraftfeld und schmeckt auch bei einem Test mit verbunden Augen besser. Diese Experimente kann jeder in einer oder zwei Stunden lernen. Obwohl ich selbst noch Neuling bin, habe ich sie vielen beigebracht. Damit sie funktionieren, braucht man einen klaren und offenen Verstand und einen gesunden Körper. Essen und Alkohol können die Wirksamkeit dämpfen.

Wünschelruten sind zuverlässig, wenn sie wirksam eingesetzt werden. Die Hypothese besagt, daß eine Wechselbeziehung zwischen der Energie des Wünschelrutengängers und dem gesuchten Objekt besteht, was die Rute zum Reagieren bringt. Wir wissen nicht, was diese Wechselbeziehung verursacht - ob es sich um eine direkte physische Reaktion auf ein elektromagnetisches oder physikalisches Feld handelt. Oder vielleicht geht es um eine neue Art von Kraftfeld, das bisher unbekannt war. Hier betreten wir einen unbekannten Wissensbereich, in dem Experimente zeigen, daß etwas geschieht, aber die Theorie hat kein Modell. Offensichtlich fehlt selbst dem Universum von Stephen Hawking ein Schlüsselparameter. Die offizielle Wissenschaft hat die Bedeutung des Wünschelrutengangs allgemein ignoriert. Aber hier könnte es sich um ein zutreffendes Vergleichsmoment zur neuen Physik handeln: der Beobachter steht in Wechselbeziehung mit dem Beobachteten. Aber die meisten Wissenschaftler wollen nicht hören, daß wir das Weltall nicht mit vorhersagbaren Billiardbällen modellieren können, selbst wenn sie Quantenbälle sind.

Wünschelruten geben uns wertvolle Informationen über die Kraftmuster an heiligen Stätten und über die Ley-Linien - ihre Form und Intensität als eine Funktion der Zeit. Der Wünschelrutengänger Tom Graves integriert diese Informationen in die Resultate des Drachenprojekts. Er vermerkt die häufige Erscheinung von Geistern, Dämonen, Poltergeistern und UFOs an diesen Orten und beschreibt auch "magische" Einflüsse, die den Menschen begegnen, da sie durch ihre Anwesenheit zu den erlebten paranormalen Phänomene beitragen. All diese ungewöhnlichen Ereignisse sind seiner Meinung nach mit der Energie der Erde verbunden, die unter- und überirdisch in diese Stätten einfließt.

Wünschelrutengänger haben entdeckt, daß manche kraftbezogenen Ereignisse mit der Stellung von Sonne und Mond im Gleichklang sind, wie auch die bekannte astronomische Ausrichtung einige Steinkreise nahelegen. Genau wie die Megalithen bei Rollright anomale Ultraschallpulse beim Sonnenaufgang der Tagundnachtgleiche ausstrahlen, so fanden Wünschelrutengänger Kraftbänder um die meisten Megalithen, die mit den Mondphasen auf sieben Ebenen reagieren. Graves schrieb: "Alle sieben Bänder zapfen Punkte zu einer spiralförmigen Freisetzung von einer Art von Energie an, die den Mondphasen folgt und sich den Stein herauf- und herunterbewegt." Wir wissen, welchen Einfluß der Vollmond auf die menschliche Psyche ausübt; die Experimente der Wünschelrutengänger entsprechen den Theorien, die besagen, daß der Einfluß des Mondes alle wohlbekannten mechanischen Erscheinungen wie die Gezeiten tranzendiert.

Graves sieht in den Megalithen Nadeln für die "Akupunktur der Erde." In ähnlicher Weise wie die Chinesen Punkte am menschlichen Körper an Kreuzungen entlang den Kraftlinien oder Meridianen gefunden haben, an denen man Druck oder Blockierungen lösen kann, so sieht er die Ley-Linien als einen Kraftkreislauf der Erde (Wasser ist eine Manifestation davon), deren Kreuzungen gelegentliche gesäubert werden müssen. Daher hängt ihre Rolle als Kraftpunkte anscheinend von unserem Bewußtsein ihrer Existenz ab sowie unserer Fähigkeit, die hindurchfließende Energie zu manipulieren. Haben wir einst gewußt, wie die Erde geändert werden kann, um unsere Harmonie mit der Natur zu erhöhen? Graves glaubt dies, genau wie eine Anzahl von Gelehrten, die die uralte chinesische Kunst der Geomantie wieder belebt haben - die Verwendung der Landschaftsformen zur Schaffung eines Gleichgewichts mit der Natur. Nigel Pennick beschreibt die Bedeutung der Geomantie in verschiedenen Kulturen durch die Jahrhunderte hindurch.

Graves drückt es so aus: "Die britische Geomantie, falls sie existierte, scheint ein System der Erdakupunktur gewesen zu sein, wobei die heiligen Stätten as Akupunkturpunkte an gekrümmten und geraden Energiekanälen lagen, die die aufrecht stehenden Steine als massive steinerne Nadeln markierten. Und wenn das der Fall ist, müssen wir uns diese Steine erneut betrachten und aus einem anderem Blickwinkel: wie wir sie in der Gegenwart statt in der Vergangenheit *benutzen* können."

Graves geht in seinem Buch durch eine gründliche Diskussion der möglichen Ursachen paranormaler Phänomene, die an heiligen Stätten auftreten, und er bespricht auch die holografische Theorie von Geisterprojektionen sowie der Orgonenkraft (eine Lebenskraft, die der visionäre Wissenschaftler Wilhelm Reich vorschlug), die an solchen Stätten wirkt. Die Theorie besagt, daß diese Kräfte mit dem Oberflächenwasser in Wechselbeziehung stehen und UFOs, Geister, Witterungsstörungen und andere ungewöhnliche Ereignisse auslösen, die die Menschen in der Nähe miterleben. Die häufigen Erscheinungen von UFOs über den Ley-Linien stimmen mit ähnlichen Erkenntnissen des Forschers Aime Michel überein, der bemerkte, daß viele UFO-Ereignisse in Frankreich an geraden Linien auftraten. Ein weitere Forscher, Kapitän Bruce Cathie, kam zum Schluß, daß Erscheinungen von UFOs ein weltweites Rastersystem bilden. Das würde einen irdischen statt eines außerirdischen Ursprungs nahelegen oder die Benutzung der irdischen Ley-Linien zur Navigation.

Graves dokumentiert Menschen, die in der Nähe der Megalithen emporgehoben, zurückgeworfen, elektrisch geschockt, von Poltergeisten erschreckt, von durch die Erscheinungen verursachte Autounfälle getötet wurden oder Begegnungen mit UFOs hatten.

Im vergangenen Sommer benutzen drei von uns die Wünschelrute an einer mittelalterlichen Megalithenstätte auf der Dingle-Halbinsel in Westirland. Wir maßen starke, komplexe Muster, die mit einem Platz verbunden waren, das der Reiseführer als einen Kinderfriedhof bezeichnete. Nach einer halben Stunden mit der Wünschelrute wurde uns allen plötzlich schwindlig und unwohl. Wir verließen die Stätte; sobald wir wegfuhren, ging es uns besser.

Manche von uns erleben gelegentlich "schlechte Schwingungen" an einem Ort. Das geschah mir und einem Freund bei einem Besuch an der heiligen Gemeinde von Glastonbury in England. Es schien, als wenn sich unsere eigenen dunkleren Aspekte zu einem wahren Alptraum der Emotionen verdichteten, die sich erst auf unserer Rückfahrt nach London wieder lösten. Erst viel später las ich in Graves' Buch, "das hohe Energieniveau an einem Ort wie Glastonbury kann die gesamte umliegende Gegend instabil machen sowohl auf einer emotionellen Ebene als auch darüber hinaus..... Die Zeit auf der Anreise zu dieser Stätte muß der Betrachtung und Vorbereitung
dienen, anderenfalls kann man nicht ertragen, was diese Stätte ausstrahlt." Ich war nicht vorbereitet gewesen.

Was immer die wissenschaftlichen Erklärung dieser Phänomene sein mag, sind sie offensichtlich für diejenigen, die sie erleben, völlig real. Graves glaubt, daß die Energien jenseits der Erklärung mit den bekannten Naturgesetzen der Physik liegen, Gesetze wie die Elektromagnetik, Schwerkraft, schwache und starke Kernkraft. Es scheint, als wenn etwas geschieht, dessen Wirkungen immer deutlicher werden, aber die Ursachen erwarten die Formulierung einer neuen Theorie.

Vielleicht ist der ermutigendste Beitrag von Graves nicht die Verbindung mit den Phänomene selbst, sondern der Vorschlag, wie die Technik der Erdakupunktur zur Heilung des Planeten eingesetzt werden kann. Anfänglich mag das weit hergeholt klingen, aber Experimente haben bereits die Nützlichkeit der Akupunktur an Stellen offenbart, die negative Kraftfelder enthalten. Wünschelrutengänger haben Stöcke und Spiralen benutzt, um die negative Energie in Wohnhäusern auszugleichen, die dem Energieraster der Ley-Linien ausgesetzt waren. Graves schlägt vor, abschirmende Ringe um bestimmte militärische Anlagen und politische Agenturen zu bauen, damit deren negativen Einflüsse nicht an der Matrix gespürt sondern stattdessen innerhalb des Rings isoliert würden.

Waren die Steinkreise auch Schutzringe, die die Teilnehmer an Ritualen vor den negativen Einflüssen der Erde und des Himmels oder anderer Menschen schützen? Vielleicht konnten sie sich befreien und in andere Dimensionen reisen. Vielleicht war die Aufgabe der megalithischen Stätten und der Pyramiden, die Energien zu manipulieren und damit Zugang zum Paranormalen zu gewinnen. Wir haben noch keine Antwort darauf, weil wir die Eigenschaften der beteiligten Energie oder Energien noch nicht kennen. Vielleicht ist es aber auch richtig in Anbetracht des zügellosen Mißbrauchs der Technik betrachten, der heute auf der Erde grassiert, daß wir es noch *nicht* wissen. Uns ist bekannt, daß die Degradation des Landes durch Menschenhand den Fluß der Energie durch die megalithischen Stätten stört. Messungen mit der Wünschelrute haben erwiesen, daß Arbeiten mit Raupenschleppern und schneller Autoverkehr den Fluß unterbrechen, und daß sich der Kräftefluß wieder zu erholen beginnt, wenn das Land saniert und der Verkehr umgeleitet oder verlangsamt wird.

Möglicherweise erreichen wir das nächsthöhere Entwicklungsniveau, wenn wir beginnen, das Wirken dieser Energien zu verstehen, die aus der Erde, aus uns selbst und aus dem All strömen. Wir können sie zum Guten beeinflussen, obwohl wir unweise das Gegenteil tun. Wir konzentrieren uns auf die Benutzung der physikalischen Technik und zerstören dabei uns selbst und unsere Planeten. Wir werden von unserem eigenen erstaunlichen Potential verblendet.

"Wir nennen die diese Dinge 'übernatürlich', schreibt Graves, "und behaupten, sie könnten nicht geschehen oder existieren, da sie sich außerhalb der begrenzten Natursicht befinden, die uns Wissenschaft und Religion aufzwingen. Aber wie wir gesehen haben, sind diese Dinge Aspekte der Wirklichkeit der Natur: sie sind nicht 'unnatürlich'. Was widernatürlich ist, ist unsere Naturwissenschaft, unsere Religion, unsere Politik und unsere Wirtschaft: denn alle werden in vollständiger und absichtlicher Unkenntnis der Natur getrieben, im Glauben und in der Hoffnung, daß sich die Natur zum Besseren wenden wird, um sich unseren Wünschen anzupassen. Das gibt uns die angenehme Illusion, daß die Kontrolle in unseren Händen liegt - aber es ist unnatürlich, es ist ungesund im wahrsten Sinne des Wortes."

Es muß nochmals betont werden, daß der Wissenschaftler in neues Territorium eindringt. Er muß sich hüten, das Neue ohne sorgfältige Prüfung aller neuen metaphysischen Konzepte aufzunehmen, die ihm entgegentreten. Leichtfertige Schlußfolgerungen oder Überinterpretationen der Daten können davon ablenken, relevante Beiträge zur menschlichen Kondition zu leisten. Aber auf jeden Fall muß er sich von der alten Weltsicht befreien.

Wechselwirkung der irdischen und himmlischen Kräfte

In diesem Kapitel versuche ich zu zeigen, daß viele alte Kulturen wußten, daß die Erde Kraftquellen besitzt, die uns jedoch heute unbekannt sind. Diese Kenntnis muß jetzt von modernen Wissenschaftlern wieder errungen werden, die mit den modernsten Geräten die Existenz dieser Kräfte aufzuzeigen versuchen. Einige der Kräfte der Erde scheinen weder elektromagnetisch noch schwerkraftbezogen zu sein, sondern mit den Zyklen von

Sonne und Mond in Verbindung zu stehen. Wenn dies der Fall ist, könnte die auf die Erde fallende Energie von Himmelskörpern ausgehen und die Kraftausstrahlung der heiligen Stätten verändern? War das der Grund, weshalb die alten Zivilisationen ihre Steine so sorgfältig ausrichteten, daß sie die Bewegungen der Sonne, des Mondes und der Planeten verfolgen konnten?

Wird die Frage bejaht, gäbe dies eine physikalische Grundlage für die uralte Kunst der Astrologie. In der Moderne diskreditiert die Wissenschaft die Astrologie vollständig, aber Millionen sind daran interessiert - sogar Weltführer. Die Analyse der wissenschaftlichen Grundlage für die Astrologie ist eine Herausforderung, denn hier müssen wir uns mit den scheinbaren Korrelationen zwischen planetaren Stellungen und der Psyche des Einzelmenschen auseinandersetzen. So gibt es zum Beispiel die bekannten hohen Einweisungszahlen in die Nothilfe von Krankenhäusern bei Vollmond. Vielleicht geht es nicht nur um Menschen, die miteinander in Wechselbeziehung stehen, sondern auch um die Erdkräfte, die auf die Energie von Sonne und Mond reagieren. Wie in den Experimenten von Baxter scheint diese hypotethische Energie weder elektromagnetisch noch schwerkraftabhängig zu sein.

Die Astrologie läßt sich vielleicht besser in Bezug auf irdiches Bewußtsein erklären, das mit dem Bewußtsein anderer Planeten zusammenwirkt. "Man stelle sich die Erde vor", schreibt Brian Myers, "die wie ein gigantischer Kopf ihre Umgebung erfühlt. Während sie sich um ihre Achse dreht und um die Sonne kreist, spürt sie die Gegenwart der anderen Planeten und übt vielleicht eine Art Kommunikation mit ihnen. In anderen Worten ausgedrückt, könnte die Reaktion eines Einzelmenschen auf astrologishce Einflüsse in Wirklichkeit die Wechselwirkung dieses Einzelnen mit den Energien der Erde sein, während die Erde als eine planetare Einheit auf die Ströme reagiert, die von anderen Himmelskörpern ausgehen." Mit der neuen Wissenschaft möchten wir diese Strömungen messen lernen.

Gaia und der neue Naturwissenschaftler

Wir haben gelesen, daß die Kräfte von Himmel und Erde unser Dasein beeinflussen. Und die Erde kann gemäß vielen Definitionen als Lebewesen betrachtet werden. In seinen bahnbrechenden Büchern *Gaia* und *The Ages of Gaia* offerierte der Erfinder-Wissenschaftler James Lovelock die Theorie, daß die Erde sich wie selbstorganisierender Superorganismus verhält. Lovelock meint, daß viele unserer Unterstützungssysteme in einem leicht zerstörbaren Gleichgewicht hängen, die von Umweltverschmutzung bedroht sind - von Verheerungen durch die Forstwirtschaft, Raubbau durch die Landwirtschaft, Verseuchung durch sauren Regen, Gefährdung durch Ozonverlust und Gefahren des Gewächshauseffekts.

Lovelock belegt, daß die Evolution der verschiedenen Gattungen eng mit der ihrer Umgebung verkoppelt ist; sie entwikkeln sich alle als ein Einzelsystem - als Erde. Er sieht die Gesundheit des Planeten als die vordringslichste Herausforderung unserer Zeit und zitiert den Bedarf an neuen Fachgebieten wie Geophysiologie und Planetenmedizin.

"Man mag denken, der akademisch geschulte Naturwissenschaftler sei dem freien Künstler ähnlich", schreibt er, "aber im Gegenteil sind die meisten Naturwissenschaftler Mitarbeiter großer Organisationen, wie Ministerien, Universitäten oder multinationaler Konzerne. Nur selten haben sie die Freiheit, ihre naturwissenschaftlichen Erkenntnisse als persönliche Ansicht auszudrücken. Sie glauben sich frei, aber in Wirklichkeit sind sie fast alle angestellt; sie haben ihre Gedankenfreiheit gegen gute Arbeitskonditionen, ein stetiges Einkommen und eine Pension eingetauscht."

Lovelock beklagt auch die Abhängigkeit der Wissenschaftler an behördliche Finanzierung, den Zwang, innerhalb enger Fachbereiche zu verbleiben und den Druck der Kritik durch Kollegen. "Da sie ihrer Freiheit beraubt sind, besteht die Gefahr, daß sie sich der Pedanterie ergeben oder wie mittelalterliche Theologen zu Geschöpfen des Dogmas werden." Er spekuliert dann, daß seine Forschung einer lebendige Erde sicher nicht finanziert worden wäre, wenn er an einer Institution gearbeitet hätte, noch hätte ein hypothetischer Laborleiter seine Fragestellung gutgeheißen, selbst wenn er seine Arbeiten nach Feierabend gemacht hätte.

"Ich mußte radikaler Wissenschaftler werden, auch weil die wissenschaftliche Gemeinschaft widerwillig neue Theorien als Tatsachen akzeptiert, und damit hat sie ja recht. Es hat fast 150 Jahre gedauert, bevor der Gedanke, daß Wärme ein Maß der Geschwindigkeit von Molekülen ist, zur wissenschaftlich anerkannten Tatsache wurde, und 40 Jahre, bis die Plattentektonik akzeptiert wurde.

"Jetzt verstehen Sie vielleicht, weshalb ich zu Haus arbeite und den Lebensunterhalt für mich und meine Familie auf jede nur verfügbare Weise verdiene. Das ist keine Buße, sondern im Gegenteil ein recht erfreulicher Lebensstil, von dem Maler und Romanschriftsteller schon lange wissen. Brüder in der Wissenschaft, kommt mit, ihr habt nichts zu verlieren, als eure Stipendien!" Zwei Jahre später folgte ich Lovelocks Rat. Mein Gewissen erlaubte mir nicht mehr, anders zu handeln.

Ich glaube, wir können uns nicht mehr den Luxus des bequemen alten Denkens oder der umfassenden "Zeig-mir"-Beweisführung leisten. Wir haben einen Planeten zu heilen, auf dem wir in unseren Gemeinden und Nationen leben. Die größere

Realität kommt nicht als ein Zimmerspiel für eine metaphysischen Elite auf uns zu, sondern als Gebot.

Kapitel 8

Bewußtsein, Kommunikation und die neue Biologie

Das holistische Modell betont die Frage, auf welchen verschiedene Ebenen der Komplexität die Natur organisiert ist in das, was wir Organismen nennen - Zellen, Gewebe, Organe, Gesellschaften - und bestätigt, daß auf jeder dieser Ebenen eine Ganzheit besteht, die nicht auf die Summe der Einzelteile reduzierbar ist. Das bedeutet, wenn wir die verschiedenen Ebenen der Organisation in der Natur respektieren, ohne sie zu reduzieren, und gleichzeitig die Natur als lebendig betrachten statt als auf tote Teile reduzierbar, ... dann sind, glaube ich, die mechanistischen und reduktionistischen Methoden zum Verständnis und zum Lösen biologischer Probleme unzureichend. Ihre medizinischen und sozialen Konsequenzen sind zerstörerisch, und die ökologischen Konsequenzen für die Erde bedrohen das Überleben unserer Zivilisation.

- Rupert Sheldrake, *Noetic Sciences Review*

Im ersten Kapitel habe ich von meinen Erlebnissen im Labor von Cleve Backster berichtet. Sie zeigten mir deutlich das Verhältnis zwischen den Gefühlen und Gedanken eines Menschen und die elektrischen Aktivitäten von Pflanzen und Blutzellen selbst in einiger Entfernung. Geschlechtsverkehr scheint ohne Rücksicht auf Entfernungen eine besonders starke Reaktion auszulösen.

Backsters Ergebnisse bestärken Beobachtungen, daß Pflanzen und andere Lebewesen von menschlichen Gedanken und Gefühlen beeinflußt werden oder als Zuschauer dienen und daß sexuelle Energie ganz besonders stark mitgeteilt wird. Ähnliche Ergebnisse erzielte auch der Chemiker Michael Vogel bei Experimenten mit Pflanzen. Sie bestätigen Wilhelm Reichs Beobachtungen der galvanischen Hautreaktioinen, die die deutlichsten Deflektionen beim Orgasmus aufweisen. Reich kam zum Schluß, daß das elektrische Potential der Haut auf eine Lebenskraft reagiert, die er "Orgonenenergie" nannte. Reichs umstrittene Arbeiten lösten eine Sensation aus; er starb 1957 im Gefängnis.

Angesichts dieser neuen Experimente gewinnen Reichs Arbeiten an Glaubwürdigkeit. Seine Hauptthese war, daß die Orgonenenergie einpolig ist und alles in Raum und Zeit füllt. Wenn diese Energie auf Widerstand in einem Lebewesen trifft, spaltet sie sich in zwei Pole, einen positiven und einen negativen. Diese Pole lösen Konflikt, Zwiespalt, sexuelle Unterdrückung und schließlich Krankheit aus, wenn die Blockierungen nicht gelöst werden.

Vogel sieht es so: "Krankheiten und Leiden im Leben entstammen unserer Unfähigkeit, Streß und negative Kräfte in uns zu lösen. Wenn uns jemand zurückstößt, rebellieren wir innerlich und halten an dieser Abweisung fest. Das baut Druck auf, der, wie Dr. Wilhelm Reich vor langer Zeit zeigte, in Muskelspannung eingeschlossen wird; falls der Druck nicht abgelassen wird, schwächt er das Kraftfeld des Körpers und verändert seine chemische Zusammensetzung." Diese Wirkungen erinnern uns an die Energie der Erde, die im vergangenen Kapitel diskutiert wurde. In Kapitel 10 werden wir sehen, daß die enorme Revolution, die sich jetzt im Bereich der Krankenpflege abspielt, den Grundsatz der Befreiung der angesammelten Energie sowie Baden der Zellen in positivem Denken umfaßt. Heilung ist mit positiver Kommunikation mit unseren Körpern verbunden.

Welche Energiearten treten in der paranormalen Kommunikation in Backsters Labor auf oder in den Prozessen, über die Reich und Vogel sprechen? Eine mögliche Erklärung sind die vertrauten Kräfte des elektromagnetischen Spektrums, das sich von den höheren Frequenzen und kürzeren Wellenlängen der Gamma-, Röntgen- und Ultraviolettstrahlen bis zu niedrigeren Frequenzen und längeren Wellenlängen der sichtbaren Infrarot- sowie der Radiowellen erstreckt. Aber sie entsprechen nicht allen Vorgaben. Ein Experiment, das dies bestätigt, wurde vom Medium Ingo Swann an der Stanford Universität durchgeführt: "Mit nichts anderem als nur seiner Willenskraft", schrieben Tompkins und Bird, "war Swann fähig, einen Mechanismus in den aufs vollständigste abgeschirmten "Quark"-Kammern zu aktivieren. Er befand sich tief unterirdisch in einem Kellergewölbe mit flüssigem Helium, das für alle Wellenlängen des elektromagnetischen Spektrums undurchdringlich ist. Er erstaunte die Physiker, die ihm bei der Vorführung einer scheinbar unmöglichen Leistung zuschauten."

Wir müssen unsere besten theoretischen Physiker und Naturwissenschaftler heranziehen, damit sie Hypothesen und Theorien entwickeln, die das Panorama der ungewöhnlichen Kommunikation zwischen Lebewesen und zwischen ihnen und der Erde erklären. Die Belege drängen nach kohärenter Interpretation. In der Zwischenzeit bleiben wir verwirrt innerhalb einer vagen Terminologie stecken, und wohlmeinende New-Age-Advokaten führen Redewendungen wie elektromagnetische Wellen, Frequenzen und "Vibrationen" im Munde. Unsere Sprache muß die beobachtete Wirklichkeit erst einholen.

Ein Weg zum Verständnis wird von einer Hypothese gebahnt, die Dr. Rupert Sheldrake vorschlug, ein Elementarteilchenbiologe und früherer Direktor von Zellbiologie und Biochemie beim Clare College der Cambridge Universität. Sheldrake beobachtete, daß viele Lebewesen dazu neigen, ohne direkten genetischen Transfer oder milieubezogenes Lernen Gewohnheiten zu wiederholen, die von anderen Mitgliedern ihrer Gattung entwickelt wurden.

Dafür ist die Fabel vom hundertsten Affen ein Beispiel. Diese Geschichte beruht auf einem Bericht von japanischen Anthropologen, die beobachteten, wie Affen auf einer Insel ihre Süßkartoffekn wuschen. Ein Affe entdeckte eine neue Waschmethode, die sich schnell über die ganze Insel verbreitete. Nachdem hundert Affen diese neue Methode gelernt hatten, ahmten sie auch alle anderen Affen auf den benachbarten Inseln nach. Wie diese Waschmethode von Insel zu Insel verbreitet wurde, bleibt ein Rätsel. Obwohl die Geschichte vor kurzem in Zweifel gezogen wurde, öffnet sie uns einen Pfad zum Verständnis der sehr realen Lernprozesse, die innerhalb von Gruppen auf ganz normale und weltliche Weise erfolgen, weshalb wir sie für selbstverständlich halten.

Sheldrake bemerkt, daß gewohnheitsbildende Eigenschaften ebenfalls bei Ratten in Labors überall auf der Welt auftreten und auch im menschliches Verhalten zu beobachten sind. Dafür sprechen auch die neuen Kristallformen, die in entfernten Labors dann schneller synthetisieren, nachdem die ersten synthetisiert sind. Diese Phänomene sind Beispiele für die sogenannte "kausative Bildung."

Sheldrake schreibt: "Die Hypothese, die ich vorschlage, legt nahe, daß ein bestimmtes Verhalten oder Tätigkeitsmuster, nachdem es entstanden ist, zur Wiederholung neigt: die Natur ist im Grunde gewohnheitsbildend. Die Naturgesetze sind Gewohnheiten statt unveränderter Prinzipien, die von Anfang an gegeben waren." Aber wo der Gedanke oder das Muster seinen Ursprung nahm, ist in Sheldrakes Meinung eine Frage für die Religion.

Auf der Grundlage seiner Hypothese und den sie bestärkenden Experimenten bezweifelt Sheldrake die Existenz der unwandelbaren Kräfte der Natur. "Wir sind so an die Vorstellung der unwandelbaren physikalischen Gesetze gewöhnt, daß wir sie für selbstverständlich halten", betont er, "aber wenn wir die Eigenschaften dieser Gesetze betrachten, sind sie zutiefst rätselhaft. Sie sind keine materiellen Gegenstände, nicht einmal energetische. Sie transzendieren Raum und Zeit, und sie sind zumindest an allen Orten und zu allen Zeiten anwesend... Die mechanistische Theorie hängt von Vermutungen ab, die hauptsächlich metaphysischer sind als die Idee der formativen Kausation." Wie bereits erwähnt, betrachtet die neue Realität kein Gesetz oder Modell als sakrosankt.

Sheldrakes Ideen stimmen mit der Tatsache überein, daß gegenwärtige physikalische Gesetze zusammenstürzen oder unvollständig sind angesichts des primordialen Urknalls, der schwarzen Löcher, der Quantenwellenpartikeln und des räselhaften Energieaustausches, den wir immer häufiger zwischen Lebewesen beobachten. Ein neues Denkmuster für eine Erklärung ist dringend erforderlich.

Selbst wenn wir von den revolutionären Beobachtungen und Theorien von Backster und Sheldrake Abstand nehmen, finden wir reichlich Belege einer neuen Biologie, deren Lehrsätze wie ein weiterer Schlag gegen traditionelle Naturwissenschaft erscheint. In einem kürzlich erschienenen Buch mit dem Titel *The New Biology* bleiben Robert Augros und George Stanciu nahe an der etablierten akademischen Disziplin und vermeiden die Erwähnung der Kontroversen um die Arbeiten von Burr, Backster, Vogel und Sheldrake. Dennoch kommen sie zu einer Folgerung, die denen anderer Forscher ähnelt.

Sie schreiben: "Die zeitgenössische Biologie leidet an Beengtheit wegen ihrer starken Neigung zu Reduktionismus ... Daher ist die moderne Biologie unfähig, sich von der Physik zu unterscheiden, und ist dennoch auf merkwürdige Weise außer Tritt mit der modernen Physik, die das Monopol der mechanistischen

Erklärungen gebrochen hat ... Eine andere Art von Beengtheit versucht, das Bewußtsein auf die Physiologie zu reduzieren. Reduktionisms ist Halbwahrheit ... Mit der Betonung auf Bevölkerungen und ganze Umwelten bietet die neue Biologie ein wirksames Gegenmittel zum Reduktionisms. Da sie ihren Zweck und ihre Absicht bekennt, kann sich die Biologie von der Tyrannei der mechanistischen Erklärungen befreien ... Natur ist ein Modell für Ingenieure und Künstler. Ihre Attribute der Einfachheit, Sparsamkeit, Schönheit, Zweckbestimmtheit und Harmonie machen sie zu einem Modell für die Ethik und Politik. Die Wiederentdeckung der Weisheit der Natur verlangt nach einer neuen Biologie."

Augros und Stanciu präsentieren Belege für eine kooperative, harmonische Biologie, die von einem höheren Geist geleitet wird, statt des rücksichtslosen, unbarmherzigen und mechanistischen Überlebens der am besten Angepaßten. Sie beschäftigen sich auch mit der Frage, was Leben konstituiert und zeigen auf, daß Biologen dafür keine Arbeitsdefinition bieten. Das mechanistische Denken als Prinzip der traditionellen Biologie verwischt die Grenze zwischen Leben und Nicht-Leben, so daß auch kein Unterschied zwischen Biologie und den anderen Naturwissenschaften zu bestehen scheint. Augros und Stanciu definieren Leben als "Fähigkeit zur Selbstbewegung."

James Lovelock war auch über den Mangel einer Definition des Lebens unter den Biologen schockiert, die bei der 1976 Viking Mission nach Leben auf dem Mars suchen sollten. "Ich hatte erwartet, irgendwo in der wissenschaftlichen Literatur eine umfassende Definition des Lebens als physikalischen Prozeß zu finden, auf die man die Gestaltung der Lebensdetektionsexperimente basieren könnte, war aber überrascht zu finden, wie wenig über die Natur des Lebens selbst geschrieben worden war ... Wohlwollend betrachtet liest sich die Literatur wie eine Sammlung von Fachberichten, als hätte eine Gruppe von Wissenschaftlern aus einer anderen Welt einen Fernsehempfänger mit nach Haus genommen und darüber berichtet. Der Chemiker sagt, der Fernseher ist aus Holz, Glas und Metall. Der Physiker beobachtet, daß er Wärme und Licht ausstrahlt. Der Ingenieur bemerkt, daß die Räder zu klein und an den falschen Stellen sind, so daß er nicht glatt auf einer Ebene fahren kann. Aber niemand sagte, was er ist."

Vielleicht muß die Definition des Lebens auf alle sich selbstorganisierenden und/oder mitteilenden Einheiten im All, ob bekannt oder unbekannt, ausgedehnt werden. Es wird auf jeden Fall deutlich, daß wir eine andere Art von "Biologie" vor uns haben, die die komplexen Kombinationen von Wechselbeziehungen zwischen lebenden Systemen auf zahlreichen Ebenen umfaßt. Wir brauchen eine Theorie, die zumindest das Rätsel um den hundertsten Affen, Sheldrakes Theorien, Burrs Messungen der Lebenskräfte und Cleve Backsters Ergebnisse erklärt. Wie erfolgt Kommunikation unter Lebewesen in der Abwesenheit von direktem physischem oder umweltbezogenem Kontakt und in manchen Fällen sogar in der Abwesenheit der vier bekannten Kräften der Physik?

Es muß noch eine andere Kraft oder eine Reihe von Naturkräften geben, deren Ursprung und Verhalten wir noch nicht verstehen; und
ich glaube, wir haben ausreichende und auf Hypothesen anwendbare Belege, mit denen wir diese Kräfte erklären können. Sheldrake hat eine Hypothese vorgetragen, und ich nehme an, daß andere gibt, die sich auf Eigenschaften über Form und Gewohnheit hinaus erstrecken werden.

Die englischen Forscher David Ash und Peter Hewitt erwägen, daß ein Feld mit "Superenergie" kleine elektrische Pulse in lebendigen Zellen auslöst, da die im Feld auf sie gerichteten DNA-Moleküle mit unterschiedlichen Frequenzen schwingen. So schreiben sie: "Zellen könnte wie Radioapparate reagieren, die Signale von intelligenten Quellen empfangen, die wie Relaisstationen in den höheren Regionen des Weltalls funktionieren. Diese Gedanken-Form-Signale, die die Lebensfelder zum Schwingen mit den DNA-Molekülen bringen, lassen sich in genetische Codes übertragen. Auf diese Weise könnte die universale Intelligenz den Prozeß der biologischen Evolution über eine genetische Vielfalt zu einer zunehmenden Ordnung und Mannigfaltigkeit steuern."

Dieser Rahmen könnte Sheldrakes Ansichten bestätigen und gleichzeitig auch die erstaunliche Ordnung der Lebenssysteme, die in der neuen Biologie vorgeschlagen wird. Ash und Hewitt bemerken, daß die frühen Radios Spiralen als mitschwingende Kristalle benutzten. DNA bildet auch einen doppelten Helix.

In der Saitentheorie erfordert ein vereinigtes Feld, daß die Materie-Energie winzige Saiten in einem zehndimensionalen Raum bildet. Einige dieser Saiten nehmen auch eine spiralförmige Form an. Wünschelrutengänger beobachteten, daß die Energie aus den Megalithen mit den Mondphasen korreliert ist und ein spiralförmiges Muster zeigt. Nehmen wir an einem kosmischem Tanz archteypischer Spiralen teil, die mit einer universalen Lebenskraft auf verschiedenen Ebenen des Bewußtseins schwingen? Würde uns das Verständnis und die Manipulation dieser Kräfte, ihrer Muster und ihrer Schwingungen befähigen, eine Technologie zu entwickeln, mit der wir in andere Dimensionen eintreten könnten?

Diese abenteuerliche Denkweise mag erforderlich sein, um neue Theorien der Wissenschaft zu entwickeln. Beobachtungen eilen den Theorien voraus, weil unsere Theorien bislang von der engen Weltsicht unserer Biologie begrenzt waren und auch die Grenzen der Sprache nicht überwinden konnten. Im nächsten Kapitel finden wir, daß sich das Verstehen des Konzepts der Verstandes- und Gedankenformen durchaus als das fehlende Glied bei der Formulierung der neuen Realität herausstellen kann, die

die innere und die äußere Welt durch Einbeziehung des Bewußtseins verbindet.

Kapitel 9

Das zugängliche Paranormale und die neue Psychologie

Februar 1987 begann als Tiefpunkt in meinem Leben. Meine Versuche, für meine Firma Verträge in der zivilen Weltraumforschung abzuschließen, schlugen fehl. Arbeitsmöglichkeiten in der Waffenindustrie gab es reichlich, aber daran war ich nicht interessiert. Da es in meinem Fachgebiet keine Arbeit mehr gab, wurde mir und der Leitung meiner Firma klar, daß ich gehen mußte. Ich begann einen langen Abstieg in eine unsichere Zukunft.

Es gab keine Frau in meinem Leben, und ich war auch kaum interessiert. Ich beendete das Manuskript meines Buches *Mars 1999* in sehr schlechter Laune.

Am Freitag, dem 13. Februar besuchte ich ein Treffen der "National Speakers Association", um Kontakte für meine neue Karriere als öffentlicher Vortragender anzuknüpfen. Ich war müde, reizbar und voller Selbstmitleid, als ich in den Empfangsraum trat. Da traf ich Laurene Johnson, die später vier Jahre lang meine Partnerin werden sollte.

Obwohl mich unsere anfängliche Unterhaltung erfreute und ich eine besondere Verbundenheit mit ihr fühlte, überwältigte mich meine Mündigkeit. Um meine Zukunft besorgt ging ich allein und vollkommen erschöpft heim (was damals in Kalifornien war). Ich hätte in dieser Nacht einen Alptraum haben, von meinen Schwierigkeiten träumen und mich hin- und herwälzen sollen. Zu meinem Erstaunen geschah das Gegenteil. Ich träumte, ich liege in einem Bett in einem hochgewölbten Raum in Florenz. Die Wände waren hellblau, und an der Decke war ein Sprung im

Stuck. Ich fühlte einen plötzlichen Sturm von Energie in der Mitte der Stirn. Diese Stelle wird manchmal als das dritte Auge bezeichnet, eines der sieben Chakraszentren (Energiezentren) des Körpers, die zuerst in der traditionellen Yogaliteratur beschrieben und vor kurzem in Westen als eine transpersonale und "New Age"-Theorie und Praxis wiederentdeckt wurden.

Dann, als die Verbindung zwischen meinem dritten Auge und dem Sprung in der Decke fast laserscharf wurde, fühlte ich mich durch das dritte Auge dem Sprung entgehen bewegen und schwebte unter der Decke im Zimmer. Da ich nicht glauben konnte, daß dies mit rechten Dingen zuging, stürzte ich mich in meinen im Bett liegenden Körper zurück. Ich war noch im Traumzimmer in Florenz, aber ich hörte auch die Geräusche der "Wirklichkeit" in meiner Wohnung an der kalifornischen Küste - die Meeresbrandung und die Glockenboje. Mir wurde klar, daß dies ein lichter Traum war und sich in meinem selbstbetrachtenden Bewußtsein abspielte, während ich von Florenz in leuchtenden Farben träumte.

Ich forcierte meine Energien nochmals durch das dritte Auge zu einem Sprung in der Decke und hoffte, nochmals außerhalb meines Körpers reisen zu können. Erneut schwebte ich durch den Sprung in eine Mansarde unter Holzbalken und dann durch die Wand in das Tageslicht über Florenz. Die Stadt war leuchtend und wunderschön mit ihren bunten Dächern und Domen. Ich schwebte darüber, aber ich konnte noch immer die kalifornische Brandung und die Boje hören. Dann verschob sich die Szene rätselhaft in ein englisches Haus im Tudor-Stil, das ich eine Zeitlang innen und außen umschwebte.

Ich wachte euphorisch, erneuert und erfrischt auf und bereit, es mit dem Tag aufzunehmen, obwohl es erst 6 Uhr war. Was war passiert? Warum sollte ich so viel Energie erfassen, zu einer Zeit, wenn ich mich schrecklich fühlen sollte? Warum Florenz und

England, die ich nur sehr kurz besucht hatte? Noch nie hatte ich ein außerkörperliches Erlebnis gehabt. Ich wußte nicht einmal, ob solche Erlebnisse möglich sind. Und ich bin mir noch heute nicht ganz sicher, denn ich schwebte nicht über meinem kalifornischen Körper, sondern sah meinen Körper in einem hellen Traum. Dabei überlagerte der lichte Traum das Erlebnis außerhalb des Körpers. Den ganzen Tag schrieb ich, beschäftige ich mich mit meinen Problemen mit Zuversicht und Gelassenheit, und traf Laurene am Abend zu einem überraschend netten Gespräch über mehrere Stunden. Gab es eine Verbindung zwischen meinem Traum und dem Kennenlernen von Laurene? Ich glaube ja.

Ich hätte das Ganze wahrscheinlich als nur einen Traum abgetan, selbst wenn er so klar war, oder als aktive Vorstellungskraft, hätte es keinen weiterer Vorfall im Zusammenhang mit Laurene gegeben. Wir trennten uns wegen scheinbar unüberbrückbarer emotioneller Differenzen. Wir waren monatelang getrennt, und es schien auch dabei zu bleiben, da wir übereingekommen waren, keinen erneuten Kontakt aufzunehmen. Im August 1988 begann ich am frühen Nachmittag eine ausgedehnte Meditation. Gegen Abend dachte ich inmitten meiner Meditationsübung an Laurene. Meine Meditation vertiefte sich, aber ich beschloß, sie kurz zu unterbrechen, um mein Telefon auszuschalten, damit ich nicht gestört würde. In diesem Augenblick klingelte das Telefon. Es war Laurene, sie war krank und brauchte Hilfe. Keiner ihrer Freunde war erreichbar, und sie war allein. Sie sagte, um genau die Zeit meines Meditationsbeginns sei sie wegen eines Zahnabzesses krank geworden. Ich fuhr zu ihr und half ihr; danach begannen wir eine ganz neue und solidere Beziehung.

Eine Woche vor unserer zufälligen Wiedervereinigung hatten wir beide mehrere Vorahnungen unseres Zusammentreffens. Ich war einer Freundin von Laurene in San Diego begegnet und fühlte zum ersten Mal seit unserer Trennung tiefe Trauer darüber. Und zwei Tage davor hatte ich einen Traum, in dem ich mit Laurene und meiner Mutter am Tisch saß, Laurene liebevoll ansah und unter dem Tisch ihre Hand hielt. Das war das erste Mal seit Monaten, daß mir Laurene im Traum erschien.

Wir verglichen unsere Erlebnisse und kamen zum Schluß, daß unser erneutes Zusammenkommen von einem kosmischen Regisseur choreographiert war und Zufall oder bewußte Ursache und Wirkung überwand. Es war, was Carl Jung mit Synchronizität oder mit aktueller Verbindung bezeichnete. Irgendwie schienen diese Treffen, Träume, Gedanken und Handlungen dazu gestaltet, uns in einer dramatischen Situation, die unser Schicksal mehrere Jahre lang bestimmen würde, wieder zu vereinen. Die Phänomene erschienen von einer höheren Gewalt geleitet zu sein, während wir einfach durch das Lebens stolperten und reagierten, wie es die Situation von uns verlangte.

Diese Ereignisse, die Laurene und mich zusammenbrachten, waren nur einige Beispiele von paranormalen Erlebnissen, die ich in der Folgezeit hatte. Später erfuhr ich, daß das Paranormale das Endstadium meines traditionellen Wissenschaftlerdaseins markierte, das man überwinden muß, um die Welt der oberflächlichen Spielzeugmechanik in die ernsthaftere und reifere Welt der liebenden Spiritualität und Einheit mit dem Universum zu erringen. Es ging nicht darum, daß ich den Beruf eines Fremden bei einer Schulungssitzung erraten konnte, daß ich die Grand Tetons in der Hälfte der normal dazu erforderlichen Zeit durchwandert hatte oder daß ich hellsichtig träumen und mich aus meinem Körper bewegen konnte. Viel wichtiger war das Gefühl der Freude und der kosmischen Einheit, das diese Erlebnisse begleitete. Meine eigene Transformation überdeckte zeitweilig meinen Wunsch, meine Erfahrungen als Wissenschaftler mitzuteilen und zu objektivieren. Dies aber ist die Wahrheit der neuen Realität - daß sie erlebte Realität und kein Experiment oder Test ist. Sie ist unser Leben.

Relevanz des Paranormalen

Paranormale Erlebnisse sind weiter verbreitet als wir annehmen. Nach einer Umfrage beim National Opinions Research Council und vorgetragen vom Soziologen Andrew Greeley hat Zweidrittel der amerikanischen Bevölkerung psychische Erlebnisse wie extrasensorische Perzeptionen. "Was früher paranormal war, ist jezt normal", sagte Greeley. "Es stößt selbst elitären Wissenschaftlern und Ärzten zu, die behaupten, so etwas gebe es nicht."

Die ersten acht jährlichen Treffen der "Association for New Science" bei der Staatsuniversität von Colorado, die Bücher und Schriften vom "Institute of Noetic Sciences" gegründet von meinem Astronautenkollegen Edgar Mitchell, die Gründung des "Center for Studies in Science and Spirituality" am "California Institute of Integral Studies", das dauernde Interesse und die Unterstützung der metaphysischen Kirchen wie "Religous Science" und "Unity" und die unerwartet umfassene und positive Behandlung in den Time-Life-Büchern der Serie *Mysteries of the Unknown* sind alle Zeichen des großen Interesses am diesem Themenkreis. Weitere Forschungstätigkeiten werden von der "Parapsychological Association" und der "American Society for Psychical Research" vorgenommen. Zu paranormalen Phänomene gehören extrasensorische Perzeption (ESP), Psychokinesse, Gruppenerfahrungen, Präkognition, Channeling von nichtphysischen Einheiten, Erfahrungen außerhalb des Körpers, Überleben des Todes, Geisterbesessenheit und Reinkarnation. Zwei Aspekte von ESP wurden schon im Zusammenhang mit Backsters Labor und der Wiedervereinigung mit Laurene besprochen. Jetzt wenden wir uns anderen Phänomene zu, die ebenfalls in die Rubrik des Paranormalen gehören.

Psychokinese

Psychokinese bezeichnet die Fähigkeit des Geistes, Stoffe zu heben, biegen, verwandeln - einfach durch die Konzentrierung der eigenen Energie oder der Gedanken auf sie. Es gibt viele dokumentierte Beispiele dieses Phänomens, einschließlich Berichte von Gurus, die sich selbst von einem Platz zum anderen transportieren können (siehe *Life and Teaching of the Masters of the Far East* von Baird Spaulding). Die Materialisierng des indischen Guru Sai Baba, das weithin veröffentlichte Biegen von Löffeln durch Uri Geller und andere, die Rätsel, wie die Megalithen der Vorzeit transportiert wurden, könnten vielleicht mit Psychokinese erklärt werden.

Vor kurzem habe ich entdeckt, daß meine Spekulationen über Meglithenlevitation mit einer gut belegten Zeremonie übereinstimmen, die noch heute im Dorf Shivapur bei Poona in Zentralindien gefeiert wird und in Francis Hitchings Buch *Earth Magic* beschrieben ist. Elf Männer umringen einen heiligen Stein und singen und tanzen einige Minuten lang, dann bringen sie einen Stein zum Schweben bis zur Schulterhöhe, indem sie ihn einfach berühren. "Viele Touristen haben es auch erfolgreich probiert", berichtet Hitching.

Gruppenerfahrungen

Kommunikation zwischen Menschen scheint die kollektive Energie zu erhöhen und die Mitglieder der Gruppe aufeinander auszurichten. Ich habe dieses Erlebnis besonders bei Arbeitsgruppen wie "Lifespring", "Insight" und anderen spirituellen Ereignissen gehabt.

Eine bekannte Demonstration dieser Gruppenerlebnisse ist eine "menschliche Welle" bei Sportveranstaltungen. Davon ereignete sich ein dramatisches Beispiel bei der Fußballmeisterschaft zwischen Frankreich und Brasilien im Rose Bowl Stadium bei der Olympiade des Jahres 1984 in Los Angeles. Die Menschenmenge von mehr als 100.000 erschien chaotisch, die Menschen waren unfreundlich und ruhelos. Dann begann die Welle. Ich war erstaunt, daß nicht nur alle Menschen um mich mitmachten, sondern daß die Welle ein deutliches Band bildete, das sich langsam und gleichmäßig um das Stadion fortsetzte.

Vom Blickwinkel eines mit Welleneigenschaften vertrauten Physikers war diese Demonstration wegen der fast perfekten Wellenform faszinierend.
Jeder schien zu wissen, wann genau er aufzustehen und zu applaudieren hatte. Am Ende waren alle erheitert und begeistert. Völlig Fremde waren plötzlich verbunden durch die Energie, die durch sie floß.

Diese Gruppenerlebnisse entsprechen der in Kapitel 7 besprochenen Gaia-Hypothese. Der ganze Planet könnte ein Superorganismus sein, in dem Menschen wie Zellen bewußt und unbewußt zusammenarbeiten und wetteifern.

Diese Analoge verbindet uns enger mit der Erde als der Gedanke, daß wir wie Flöhe auf einem Elefanten herumspringen und erstaunt bemerken, daß der Elefant lebt.
In seinem wohlgeschriebenen Buch *The Global Brain* legt Peter Russell nahe, daß wir bald einen evolutionären Sprung in das planetare Bewußtsein wagen werden.

Vorahnung

In *The Iceland Papers* beschreibt der französische Physiker Costa de Beauregard, daß die Quantentheorie eine zeitliche Symmetrie enthält, die Vorahnungen ermöglicht, nämlich die Fähigkeit, die Zukunft vorauszusehen. Diese seltsame Eigenschaft ist psychisch talentierten Menschen gut bekannt, und es gibt eine Anzahl spektakulärer Fälle, die gut dokumentiert sind.

Einer dieser Fallberichte kommt vom Parapsychologen Jule Eisenbud. Bei einem Interview im Jahre 1972 diskutierte Eisenbud mit Richard Grossinger die vorgebliche Fähigkeit des holländischen Sehers Bernard Croisset, Ereignisse vorauszusagen. Eisenbud berichtete: "Croisset kann (die Zukunft) auf sehr spezifische und erstaunliche Weise vorhersagen und tut das schon seit über zwanzig Jahren mit seinen außerordentlichen Versuchen. Er notiert sich Aussagen über Menschen, die in an einem genau bestimmten Datum zwei oder drei Wochen einen Raum füllen werden. Und seine Aussagen sind innerhalb bestimmter Grenzen über die normalen zufälligen Erwartungen hinaus zutreffend. Zum Beispiel sagte er am 6. Januar bei einem Experiment in Holland voraus: Der Mann, der das Ticket (mit einer willkürlichen, vom System vorgegebenen Nummer) hat, wird 1,81 m groß sein, sowohl in der Wissenschaft als auch in der Industrie arbeiten, einen Goldzahn im Unterkiefer und eine Markierung oder eine Narbe an der großen Zehe und etwas mit Roulette zu tun haben, in einem Haus wohnen, in dem jemand einen Plattenspieler unerträglich laut spielt und so weiter - etwa eines halbes Dutzend Aussagen, die sich alle als richtig herausstellten. Der Mann kommt eines Abend; er hatte noch nie etwas von Croisset gehört; er war Physiker und arbeitet bei Dow Chemical, einem Konzern sowohl in der Wissenschaft als auch in der Industrie; er war 1,82 m groß und der einzige Physiker in einer Abteilung mit 11 Physikern, der einen Goldzahn im Unterkiefer und wegen einer verpfuschten Operationen eines eingewachsenen Zehennagels eine Stahlplatte an einer Zehe hat. Dies ist am 23. Januar, und Croisset gab diese Beschreibung am 6. Der Mann zeichnete am 19. Januar ein Bild der intraatomischen Kräfte in sein Notizbuch, das einem Rouletterad ähnlich sah. Dann kommt eine Verwandlung von Passiv zu Aktiv: Wenn niemand zu Haus ist, spielt er Schallplatten zu laut und dauernd, denn sein Hobby ist Dudelsackmusik, was die Nachbarn wahnsinnig macht ... Für mich bedeutet Croissets Fähigkeit, einfach über die Zeit hinwegzusehen als gäbe es keine Schranke, einen so wesentlichen metaphysischen und philosophischen Durchbruch, durch den alles in Wartestellung gesetzt wird, bis man es versteht. Alles andere wird fast trivial, bis man versteht, wodurch jemand eine solche Fähigkeit besitzt. Die Arbeit der Physik stoppt hier, denn die Physik ist in ihrer gegenwärtigen Form am Ende...

"Ich habe hierzu eine Theorie. Ich glaube nämlich nicht, daß Croisset die Zukunft voraussagt, vielmehr, daß er sie schafft. Er zeichnet seine Leute, er hält in der Gesellschaft nach Leuten mit bestimmten Eigenschaften Ausschau und zieht sie zu sich, und er steuert das Kartenmischen; es gibt nämlich so etwas wie ein psychisches Kartenspiel..."

Channeling

Channeling ist unter den verschiedensten Namen in fast allen Kulturen und zu allen Zeiten bekannt und erlebt jetzt einen Aufschwung. Es setzt die Aufgeschlossenheit einer Person für die Kommunikation von einer Einheit oder Wesen paranormalen Ursprungs voraus. Jon Klimo, eine führende Autorität des Phänomens und der Autor von *Channeling: Investigations on Receiving Information from Paranormal Sources*, schreibt: "Channeling ist die Übertragung von Informationen an oder durch einen Menschen von einer Quelle, die auf einer anderen Ebene oder Dimension der Realitität als der uns bekannten existiert und die sich vom normalen Geist (oder Selbst) des Mediums unterscheidet." Diese Channeling-Präsenzen von Wesen sind sich häufig der Vergangenheit und Zukunft bewußt sowie Stätten im Weltall jenseits der Erde und sogar Dimensionen, die uns überlegen sind. Ich habe mehrere Medien konsultiert und war beeindruckt von den Dingen, die sie mir über mich und über meine Zukunft sagen konnten, die sie unmöglich mit normalen Mitteln wissen konnten. Obwohl nichts davon 100% richtig war, hatten die besten mehr als halb recht. Besonders eindrucksvoll war ihr Wissen über spezifische Umstände in meinem Leben. Die unsichtbare Quelle zum Beispiel, die durch das Medium sprach, ließ sich vergnügt über mein großes Interesse an internationalen Missionen zum Mars aus sowie über etliche Aspekte einer persönlichen Beziehung. Das Medium konnte nichts über mich wissen, da ich als Fremder zur Konsultation gegangen war.

Erlebnisse außerhalb des Körpers

Eine der umfassendsten Beschreibungen von Erlebnissen außerhalb des Körpers (OBE) ist das Buch des Geschäftsmannes Robert Monroe aus Virginia *Journeys Out of the Body*. Um seine Erfahrungen zu verstehen und anderen bei ähnlichen Erlebnissen zu helfen, schrieb er dieses Buch und gründete später ein Institut zum Studieren und Lehren dieses seltsamen Phänomens. Er entwickelte Tonbänder über die Synchronisation der Gehirnhälften, die einen veränderten Bewußtseinsstatus für die solche Erlebnisse anregen sollen. Besucher des Monroe Instituts bekommen die Gelegenheit, zu fühlen, wie sich ihr Bewußtsein erhebt und aus ihrem Körper, in andere Räume und sogar entfernte Städte schwebt.

Die Forschung hat noch nicht festgelegt, ob OBE ein paranormales Ereignis ist, bei dem ein "zweiter Körper" oder eine "astrale Projektion", die sich vom Körper trennt, eine Rolle spielt, oder ob es eine Form von ESP oder eine Manifestation eines veränderten Bewußtseins ist, das die Vorstellungskraft anregt. Der Parapsychologe Charles Tart folgert in der Einleitung zu Monroes Buch aufgrund von Einsichten aus seiner eigenen Forschung in OBE, daß OBEs den verschiedensten Kulturen und Zeiten verbreitet sind und im allgemeinen nur einmal im Leben auftreten. Sie sind gewöhnlich eines der tiefsten und freudevollsten Ereignisse im Leben eines Menschen. "Die Beschreibung von dem, was sich an einem entfernten Ort abspielt, ist korrekt und genauer als es ein zufälliges Aufeinandertreffen erklären könnte ... Um zu einer Erklärung zu kommen, müssen wir entweder ein "halluzinatorisches" Erlebnis zusammen mit Vorahnungen annehmen oder verdeutlichen, daß die betreffende Person in einer Beziehung wirklich 'dort' war. Dann wird das außerkörperliche Erlebnis in der Tat sehr wirklichkeitsnah."

Todesähnliche Erlebnisse

Menschen, die beinahe gestorben sind und wiederbelebt wurden, berichten von Erlebnissen, die denen außerhalb des Körpers ähneln. Viele Bücher beschreiben die paranormalen Ereignisse, die den Tod oder den Fasttod umgeben. Zu diesen Ereignissen gehört des Gefühl des Friedens und Wohlbefindens, die Trennung vom Körper, Eintritt in die Dunkelheit oder in einen Tunnel, Sehen eines hellen Lichtes und Eintreten in dieses Licht, und danach eine Anzahl von Möglichkeiten, wie das Leben im Rückblick, das Treffen mit den geliebten Verstorbenen, und der Entschluß, zurückzukehren und weiter zu leben (gewöhnlich mit geringerer Todesangst und erhöhter Lebenslust). Die einzige Ausnahme ist die Wiederbelebnung von Selbstmördern, die eine Art von Hölle beschreiben, was wiederum den tibetanischen Glauben zu bestätigen scheint, daß wir sogar nach dem Tod unsere eigene Realität zu schaffen. Daher ist der Gemütszustand beim Sterben wichtig. Nach einer Gallup-Umfrage aus dem Jahre 1982 haben 8 Millionen Amerikaner todesähnliche Erlebnisse gehabt.

Als mir dieses Phänomen noch unbekannt war, durchging ich ein derartiges Erlebnis. Im März 1982 fuhr ich allein von New York nach Boston. Es hatte geregnet, eine Kaltfront drohte, und die Straße wurde plötzlich glatt. Bei einer Geschwindigkeit von 80 Stundenkilometern geriet der Wagen ins Schleudern, überschlug sich mehrmals und krachte gegen und über das Geländer in einen tiefen Graben. Das Wrack war wie ein Akkordeon, in dem nur Platz für meinen Körper übrig war.

Ich überlebte den Unfall völlig unversehrt. Ein Versicherungsagent für Kraftfahrzeuge hatte den Unfall gesehen und rannte zu meinem Wagen in der Erwartung, einen oder mehr Tote zu finden. Er war überrascht, mich intakt zu sehen und fragte ungläubig: "Sind Sie unverletzt?"

"Ja", sagte ich und entfernte mich vom zertrümmerten Fahrzeug.

Ich fühlte mich euphorisch, aber in Schock. Ich wußte, daß mich alle Gefühle verließen, als der Wagen außer Kontrolle geriet. Ich hörte dumpfe Aufschläge und meinte, frei über der Unfallstelle und in endlosem Zeitlupentempo zu schweben. Ich sah Dunkelheit, dann auftauchende Lichter und empfand danach eine überwältigende friedliche Stille.

Der Unfallbericht enthielt die Geschichte meines unglaublichen Überlebens. Es erstaunt mich noch jetzt, daß ich ohne

Verletzungen davongekommen war. Aber das Erlebnis diente einem wichtigen Zweck: Ich begann mein Leben zu ändern und die neue Realität schrittweise zu akzeptieren. Ich fühlte, daß ich eine Umwelt benötigte, die die Entwicklung meiner inneren Welt nährte und unterstützte. Im nächsten Monat kaufte ich einen gebrauchten Ford, packte meine Besitztümer und zog nach Kalifornien. Der Unfall und das Erlebnis der Todesnähe hatte mich aufgerüttelt und den Gedanken an einen Umzug gefördert. Es schien, als hätte ich einen Schutzengel, der mich auf diesem Planeten behalten wollte - zumindest noch eine Weile.

Regression unter Hypnose, frühere Leben und Reinkarnation

Als ich im Frühjahr 1982 in Kalifornien ankam, fühlte ich die Notwendigkeit, mehr über Tod und Überleben zu erfahren, und so begann ich eine Reihe metaphysischer Abenteuer, die weit über das hinausgingen, was ich mir vorgestellt hatte. Ich erlebte sogar Regressionen in angeblich frühere Leben unter Hypnose.

Mein erstes Erlebnis unter Hypnose war ein Todesurteil in einer Gefängniszelle in einem Gebäude, das mir wie im Vatikan erschien. Ich mußte etwas verübt haben, was die Kirche nicht billigte. Ich wußte, dieses Urteil beschloß mein Schicksal. Als mich der Hypnotiseur fragte, wie ich starb, sah ich mich auf einem Scheiterhaufen im Hof und wurde gesteinigt und verbrannt. Das Erlebnis war traumatisch, denn ich verließ meinen Körper und schwebte über dem Hof und beobachtete die Hinrichtung von oben. Diese Bilder wurden ungewollt heraufbeschworen, bevor ich etwas von Erlebnissen außerhalb des Körpers oder von Erinnerungen an frühere Leben und deren des Traumata wußte.

Ich frage mich, ob dies eine Erinnerung an ein früheres Leben war oder ein Traum oder gar Fantasie. War die Tatsache, daß ich in diesem Leben katholisch erzogen worden war, in einem

Traum sublimiert? Oder war es Schuldgefühl, weil ich als Kind negative Gedanken hegte und weil ich als Erwachsener einen fast überwältigen Drang verspürte, alle Menschen von der politischen, religiösen und wissenschaftlichen Orthodoxie transformiert zu sehen? Handelte es sich hierbei um eine Fortsetzung eines unbefriedigenden Denouements in einem früheren Leben?

Die anregendsten Belege für die Reinkarnation sind in den Forschungen von Dr. Ian Stevenson an der Universität von Virginia zu finden. Durch Interviews mit Kindern unter sechs Jahren deckte Stevenson lebendige Erinnerungen an frühere Leben auf. Seine Untersuchungen in über 1600 Fällen in vielen Ländern waren sorgfältig überwacht, um Betrug, mit ESP zu erklärende Erinnerungen oder Besessenheit auszuschließen. Er fand, daß in vielen Fällen zumindest einige Aspekte der Persönlichkeit den toten Körper verlassen und später in einen neuen Körper eingehen, normalerweise innerhalb weniger Jahre. Seine Resultate legen nahe, daß sich der Geist die Eltern für das nächste Leben aussucht.

Es ermutigte mich, daß wir eine wissenschaftliche Basis für das Überleben nach dem Tod, für Recycling zurück auf diesem Planeten hatten; dennoch fühlte ich ein nagendes Unbehagen. Ich konnte die vielen Jahre, die ich in die katholische Doktrin oder in die reduktionistische Naturwissenschaft investiert hatte, nicht ohne weiteres fahren lassen. Ich brauchte neue innere Erlebnisse, die allen Zweifel stillen würden und benahm mich wie ein Kind, das am Weihnachtsmann festhält, einem sterilen Weihnachtsmann ohne Geschenke, den sich Erwachsene schaffen, um sich die Illusion ihrer Macht zu vermitteln. Ich zog noch immer die triviale Kontrolle über unwesentliche experimentelle wissenschaftliche Resultate dem herzerwärmenden Mangel an Kontrolle in einem riesigen Weltall vor.

Experiment

Einmal machte ich mich zu einer psychischen Entdekkungsreise in die Möglichkeit anderer Dimensionen der menschlichen Erfahrungswelt auf. Ich wußte nicht genau, was dabei geschehen wurde, denn ich mißbillige Drogenmißbrauch und war über dessen Gefahren aufgeklärt. Unter der Aufsicht eines Arztes bekam ich eine bewußtseinsverändernde Droge namens Ketamin. Ich wollte meine Erlebnisse nicht durch Erwartungen oder Wunschdenken mit Verurteilen belasten. Was ich wußte, war, daß Ketamin manchmal als Narkosemittel für Katzen benutzt wurde. Es führt etwa zwanzig bis vierzig Minuten Bewußtlosigkeit herbei und ist nicht psychoaktiv wie LSD. Meine wissenschaftliche und mystische Neugierde über die Grenzen und die Eigenschaften meiner inneren Welt trieb mich zu diesem Experiment. Der bekannte Delphinforscher und eigenbrötlerische Wissenschaftler John Lilly benutzte das Medikament häufig, um sein eigenes Bewußtsein und andere Dimensionen der Realität zu erforschen, in die ihn dieser veränderte Status einzutreten gestattet. Ich wurde ärztlich überwacht und erhielt die Versicherung, daß das Experiment gefahrlos war.

Als ich das Bewußtsein verlor, war ich mir nur meines Gaumens bewußt, dann empfand ich Angst vor den Nachwirkungen der Droge. Werde ich heil aufwachen? Bin ich tot? Ist dies ein spiritueller Selbstmord? Ich wiederholte den Namen des mich überwachenden Arztes wie ein Echo. Dann begann ich Territorien zu erforschen, von denen ich zuvor nichts wußte.

Die nächsten Eindrücke überraschten mich zutiefst. Ich sah mich selbst nicht als Mensch, sondern als ein Wesen, das sich schnell durch eine dreidimensionale Gobelin mit den tiefsten Farben und Texturen bewegte, die ich je gesehen hatte. Hätte Disney Productions ein Milliardenbudget, wäre selbst dann die

Erfahrung unnachahmlich. Geometrische Formen, Berge und Täler, transformierende Gebilde und Halbwesen schwebten an mir vorbei. Ich war dabei in der Lage, das Gesehene zu erweitern und meine eigene Zoombewegung zu machen und Bilder willkürlich zu verwandeln.

Meine Gedanken sind schwer nachvollziehbar, aber einer davon spiegelte mir vor, daß ich tot war, ich aber diese Art von Tod akzeptabel fand. Ich spürte, daß das Leben auf der Erde nur ein kleiner Teil meiner Gesamtrealität war. Ich betrachtete meine weltlichen Probleme wie Geld, Karriere und Beziehungen mit wohlwollendem Abstand und Weitsicht. Meine Probleme und sogar die Aussichten für den Rest meines Lebens schrumpften zu winzigen Proportionen. Ich fühlte mich eins mit etwas viel Größerem aber Unbeschreiblichem. Die einzige Metapher im physischen Bereich für das Verständnis meiner Reise war die Enormität des Weltalls, die ich noch als Astronom und Astronaut sah. Unsere Milchstraße enthält einhundert Milliarden Sterne, und mit unseren Teleskopen können wir noch Milliarden mehr Galaxien einsehen. Wir Erdenbürger sind in diesem gigantischen Ausmaß der inneren und äußeren Welten völlig unbedeutend; unsere Bedeutung muß wohl in unserer Fähigkeit liegen, ihre Komplexität und feingestimmte Struktur zu beobachten und zu überdenken.

Bei meinen von der Droge herbeigeführten Erlebnissen war ich überrascht, daß ich irgendwie zu vielem, was passierte, eine intime Beziehung zu haben schien. Die satten, farbenfrohen Bilder waren erstaunlich menschlich in der Beziehung, daß ich sie sehen, mich dran erinnern, sie erleben und beschreiben kann.

Sie verhielten sich nicht esoterisch oder unantastbar sondern wirklichkeitsnah. Während des Erlebnissen waren das einzige irdische Geräusch Hundegebell und das Gefühl meines Gaumens. Diese greifbaren Hinweise wirkten wie ein kleiner Anker der Wirklichkeit und gaben mir Zeichen, daß ich mich noch auf diesem Planeten befand. Wäre das Gebäude, in dem ich lag, in Flammen aufgegangen, hätte ich mich vermutlich nicht gerührt, so entrückt war ich von der irdischen Dimension entrückt.

Vermutlich ist niemand stärker mit Ketamin verbunden als John Lilly, der darüber in seiner aufschlußreichen Autobiographie *The Scientist* berichtete. Lilly hat Ketamin häufig genommen, und er gibt zu, daß es gelegentlich seine Gesundheit beeinträchtigte und seine Verbindung löste mit dem, was er die Konsensrealität auf der Erde nannte. Er hatte viele dieser Erlebnisse in einem Isolationbunker ohne Schwerkraft, Licht und Geräusch.

Er erzählt von leuchtenden Geschöpfen, die sich auf einem seltsamen lila Planeten bewegen und versuchen, ihm Gedanken zu senden. Er nennt diese Erlebnisse "außerirdiche Realität" und die sich rapide bewegenden Farben, die ihm zuerst auffielen, "die innere Realität". Mit meiner bescheidenen Dosis stand ich offensichlich dazwischen. Es ist möglich, daß allein das Einführen eines veränderten Bewußtseins die innere Welt öffnen und ungewöhnlich reale Erfahrungen von willkürlichen Bewegungen durch Raum, Zeit und andere Dimensionen ermöglicht, genau wie unsere angeblichen UFO-Besucher auf diese Weise in der äußeren Welt funktionsfähig zu sein scheinen. Es liegt nahe, daß Reisen in den Weltraum einfacher werden, wenn wir gelernt haben, wie die entferntesten Stellen im Weltall durch die innere Welt zugänglich sind.

Lillys Reisen führten ihn noch weiter. Mit höheren Ketamindosen fand er eine Schwelle, nach der das "Ich" verschwand. Er sah sich selbst ein Netz der Schöpfung anzapfen, einen Geist, der mit der Schöpfung des Universums verschmilzt. Und bei noch höher Dosis fand er sich am Eingang einer unbeschreiblichen Leere, die er das Unbekannte nannte.

Diese Entdeckungsreise ist mit einem Absturz in schwarzes Loch vergleichbar oder vielleicht mit einer Rückkehr in die hypothetische primordiale Masse der Schöpfung vor dem Urknall. Diese sind Räume und Zeiten, in denen Raum und Zeit nicht mehr so existieren, wie wir sie kennen, sondern nur ein gewandelter Gesetzeskörper der Physik jenseits allen Verständnisses. Ist Lilly in dieses verbotene Reich eingedrungen? Vielleicht. Sollten wir es alle versuchen? Vielleicht. Man könnte denken, daß Astronomie, Astrophysik und verwandte Naturwissenschaften schützende Scheinanlagen sind, die uns aus dem "wirklichen" All heraushalten, bis wir reif dafür sind.

Dämone, Geisterbesessenheit, Geister und psychische Manipulation

Vor einigen Jahren lag ich während einer Depressionsphase unbekleidet allein im Bett. Ich erging mich in meiner Verzweiflung. Dann sah ich plötzlich einen unbekannten Mann auf dem Dach vor meinem Fenster, der mich beschimpfte und auslachte. Ich wohnte seit zwei Jahren hier und hatte noch nie jemanden auf dem Dach gesehen. Es war ohne Leiter unzugänglich. Ich habe keine weiteren Erinnerungen an dieses Vorkommnis, dessen Dunkelheit ich zu vergessen suchte. Ich wurde wortwörtlich ohne Hosen in tiefstem Bewußtsein ertappt, wobei die Erscheinung möglicherweise die Wirkungen der von mir ausgehenden negativen Energie verkörperte. War das ein Dämon, den ich mir selbst geschaffen hatte?

Ich nahm einmal an einer Seance mit Tischrücken mit einem Medium teil, das angeblich tote Geister anrief, die böse oder verstört waren. Das Erlebnis schien die Energie der Teilnehmer zu verzehren. Ich war danach so müde, daß ich zehn Stunden schlief und am nächsten Morgen einen wichtigen Geschäftstermin versäumte.

Die Besessenheit von Menschen durch Geister wurde in der gesamte Geschichte vielfach berichtet. Eine Theorie von Besessenheit besagt, daß die "Geister" oder "Seelen" der Toten (die meist plötzlich oder tragisch starben) verwirrt sind und statt zum "Licht", einem höheren Stadium des Bewußtseins, aufzusteigen, klammern sie sich an spirituell ungeschützte Lebende auf der Erde. Das kann zum Beispiel bei einem Betrunkenen oder Bewußtlosen unter Narkose geschehen. Er wird dann besessen, und seine Energie wird ausgelaugt. Seit Jahrhunderten benutzen katholische Priester, tibetanische Schamanen und andere den Exorzismus, um diese anhafteten Geister auszutreiben. Die Verfahren wurden durch Psychiater und Psychologen modernisiert, die ihre Patienten hypnotisieren und die Geister "überreden", den Besessenen loszulassen. Das mag wie Science-Fiction klingen; jedoch kann die Heilung mit dieser Prozedur dramatisch und unmittelbar eintreten. Im Buch *The Unquiet Dead* von Edith Fiore und in verschiedenen Vorlesungen bei der internationalen Konferenz für paranormale Forschung an der Colorado Staatsuniversität im Juni 1989 wurde unter anderen auch die Behandlung von Geisterbesessenheit besprochen.

Die Filmindustrie und die Populärpresse haben Zusammentreffen mit Geistern, Dämonen und Poltergeistern, Entführungen durch UFOs und andere mysteriöse Ereignisse gewinnbringend ausgebeutet. Diese sensationellen Beispiele und die häufigeren Vorfälle von psychischer Manipulation der entkörperten Geister und der vorgeblichen Heilkundigen geben uns ausreichende Warnung, daß nicht alle unsere Erkundungen der inneren Welt mit euphorischer Ehrfurcht oder einem Durchbruch zu höherem Bewußtsein verbunden sind.

Ich kenne Leute, die sich als Heilkundige ausgeben, aber die dunkle Seite repräsentieren. Ohne die Identität der Erwähnten preiszugeben, kann ich allgemein sagen, daß ich ein System in ihren Aktivitäten erkennen kann. Zuerst bauen sie das Selbstbewußtsein des Leidenden auf, damit er sich für jemand ganz Besonderen hält. Dann drängen sie ihn, an verschiedenen Heilungen, Behandlungen mit geschlossenen Augen und Arbeitssitzungen unter ihrer charismatischen Führung teilzunehmen, wobei sie ihre psychischen Einsichten und ihre Macht demonstrieren. Wenn dann der Leidende unter ihren Einfluß gebracht wurde, erscheinen sie als selbsternannte Gurus, die ihn überzeugen, die Richtung seines Leben zu ändern (wie Karriere und persönliche Verhältnisse). Diese Art von psychischer Manipulation kann zu Anfang subtil erfolgen, sich aber später als verheerend für einen Gutgläubigen herausstellen. Ich glaube, ein solches manipulatives Vorgehen ist eine Machtausübung vergleichbar mit der eines Diktators, der seine Autorität durchzudrücken beginnt. Vertreter einer jeden Realität, ob alt oder neu, können in ihren Reihen sowohl Erleuchtete als auch Scharlatane haben.

Viele Gruppen, wie die fundamentalistischen christlichen Kirchen, sind sich der Gefahren der psychischen Einflußnahme durch okkulte Quellen wohl bewußt, und sie warnen ihre Anhänger, diese Dinge zu vermeiden. Sie haben sicherlich recht; die mächtigen Einflüsse von Kults haben sich in Fällen wie der Symbionesischen Freiheitsarmee oder der Kommune von Jim Jones in Guyana enthüllt. Das Problem ist, daß viele dieser Kirchengemeinden ihre Kritik zu weit treiben, und dabei alle paranornalen und metaphysischen Betrachtungsweisen ausschließen. In dieser Beziehung verhalten sie sich wie die traditionellen Naturwissenschaftler, die alle Aspekte der neuen Realität zurückweisen. Der Hauptunterschied zwischen Evangelisten und Wissenschaftlern ist, daß die ersteren den sehr realen Einfluß des Okkulten und die letzteren eine antirationale Zerstörung ihrer vertrauten Modelle fürchten. Beide Gruppen scheinen sich in der leidenschaftlichen Hoffnung zu wiegen, daß die neue Realität verschwinden wird, was zahlreiche Artikel und Bücher von konservativen Kirchenleuten und wissenschaftlichen Skeptikern bezeugen.

Suche nach einem neuen psychologischen Modell

Der breite Bereich des Paranormalen erfordert zum Verständnis eine Art Notfallkonzept in der Form einer neuen Psychologie. Was ist der menschliche Geist (einschließlich holografischer und energetischer Aspekte) und wie funktioniert er? Überlebt er den Tod? Wir müssen die alten reduktionistischen Modelle aufgeben, die besagen, daß unsere Denkfähigkeit in einem computerartigen Gehirn sitzt, das unsere separaten Körper als Kontrollzentrum mit spezialisierten modularen Einheiten steuert, als wären wir Roboter. Jede Modellbildung für die neue Psychologie muß betrachten, auf welche Weise unser Geist mit anderen und mit den Realitäten der physischen und nicht-physischen Reiche, die die Forschung zutage gefördert hat, verbunden ist. Ein solches Denkmodell muß sich auch mit unserer Unsterblichkeit auseinandersetzen oder zumindest mit der Möglichkeit, daß unser Bewußtsein separat von unseren physischen Körpern funktionieren kann. Es ist die Aufgabe der Psychologen, sich mit dem Geist zu beschäftigen, und sie müssen betrachten, was die Mystiker und die neuen Wissenschaftler zu sagen haben und gleichzeitig von ihren alten simplistischen Modellen und Metaphern über Perzeption und Lernen Anstand nehmen.

Wir wissen, daß unser Verstand die Materie zu beeinflussen scheint; das legt nahe, daß wir die Hierarchie der Wissenschaften umkehren sollten. Statt uns auf die Physik zu verlassen, die die endgültige Eigenschaften unseres Universums zu definieren sucht, müssen wir erst die spirituellen, holostischen und geistigen Bereiche betrachten, dann Biologie, Chemie, schließlich Physik.

Dieses neue Primat des Verstandes über Masse, des Geistes über Materie wurde "Kausation nach unten" vom Nobelpreisträger Roger Sperry und vom futuristischen Wissenschaftler Willis Harman genannt. Anders ausgedrückt, reicht es nicht länger aus, durch Betrachten des Verhaltens der kleinsten Partikel zu verstehen, wie die Dinge funktionieren. Wenn sich diese Partikel zusammentun, und eine größere Realität als die Summe ihrer Teile zu bilden (Atome, Moleküle, Zelle, Menschen, Planeten, Welten usw.), dann nimmt das System einzigartige Eigenschaften an. "Das Konzept der physischen Realität", sagte Sperry, "und die Sorte von Kosmologie, die die Naturwissenschaft in zwei sich widerstehenden Betrachtungsweisen propagiert, unterscheiden sich enorm, besonders in Bezug auf ihre psychologischen und humanistischen Implikationen."

Hologramme und Wellen mit extrem niedriger Frequenz

Ein Modell des Verstandes und des Geistes, das befriedigende experimentelle Resultate erbringt, ist das Hologramm. Es wurde zuerst vom Neurowissenschaftler Karl Pribram in Stanford vorgeschlagen, der das Gehirn als einen Prozessor von Frequenzen betrachtet statt von Bildern. Jeder Teil des Gehirns enthält Informationen über das Ganze statt spezialisierter Fragmente. "Unser Gehirn konstruiert 'konkrete Realitäten' auf mathematische Weise", sagte die Schriftstellerin Marilyn Ferguson, "indem es Frequenzen unserer neuen Dimensionen, eines Reiches des Bedeutungsvollen und der strukturierten primären Realität, die Zeit und Raum überwindet, interpretiert. Das Gehirn ist ein Hologramm, das ein holographisches Universum interpretiert.

"Das holographische Modell löst das langdauernde Rätsel der [psychischen Phänomene]: die Unfähigkeit des Instrumentariums, den scheinbaren Kräftetransfer in der Telepathie, beim Heilen, oder beim Hellsehen nachzuvollziehen. Wenn diese Ereignisse in einer Dimension jenseits von Zeit und Raum geschehen, dann besteht keine Notwendigkeit für die Kräfte, von hier nach dort zu reisen. Wie ein Forscher es ausdrückte: 'Es gibt kein *Dort*.'"

Der Maler Willem de Kooning malte weiterhin meisterhafte Bilder, obwohl er an der Alzheimerkrankheit litt und seine Freunde und Familienmitglieder nicht mehr erkannte. Wer malt also?

Dieses Modell entspricht der Version der neuen Physik des theoretischen Physikers David Bohm an der Universität von London. "Relativität," schrieb er, "und besonders die Quantenmechanik haben ausdrücklich dargestellt (aber nicht bewiesen), daß die Welt nicht in separat und unabhängig existierende Teile analysiert werden kann. Darüber hinaus ist jeder Teil mit allen anderen verknüpft, er enthält und umfaßt sie. Daraus geht hervor, daß die Sphäre des normalen materiellen Lebens und die Sphäre der mystischen Erfahrung eine bestimmte gemeinsame Ordnung haben, woraus ein fruchtbares Verhältnis zwischen ihnen entsteht."

So interessant wie dieses Modell sich auf unsere neue Ansicht der Wissenschaft zu beziehen scheint, betonen mehrere führende Denker wie der Pionier der transpersonalen Psychologie, Ken Wilbur, und auch Willis Harman, daß die Substanz unserer sich entwickelnden neuen Wissenschaft das Hologramm transzendieren muß. Ein Hologramm ist statisch, aber das Bewußtsein ist dynamisch und aktiv. Bewußtsein läßt sich vermutlich besser als eine Ursache beschreiben und diese Ursache schafft das Hologramm, statt eines zu sein.

Ein zweites Modell zur Erklärung des Paranormalen betrifft Wellen mit extrem niedrige Frequenz (ELF) von schwachen Magnetfeldern, die sich anscheinend selbst organisieren und auf einer Unterquantenebene funktionieren. Der amerikanische Arzt Andrija Puharich schlägt vor, diese Wellen als eine fünfte Naturkraft zu betrachten, getrennt von elektromagnetischen Wellen, was dann die gesamten paranormalen und heilkundigen Phänomene erklären würde. Im Gegensatz zu elektromagnetischen Wellen schwächen sich diese nicht im Verhältnis zur Entfernung ab. Puharich erklärt, daß diese Wellen alle Stoffe durchdringen außer dem DNA-Molekül, das dann durch Aussenden von Wellen mit bestimmter Frequenz transmutiert werden kann wie bei einer psychischen Heilung. Eine Frequenz von acht Zyklen pro Sekunde (acht Hertz) kann eine Heilwirkung zur Folge haben, während eine Frequenz von 7 Hertz zerstörerisch wirkt. Puharich mißt diese Frequenzen mit den elektroenzephalografischen (EEG) Gehirnwellen- Frequenzwellenmodulationssendungen und ELF-Detektoren im Zusammenhang mit der Transformation, die von Heilkundigen wie dem brasilianischen Chirurgen Arigo und Metallbiegern wie Uri Geller verursacht werden. Er bedauert den "psychischen Krieg" um ELF, der sich scheinbar insgeheim zwischen den Vereinigten Staaten und der Sowjetunion abgespielt hat, um die Psychen der Bürger der gegnerischen Nation "auszulöschen".

Der Physiker Bob Beck studiert die Gehirnwellen von Heilkundigen an verschiedenen Standorten der Welt und fand, daß alle Wellen von sieben bis acht Hertz ausstrahlen, wenn die Heilenden im Trance sind; dabei spielt ihre kulturellen Herkunft oder Heilmethodik keine Rolle. Er fand es interessant, daß diese Wellen mit den beobachteten Schumann-Wellen der Erde frequenz- und phasensynchronisiert sind -- Oszillationen in den magnetischen und elektrischen Feldern der Erde. Diese Messungen brachten John Zimmerman, den Gründer des "Bio-Electromagnetics Institute" in Boulder, Colorado, dazu, die Theorie aufzustellen, das Heilkundige sich in die Schumann-Wellen der Erde "einschalten" und "Kohärenz" mit den eigenen Gehirnwellen und biomagnetischen Feldern erreichen, die wiederum den Gehirnwellen des Patienten entsprechen. Diese Theorie könnte im Weltraum getestet werden, jenseits der Wirkungen der Schumann-Wellen der Erde, um zu prüfen, ob die Heilungen noch wirksam sind. Vielleicht haben wir es hier wieder mit den Wechselwirkungen zwischen Mensch und den Erdenergien zu tun. Wenn Puharich, Beck und Zimmerman recht haben, sind wir dabei, ein mächtiges und wirksames Werkzeug zu entdecken, das alle Wissenschaften revolutionieren könnte.

Modelle anderer Realitäten

Aber irgendwann werden wir mehr als nur Hologramme und psychische Wellen anwenden müssen, wenn wir neue Realität erklären wollen. Sollten wir das Leben tatsächlich überleben und reinkarnieren, müssen wir auch die mögliche Existenz anderer Reiche unseres Seins über das Physische hinaus betrachten. Bestehende Modelle aus uralten mystischen Traditionen, die Lehre zeitgenössischer spiritueller Führer wie John-Roger, der Channeling-Prozeß, Kontakte mit scheinbar außerirdischen Wesen und die wachsende Forschnungsliteratur (wie zum Beispiel von Maurice Albertson und Kenneth Freeman), die das Paranormale ernsthaft betrachtet, müssen mit einbezogen werden.

Nach Aussage der Astronauten in die innere Welt sind einige dieser Welten nicht physisch erfaßbar und bleiben deshalb meist unerkannt. Das nächsthöhere Reich über dem physischen wird manchmal das astrale genannt und ist uns in der Form unserer Vorstellungskraft, der außerkörperlichen Erlebnissen und der Befreiung aus unseren Körpern in Träumen und vielleicht auch nach dem Tod zugänglich. Noch höher darüber sollen die kausalen und mentalen Ebenen liegen, die uns durch Ursache und Wirkung unserer Lehren weiterführen und die Grundlage erstellen, als eine geistige Einheit zusammenzuwirken. Ein weiteres Reich über dem astralen, kausalen und mentalen oder zwischen dem physischen und astralen wurde als ätherische Ebene identifiziert, die eine riesige Leere zu sein scheint, das Unbekannte der unbewußten Kräfte, die uns manchmal auf geheimnisvolle Weise treiben. Auf dieser Ebene scheint der Zauber der paranormalen Ereignisse statttzufinden, im Reich der Meister des Fernen Ostens. Und ganz über liegt das Reich der Seele, eine Ebene der Seelenevolution, die keiner Reinkarnation mehr bedarf und eine ekstatische Vereinigung mit dem Universum beinhaltet.

Der Astronaut in der inneren Welt

Bei meinen vielen paranormalen Erlebnissen oder bei meinen Erinnerungen an frühere Leben und andere Reiche habe ich sicherlich viele Gelegenheiten versäumt -- wegen der Begrenzung durch die fünf Sinne, meiner eigenen Skeptik, meinem mißbilligenden Verstand, der menschlichen Sprache und wegen all der Dinge, die uns in unserem Alltag gefangenhalten. Wir wissen, daß sich die skeptischen Wissenschaftler gegen weltliche Erklärungen des Paranormalen wappnen, um ihr professionelles Denkmodell zu beschützen. Daher erkennen sie nichts Neues an. Aber unser Geist erwartet eine Transformation zur Fähigkeit, immer mehr paranormale Erlebnisse zu haben, uns zu unserem vollsten Potential zu öffnen und sie als einen integralen Teil unserer Realität aufzunehmen.

Wenn wir uns weigern, wird uns die größere Realität aufgezwungen oder zumindest einigen von uns. Dies hat sich immer dann bewahrheitet, wenn ich mein tiefstes und mein höchstes

Bewußtsein hatte. Bis jetzt kann ich das Paranormale noch nicht willkürlich aufrufen. Und das ist normal. Paranormale Begegnungen kommen spontan auf uns zu, ob es sich um UFOs, todesähnliche Erlebnisse oder das in Fatima von vielen Menschen beobachtete Drehen der Sonne handelt. Manche Menschen sind Ausnahmen bei dieser Art von Spontäneität. So scheint zum Beispiel das Paranormale regelmäßig in Erscheinung zu treten, wenn die Kinder von Medjugorje in Jugoslawien mit einer Königin des Friedens aus einer anderen Dimension sprechen, die dringende Botschaften für die Menschheit bringt, wenn ein Meister sich wiederholt materialisiert und wieder entmaterialisiert, wenn jemand mit bewußtseinsverändernden Substanzen experimentiert oder wenn Tausende von normalen Menschen überzeugt sind, sie könnten schmerzlos über glühende Kohlen gehen.

Auch ich mußte meinen Unglauben suspendieren und einen Sprung ins Metaphysische wagen. Der Philosoph Sam Keen schreibt: "Das Ziel der Selbsterforschung liegt jenseits unserer wildesten Einbildung, aber zumindest sind ersten Schritte auf diesem Pfad klar. Die Reise in die kosmisch-evolutionären Dimensionen des Selbst können erst dann beginnen, wenn wir gewagt haben, unter die Bilder des Selbst zu greifen, die uns von unseren Eltern und Gleichgestellten gegeben wurden. Der erste Schritt ist, aus der Persona, dem Charakterharnisch, der vom 'normalen' Vorgang unserer psychologischen Entwicklung geschaffen wurde, auszubrechen. Wir müssen die Schwelle überschreiten, die von *Schuld*- und *Schamgefühl* bewacht werden (die Wächter des Gewissens, die die Werte und Visionen der Riesen - Eltern und Behörden - repräsentieren) ... Erst wenn wir durch dieses Theater der vielfältigen Rollen unseres Selbsts (der Mörder, der Playboy, das Opfer, der Heilige) passiert sind, können wir die zweite Schwelle überqueren; dann kann die Reise in die kosmisch-evolutionären Dimensionen des Selbsts beginnen. Und dieses Abenteuer ist endlos."

Also wurde ich Astronaut in der inneren Welt. In den 1980er Jahren wurde ich von innen getrieben, die Aktivitäten und Praktiken zu erproben, die normalerweise bei lebenslanger systematischer Forschung nicht zu erreichen wären, und dennoch mein Gefühl der Kontinuität, Vorsicht und Urteilsfähigkeit beizubehalten. Ich habe an Dutzenden von Arbeitsgruppen und Freizeiten teilgenommen, Bücher gelesen, Tonbänder angehört, Therapeuten, Chiropraktiker, Akupunkturisten, Jinshin-Therapeuten, Aurabalancer, Polaritätsbalancer, Yogalehrer, Wiedergeburtler, Medizinmänner, Medien, Channeler, Astrologen und Tarotkartenleser aufgesucht. Ich habe mich in Gruppen und allein dem Singsang ergeben und minuten-, stunden- oder tagelang meditiert. Ich habe mit Kristallen gearbeitet, in bewußtseinsberaubenden Kammern gelegen und Maschinen an meinen Kopf und Körper angebracht, die beim Bewußtheitswandel helfen sollten. Ich habe viele heilige Stätten der Erde besucht und mit der Wünschelrute untersucht. Und ich wurde Priester in der Bewegung für spirituelles inneres Bewußtsein, einer lose verbundenen spirituellen Organisation, die die Transzendenz des Selbsts in ein "Ich bin"-Seelenbewußtsein fördert.

Die Vielfalt der möglichen Erfahrungen, denen man sich aussetzen kann, ist fast endlos, und es ist leicht, den falschen Pfad zu einzuschlagen. Genau wie die Erforschung des Weltalls die Überprüfung der Koordinaten und Bewegungsrichtung voraussetzt, damit man das Ziel sicher erreicht, so erfordert auch die innere Reise Urteilskraft bei der Wahl des richtigen Weges.
Und nach den Aussagen der Mystiker müssen wir uns irgendwann vom anregenden paranormalen Gastmahl abwenden und fasten und zu unserem wahren Sein zurückkehren. Wir müssen das Ego loslassen, um das umfassendere "Ich bin" als das wahre Sein

kennenzulernen. Dieser Vorgang benötigt Energien, Dimensionen und Wissen, die wir jetzt erst zu verstehen und als Gattung zu verstehen beginnen.

Die immerwährende Philosophie und die uranfängliche Tradition

Psychologie und die Erkundung der inneren Welten mit Verstand und dem Geist verbinden sich in dem, was Aldous Huxley die "immerwährende Philosophie" nannte. Die Grundwahrheit durchdringt uns alle als Einzelmenschen und durchquert die willkürlichen Glaubenshaltungen der Religionen und Wissenschaften der Welt.

Der kanadische Theologe John Rossner nennt seine kosmische Perspektive die "uranfängliche Tradition", die sich mit allen Religionen aller Zeiten kreuzt. Rossner unternahm eine einzigartige Reise nach Indien mit seiner Frau (einer Hellseherin), dem Astronauten Ed Mitchell und dem indischen Swami Devananda. Die Gruppe gab eine gemeinsame Erklärung an ihre Zuhörer:

"Bis zu diesem Zeitpunkt in der Geschichte des Westens haben wir rationale Wissenschaften und materielle Technik adoptiert. Wir haben diese Errungenschaften eifrig zu den Menschen in Indien und in der Dritten Welt exportiert. Jetzt sind wir hier, um Sie zu ermutigen, unter allen Umständen unsere Wissenschaft und Technik weiterhin zu benutzen ... Aber bitte nehmen sie dabei nicht unsere reduktionistische westliche Philosophie auf, denn diese begrenzt das menschliche psychische und geistige Potential und führt die Wissenschaft in eine Sackgasse ... Die uralten Einsichten der indischen Yogi werden eines Tages im Osten und Westen zum Bauen neuer Psi-erkennenden Wissenschaften eingesetzt werden. Mit solchen zukünftigen Wissenschaften wird die

Menschheit eines Tages die transzendenten Räume der 'inneren Welt' entdecken."

Marilyn Rossner drückte das Problem der westlichen Tunnelvision noch unverblümter aus: "Nur direkte Demonstrationen der Realität der menschlichen psychischen Fähigkeiten wie extrasensorische Perzeption, Psychokinese, spirituelles Heilen und Kommunikation mit den lieben Verstorbenen in und durch den Geist Gottes wird die falschen materialistischen Modelle der Wirklichkeit, die einige moderne Wissenschaftler und Philosophen kreiert haben, zerschlagen ... so viele Leute weisen die Erkundung der psychischen Phänomene aus blinder Wut und Verleugnung ohne ehrliche gemeinte Untersuchung zurück."

Kapitel 10

Heilung unserer selbst und des Planeten

In diesem Kapitel werden wir sehen, wie die Revolution der Heilkunst und der Gesundheitspflege, die die Mentalkraft, Homöopathie und andere unorthodoxe Heilungsmethoden einsetzt, die Grenzen der reduktionistischen Medizin erweitert. Wenn wir von Geisteskraft sprechen, sind wir gezwungen, ehrfürchtig dazustehen und zuzugeben, daß wir nicht wissen, warum und wie dieses anomale oder "wunderbare" Heilen funktioniert - wir wissen nur, daß es das tut. Und wenn es hilft, sollten wir es benutzen.

Immer wieder hören wir, daß Heilung durch mentale Kräfte erfolgt. Obwohl diese Kräfte gegen die materialistische, naturwissenschaftliche und medizinische Praxis und gegen alles, was wir zu glauben geschult sind, zu verstoßen scheinen, können sie im wahrsten Sinne dies Wortes die Zellenchemie verändern. Das Beweismaterial der Gültigkeit alternativer Heilungsmethoden ist so umfangreich, daß uns darin der größte und unmittelbarste Zugang zur neuen Realität vorliegt. Die Transformation der traditionellen Medizin in eine Heilkunst auf der Grundlage der immerwährenden Philosophie umfaßt die Metapher, daß wir unsere allerinnerste Welt dazu benutzen, die äußeren Welt unserer Körper zu heilen.

Meine eigene Heilung

Auf einer Reise nach Peru zog ich mir eine Verletzung am rechten Knie zu, als ich einen schweren Koffer aus dem Gepäckträger im Zug hob. Es tat sehr weh und verschlimmerte sich, als ich nach einigen Wochen nach Hause zurückkehrte. Ich suchte die beste Spezialistin für Orthopädie und Sportmedizin des amerikanischen Südwestens auf. Sie nahm eine Röntgenaufnahmne und gab mir die schlechte Nachricht: die Verletzung habe einen bereits bestehenden Zustand "schwerer fortgeschrittener Arthritis" verschlimmert. Sie erklärte mir, das Knie habe kein Knorpel mehr und ich benötigte eine Operation; anderenfalls müsse ich eine Stütze tragen und würde den Rest meines Lebens hinken. Mir wurde keine Hoffnung durch die Empfehlung eventuell anderer Heilmethoden gemacht.

Nach einem oder zwei Tagen der Hilflosigkeit beschloß ich, die Diagnose nicht zu akzeptieren. Statt dessen versicherte ich mir, daß das Knie schnell mit der erforderlichen liebevollen Behandlung heilen würde. Ich setzte die Schmerztabletten ab, badete das Knie mit "innerem" Licht und berührte es liebevoll. Das tat ich mit geschlossenen Augen, entspannt, tief atmend und stellte mir vor, daß ein heilenden weißes Licht durch das Knie ging. Ich bat andere, dies auch für mich zu tun. Bald ging ich wieder normal und nach einem Monat wanderten ich in den Colorado Rockies.

Ich suchte die Ärztin nochmals auf und berichtete ihr, was geschehen war. Sie blieb bei ihrer vorigen Diagnose und meinte, ich spürte wohl vorübergehende Erleichterung eines chronischen Zustands. Eine zweite Röntgenaufnahme wurde nicht gemacht, obwohl sie sicherlich für Forschungszwecke interessant wäre. Ich fragte die Ärztin, ob sie es für möglich hielt, mit guten Gedanken und liebevoller Behandlung eine Heilung zu erzielen. Ihre praktische Antwort war: wenn es funktioniert, warum nicht.

Ein Jahr später war mein Knie noch immer schmerzfrei. Ich wandere und laufe häufig Ski. Obwohl ich nicht sagen kann, daß die Heilung eindeutig auf das Geistige zurückzuführen ist, würde es mich nicht überraschen. Wenn ich die chemische Zusammensetzung in einem Glas Wasser durch einen Segen verändern kann, warum sollte ich nicht fähig sein, die chemische Zusammensetzung in meinem Knie zu verändern? Glücklicherweise wird mein Heilungsanspruch weltweit von millionenfacher Erfahrung bestätigt und auch mit Erfolg von Kirchen wie Religious Science, Unity und anderen geübt.

Wahrscheinlich gibt es kein besseres Beispiel als die Wunderheilungen in Lourdes in Frankreich.

Michael Murphy, der Gründer des Esalen Instituts beschreibt die positiven Wirkungen, die die Erhöhung unseres Bewußtseins auf unsere Körper haben kann imer wieder und sehr deutlich.

Die Geisteskraft im Heilungsvorgang wird vom früheren Herausgeber der *Saturday Review* Norman Cousins beschrieben. Jahrzehntelang war er ein beredter und freimütiger Befürworter einer Umwandlung unserer gegenwärtigen politischen Systeme in eine friedliche Weltordnung. Vor einigen Jahren wurde er von einer scheinbar unheilbaren Lähmung befallen. Ärzte sagte ihm, er seine Heilungschancen wären eine in 500.

Cousins nahm es mit der einen Chance auf. Er weigerte sich, das Negative zu akzeptieren und beschloß, sich selbst zu heilen. Er ging auf das Problem als lerneifriger und neugieriger Laie zu und arbeitete besonders daran, seiner Krankheit so viel *Humor* wie möglich einzuflößen. Seine Genesung beruhte auf einer Selbstkur, und er veröffentlichte seine Erfahrung in Bezug auf den Einfluß, den eine positive Haltung auf die Gesundheit hat:

"In Jahrhunderten hat die medizinische Wissenschaft die primären Systeme des menschlichen Körpers identifiziert... Aber zwei weitere Systeme, die im Mittelpunkt des ordnungsgemäßen Funktionieren eines menschen liegen, verdienen Betonung: Das Heilungssystem und das Glaubenssystem. Sie arbeiten zusammen. Das Heilungssystem umschreibt, wie der Körper all seine

Ressourcen benutzt, um Krankheiten zu bekämpfen. Das Glaubenssystem ist oft der Auslöser des Heilungssystems.

"Das Glaubenssystem repräsentiert das einzigartige Element, das den menschlichen Geist befähigt, den Körper zu beeinflussen. Wie man auf seine Probleme reagiert - intellektuell, emotionell, spirituell - hat viel mit der Funktionsweise des Körpers zu tun. Die Zuversicht (oder der Mangel daran) auf Genesung von einer schweren Krankheit wirkt auf die Körperchemie. Das Glaubenssystem wandelt Hoffnung, zuversichtliche Erwartung und den Lebenswillen in Gewinnfaktoren bei jedem Kampf gegen Krankheiten um."

Homöopathie und Vibrationsmedizin

Etwa zwei Monaten bevor ich dieses schrieb, bekam ich einen unstillbaren Husten, wie ich noch nie zuvor hatte. Er war ärgerlich und peinlich - beängstigend, weil ich manchmal Schwierigkeiten hatte, zwischen Hustenanfällen Atem zu holen, und peinlich, weil ich an jedem Ort und zu jeder Zeit hustete, wie beim öffentlichen Auftreten, wo meine Zuhörer dachten, ich ersticke.

Ich wollte keine Antibiotika nehmen, obwohl sie vermutlich die Symptome schnell erleichtert hätten. Ich hatte zu viel über die negativen Nebenwirkungen der Antibiotika gehört wie Schwächung de Immunsystems, Anfälligkeit für Krankheiten wie Candida und vielleicht auch Krebs, Diabetes und Herzleiden.

Also ging ich zu einem Homöopathen. Dieser Zweig der Medizin benutzt Heilmittel, deren chemische Zusammensetzung der Krankheit ähnelt - wie bei einer Immunisationsimpfung. Homöopathie wird von der orthodoxen Wissenschaft als mysteriös betrachtet, denn die Mittel heilen ohne die Nebenwirkungen der konventionellen Medikamente und sind seltsamerweise in zunehmend *verdünnten* Mengen wirksam. Es gibt Berichte von Heilungen mit Mitteln, die so weit verdünnt werden, daß nicht ein einziges Molekül verbleiben kann. Auch sind homöopathische Heilungen gewöhnlich graduell und erfolgen oft auf empirische Weise, zum Teil wegen der noch unverständlichen Dynamik der Heilung und der komplexen Wechselwirkung der Mittel mit anderen Substanzen sowie wegen des einzigartigen Zustands des jeweiligen Patienten.

In meinem Fall versuchte es der Arzt mit dem Medikament namens Trachlyte, was nicht zu helfen schien. Nach etwa sechs Wochen stellte ich mich wieder vor, und er gab mir ein homöopathisches Mittel "Sticta Pulmonatia", das ich in zunehmender Verdünnung mehrere Tage hintereinander einnehmen sollte. Der Arzt wählte dieses Mittel aufgrund der elektrischen Eigenschaften meiner Haut, die mit einer Maschine namens Dermatron gemessen wird (und an Backsters Apparat erinnert). Die Symptome verschwanden tatsächlich nach einer Weile, wobei eine dramatischere Gesundung bei stärkerer Verdünnung spürbar war. Jetzt bin ich wieder ganz hergestellt. Haben mir die Mittel geholfen? Ich weiß es nicht, aber ich denke, sie hatten sicherlich eine Wirkung.

Gibt es im Labor überprüfte Beweise, daß ein Heilmittel in so starker Verdünnung in Wasser, daß kein einziges Molekül verbleibt, tatsächlich wirksam ist? Dies scheint bejaht zu werden von sorgfältig kontrollierten, "doppelblinden" Experimenten einer Forschergruppe unter der Leitung des französischen Immunologen Jacques Benveniste. Er fragte sich, ob molekulare Informationen der Heilsubstanz irgendwie in das Wasser eingegeben werden und als Erinnerungen im Wasser enthalten bleiben.

In der Ausgabe vom März/April 1989 von *Yoga Journal* benutzte der Autor Richard Leviton eine treffende Metapher aus dem Weltall zur Beschreibung der Resultate von Benvenistes Team. "Wie ein Astronaut, der jenseits der Membran der Erde nach einem plötzlichen Blick auf einen unerwarteten Horizont

Ausschau hält, nannte Benveniste den Ausblick 'metamolekuläre Biologie" und mehr nicht." Der Ursprung, die Geheimnisse und das Potential der Homöopathie ist in Büchern wie *Homöopathy: Medicine for the 21st Century* von Dana Ullmann, *Planet Medicine* von Richard Grossinger und *Vibrational Medicine* von Richard Gerber zu finden.

Gerber ist selbst ein traditionell geschulter Arzt und bietet ein interessantes Modell für die Erklärung der Homöopathie, Akupunktur, verschiedener unorthodoxer psychischer und anderer anomaler Heilungsmethoden durch Energie. Dieses Modell ähnelt meinen Versuchen, unsere neue Wissenschaft und Realität zu definieren. Er schlägt vor, daß wir die Newtonschen Modelle der westlichen allopathischen Medizin mit "Einsteinscher" Heilkunde überwinden sollten - eine Heilkunde, die die Prinzipien der Quantenmechanik, Willensfreiheit, Holographie, Kraftfelder und des Bewußtseins mit einschließt. Hier werden wir wieder an die Ergebnisse und Modelle von Backster, Sheldrake, Burr, Vogel und anderen erinnert, die dieselben Grundsätze darstellen, die der neuen Realität unterliegen oder sie aufzeigen.

Gerber sieht den Menschen als ein "multidimensionales Wesen aus Energie und Licht, dessen physischer Körper nur ein Teil eines größeren dynamischen Systems ist." In seiner Sicht können die Wechselbeziehugen subtiler Schwingungen zwischen einer ungesehenen Essenz des Körpers und einer stark verdünnten oder sogar nicht mehr spürbaren homöopathischen Medizin eine Heilung bewirken. In diesem Modell ist die Verabreichung starker allopathischer Heilmittel vergleichbar mit dem Einsatz eines Hammers, um einen Floh auf dem Finger zu töten.

Die alte Medizin und ihr Vertrauen auf schnell wirkende Drogen und Chirurgie scheint immer weniger Heilungen zu zeitigen. Obwohl wir dankbar für die Fortschritte der Medizin im zwanzigsten Jahrhundert sein können, ist der unmittelbarste und am schnellsten wachsende Zweig des Gesundheitswesens eine neue Medizin oder praktische Medizin basiert auf Wohlbefinden, auf der Gewilltheit des Patienten, an seiner Heilung mitzuarbeiten, und auf der Behandlung des Ursprungs der Krankheit statt der Symptome.

Meine ungewöhnlichen Heilungserlebnisse

Nach meiner bemerkenswerten Heilung des Knies und Hustens begann ich, mögliche Heilungsmethoden in der neuen Realität zu suchen. Ich muß zugeben, daß es für mich als Naturwissenschaftler schwierig ist, diese ungewöhnlichen Ansätze zu möglichen und erfolgreichen Heilung von Krankheiten zu verstehen und zu analysieren. Ich stehe ehrfurchtsvoll vor vielen stark subjektiven Ansätzen zur Innenwelt, und wenn ich bei der folgenden Diskussion einen ungewöhnlichen Mangel an Objektivität zur Schau stelle, liegt das daran, daß ich viele meiner vertrauten Modelle fallen lassen und in Terra incognita eindringen mußte.

Einst ging ich zu einem indianischen Medizinmann, der mir die Hände auflegte, und es fühlte sich an, als gingen sie *in* meinen Körper hinein. Das verursachte leichte Beschwerden und lautes internes Gurgeln, gefolgt von der Heilung eines Darmleidens. Ist es möglich, auf paranormale Weise eine *physische* Hand in jemandes Körper zu stecken, wie in den weitberichteten Fällen der philippinischen "psychischen Chirurgen?" In manchen Situationen wie zu Zeiten eines geschärften Bewußtseins während der Meditation empfanden Laurene und ich, daß ein Arm oder eine Hand in den Körper des anderen sank. Alle diese Fälle trotzen normalen Erklärungen, sind aber dennoch real.

Ich habe mich geheilt oder mich erneuert durch aktive Körperübungen, Polaritäts- und Aurabalance, Akudruck, Jinshin- und Reflexbehandlung, Massage, Wiedergeburt und andere Heilpraktiken. Erst spät wurde mir klar, daß wirksame Körperpflege, richtige Ernährung und Beratungen mit Heilkundigen die Zeit- und Geldinvestition wert sind, es geht mir heute besser als seit Jahrzehnten, aber wenn ich die Disziplin fahren lasse, mich mehr mit geistigen Dingen beschäftige und lange beim Schreiben sitze verliere ich etwas Energie.

Die Rolle der Gefühle

Es ist mir auch deutlich geworden, daß das Heilen unserer Emotionen genau so wichtig ist wie das Heilen des Körpers. Die beiden sind mit einander verwoben, wie Gerber und andere Ärzte der neuen Wissenschaft vorweisen. Ich hatte meine Herausforderung im Umgang mit meinen Gefühlen. Dank jahrelanger Schulung und Therapie beginne ich erst jetzt, mich wirksam mit Gefühlsproblemen auseinanderzusetzen, meine Fehler einzugestehen, Liebe mir und anderen gegenüber zu empfinden, zu vergeben und mich begeistert vorwärts einem freien und vollen Leben zuzuwenden.

Die Bestsellerautorin Louise Hay litt an Krebs und heilte sich selbst. Sie beschreibt, wie verschiedene Krankheiten an unterschiedlichen Körperpartien entsprechende emotionellen Blokkierungen reflektieren. Ihre Forschung hat erwiesen, daß Arteriosklerose Widerstand und Spannung, Krebs einen tiefen Schmerz und Herzattacken das Aufgeben der Lebensfreude für Geld und Position repräsentieren, während Knie- und Rückenkrankheiten Inflexibiliät und Blasenerkrankungen Ärger und Abwendung reflektieren. Vor Jahrzehnten bestätigte Edgar Cayce, der "schlafende Prophet", der durch seine unzähligen genauen Ferndiagnosen psychischer Leiden und die entsprechende Rezeptur bekannt wurde, ähnliche Verbindungen zwischen dem Gefühls- und dem Körperzustand. Diesen Verhältnissen mag eine wissenschaftliche Basis fehlen, aber sie geben einen interessanten Rahmen für Aufgeschlossenheit unseren Körper und Gefühlen gegenüber.

Betrachten wir Emotionen und die in der metaphysischen Literatur benannten Gedankenformen als bislang noch wenig verstandende Formen der Schwingungsenergie, erhalten wir eine klarere Einsicht in die neue Medizin. Wir sehen unsere Körper als dauernde Empfänger einer sich erneuernden Lebensenergie. Diese Energie badet unsere Zellen und schafft die Lebensfelder, die Burr und Wilhelm Reich im Labor beobachteten. Nach dieser Theorie hängt unsere Gesundheit von unserer Aufgeschlossenheit und Zugänglichkeit für neue Erfahrungen und der Förderung des Energieflusses ab. Daneben müssen wir auf die Wirkungen achten, die die von Menschen geschaffenen Umweltenergien auf unsere Körper ausüben, sowie auf unsere Ernährungsweise.

Der Wünschelrutengang scheint eine gute Technik zum Messen der Lebenskräfte in und um einen Menschen zu sein. Ein gesunder Mensch, der Liebe gibt und empfängt, hat ein weiteres Feld, und ein Kranker oder Ängstliche zeigt ein zusammengezogenes Feld. Ich habe dieses Phänomen mehrfach gemessen. Das Ausmaß des Kraftfelds um uns kann zur Diagnose unseres Wohlbefindens benutzt werden.

Das Chakrasystem

In Kapitel 7 besprachen wir die Ley-Linien, die irdische Landschaften durchkreuzen und Leitungen für bislang kaum verständliche Erdenkräfte darstellen. Diese Linien haben Eigenschaften, die den Akupunkturmeridianen in unserem Körper ähneln. Akupunktur ist eine uralte Medizin im Fernen Osten, wo bei der Behandlung die blockierte Kraft mithilfe von Nadeln oder Druck gelöst wird und eine Heilwirkung erzielt. Es wurde auch beobachtete, daß an bestimmten Stellen an den Ley-Linien Energiezentren existieren, an denen sich auch manchmal Megalithenstätten befinden.

Diese Energiezentren haben ihr Gegenstück im menschlichen Körper im sogenannten Chakrasystemen, die auch zu Heilungszwecken manipuliert werden können. Die im Osten seit langem bekannte Bedeutung der Chakras, die westliche Wissenschaftlern fast völlig unbekannt war, wurde durch den amerikanischen Arzt Brugh Joy neu belebt. In seiner traditionellen klinischen Praxis bemerkte Joy zu seinem Erstaunen, daß unter seinen Händen strahlende Kraftfelder beim Berühren verschiedener Körperteile seines Patienten entstanden. Erst später entdeckte er, daß diese Felder mit den Chakras übereinstimmen. "Chakra" ist ein Wort aus dem Sanskrit und bezeichnet die Energieräder, die mit dem Kopf (Kronenchakra), der Stirn (Chakra das dritten Auges), der Kehle (Kehlenchakra), Brustmitte (Herzchakra) und drei weiteren verbunden sind.

"Das Chakrasystem", schreibt Joy in seinem Buch *Joy's Way*, "ist ein echter physischer Aspekt des Körpers aber ein sehr subtiler im Vergleich zu den anderen ... Ich glaube, die Kraftfelder repräsentieren und beeinflussen die Struktur des Körpers und die Organisation der Organe. Ich nehme auch an, daß das Chakrasystem ein Mechanismus ist, der mit dem Gesamtkörper und den subtilen oder ätherischen Körpern in Wechselbeziehung steht ... sowie mit dem Akupunkturmeridiansystem ... Ich glaube, es gibt nur eine Grundkraft, die in diesen zusammenhängenden Systemen arbeitet, und daß das Chakrasystem diese Grundkraft moduliert und transduziert. Der Körper dehnt diese Grundkraft in die dazugehörigen Frequenzen aus, wie ein Prisma Lichtstrahlen bricht."

Meine Einführung in die Chakras kam plötzlich und unerwartet, als ich bei einer intensiven fünftägigen Arbeitssitzung für das transformationelle Training von "Insight" in Santa Monica, Kalifornien, assistierte. Der Seminarleiter John-Roger gab gerade den Abschlußvortrag. Ich fühlte mich selbstbewußt und lebhaft, da ich einen Dienst geleistet und Gruppenenergie empfangen hatte. Als ich an der Tür stand, bemerkte ich einen deutlichen Druck an meiner Stirn. Erst dachte ich, es könnten sich Kopfschmerzen entwickeln, aber das Gefühl war eigentlich recht angenehm.

Ein derartiges Gefühl hatte ich noch nie zuvor. Es intensivierte sich schnell, bis ich dachte, ich hätte ein etwa 5 cm großes Loch in Stirn, das pulsierte und sich öffnete wie die Blende einer Kamera. Gleichzeitig empfand ich eine zunehmende Wechselbeziehung mit John-Roger und den Teilnehmern im Raum. Ich war ruhig und zuversichtlich.

Später wurde mir erklärt, daß dies das Öffnen des dritten Auges war. Diese Chakra ist gemäß der immerwährenden Philosophie mit der mentalen Bewußtheit verbunden. Seitdem bin ich mit diesem Geschenk gesegnet. Die Linse öffnet und schließt sich je nach meinem Bewußtsein im jeweiligen Moment. Während ich dies schreibe, ist das Auge offen und pulsiert. Beim Fahren im Verkehr ist es geschlossen. Ich nenne dieses Attribut mein Lichtmeßgerät. Manchmal erscheint es wie ein Laserstrahl oder eine Leuchte aus meiner Stirn, die Licht, die Weisheit des Weltalls und meine eigene Geisteskraft durch mich strahlt. Diese sind subjektive Erfahrungen und Interpretationen, die meine Identität als Wissenschaftler transzendieren und die extrem schwer auf traditionelle experimentelle Analyse anwendbar sind.

Schrittweise öffnen sich auch die anderen Chakras eine nach der anderen. Ich bemerkte die Öffnung der Herzchakra zum ersten Mal, als ich mit Laurene zusammen war. Sie schuf eine Liebeskraft, wie ich sie noch nie zuvor empfunden hatte. Ich fühle diese Chakra sich öffnen und schließen je nach meinem Mitgefühl und meiner emotionelle Aufgeschlossenheit. Die Blende, in diesem Fall der Herzchakra, scheint etwa 15 cm groß und wie ein tiefes Loch in meiner Brust zu sein. Jetzt weiß ich, was der Ausdruck "es kommt von Herzen" eigentlich bedeutet. Meine Kronenchakra prickelt zu bestimmten Zeiten und an bestimmten Orten besonders in Ägypten und in Sedona, Arizona, zwei heilige Stätten. Diese sind echte physische Gefühle, die ganz spontan auftreten, und es ist unwahrscheinlich, daß sie psychosomatische Wunschbefriedigungen meiner Erwartungen sind. Wie Brugh Joy begann ich die Chakras zu empfinden, bevor ich etwas von ihrer Existenz, Lage oder Gefühl wußte oder die traditionelle indische Literatur kannte.

Ich habe auch bemerkt, daß mein Unterkörper nicht so energetisch ist, obwohl ich meine Beine trainiere. In der Ansicht von Joy entspricht dies Menschen, die zeitweilig vom geistigen und äußeren Realitätssystem getrennt sind. Das trifft auf mich zu, obwohl ich daran arbeite, mich als Gegenmaßnahme zu "erden".

In Joys Ansicht moduliert und verändert unser Chakrasystem die grundlegende Lebenskraft in uns; man fragt sich, was passiert, wenn die Chakras klar werden und die Energie frei fließen kann. Das kann zum Kundalini-Erlebnis führen, das den Mystikern des Ostens bekannt ist. Die positiven Wirkungen sind sofortige Heilung und Erleuchtung; aber man muß vorsichtig sein, daß die Energie nicht so überwältigend wird, daß Schock eintritt.

Die Interpretation, daß unser Geist und Körper Mechanismen enthalten, die uns zur Verfügung stehen, damit wir potentiell enorme Energie kontrollieren können, ist durch viele führende Denker, Forscher und "Astronauten in der inneren Welt" gut belegt. Genau wie die Chakras Umwandler der lebensgebenden Kräfte im Körper sind, könnte auch unser Gehirn ein Reduzierventil für die Macht des universalen Verstandes in der immerwährenden Philosophie sein.

Das Heilen der Erde

Selbst mit den Werkzeugen, die wir für unsere Lebensfähigkeit auf der Erde geerbt haben, ist das Überleben der Erde von scheinbar außerhalb unserer Macht liegenden Kräften bedroht: Atomkrieg und globale Verschmutzung. Mit den in diesem Buch besprochenen Möglichkeiten einer transzendierenden Ordnung im Universum scheint es, daß wir in Lage sein sollten, das zuvor unmöglich Erscheinende zu erreichen und uns und den Planeten durch individuelle und kollektive Gedanken und Ansichten zu transformieren. Wenn ein Mondastronaut die ganze Erde unter seinem Daumen verschwinden sah, können wir nicht auch den irdischen Ökozid mit schnellen Berührungen des heilenden Bewußtseins verschwinden lassen?

Genau wie viele von uns den Kontakt mit uns selbst und mit der Harmonie des Weltalls verloren haben, so sind wir auch als gesellschaftlicher Organismus nicht in Kontakt mit der planetaren Umwelt. Viele mögen meiner Behauptung über unserer enormes Potential, uns selbst zu heilen, nicht zustimmen; aber die meisten werden zugeben, daß der Planet heilungsbedürftig ist.

Es ist zum Klischee geworden, daß wir uns und unsere Umwelt mit nuklearen, biologischen und chemischen Waffen zerstören können; dennoch produzieren wir noch immer Waffen in ungeheuerlichen Mengen. Wir senden Kohlendioxid und andere Verschmutzungsstoffe in die Atmosphäre mit einer Geschwindigkeit, daß sich das Klima irreversabel durch den Gewächshauseffekt zu unerträglicher Hitze verändern wird. Wir erschöpfen das Ozon in der Stratosphäre und setzen uns dadurch tödlichen ultravioletten Sonnenstrahlen aus. Wir holzen die Tropenwälder ab und zerstören Tier- und Pflanzenarten. Wir verbrauchen die Fossilienkraftstoffe. Wir hinterlassen sauren Regen, untrinkbares Wasser, unatembare Luft, unbebaubares Land, verschüttetes Öl, verschmutzte Küsten, radioaktiven Müll, nukleare Abfälle und unschwimmbare Meere.

Aus der Perspektive eines planetaren Wissenschaftlers kann ich deutlich voraussehen, wie viele der wichtigsten Natursysteme der Erde, mit der wir einst in Harmonie lebten, rapide zerfallen. Der Ökologe David Brower sagte: "Es ist Zeit, die Erde zu heilen. Wir erben die Erde nicht von unseren Vätern, sondern wir borgen sie von unseren Kindern."

Wie können wir den Planeten in der Gegenwart so viel Öffentlichen Verleugnens und privater Gier heilen? Es wird deutlich, daß bei einem todkranken Patienten die alten Heilmittel wie Heftpflaster, Drogen und Operationen nicht ausreichen, die Gesundheit wiederherzustellen. Peter Russel schlägt in *The Global Brain* vor, daß wir den Mut zur Betrachtung von Gaia als Superorganismus und zur Benutzung der bereits bekannten Heilkunst der neuen Medizin aufbringen müssen. Was können wir als kollektives Bewußtsein tun, um unseren Planeten zu heilen, der uns unsere Existenz und Gesundheit gegeben hat?

Wir können uns nach innen wenden und gemeinsam die Vision eines friedlichen, harmonischen Planeten verwirklichen. Wir können unsere Angst, daß die Prognose schlimm ist, fahren lassen und uns freudevoll als transformationelle Wissenschaftler der Heilkraft öffnen. Wir können eine globale Psychokinese schaffen und unsere ganze Welt so heilen wie das verletzte Knie. Aber erst müssen wir aufhören, ärgerlich oder ängstlich zu sein über den traurigen Zustand, und beginnen, uns selbst zu vergeben und uns in einem inneren Licht zu baden. Durch Anwendung der Macht unserer inneren Welt könne wir Liebe weltweit ausstrahlen und so den Planeten transformieren.

Wir müssen über die reduktionistische Wissenschaft hinausgehen und eine neue holistische Wissenschaft akzeptieren. Wir können unseren Planeten kennen und verstehen lernen, wie es unsere Megalithen aufstellenden Vorfahren offensichtlich konnten. Wir können die Krankheiten des Planeten diagnostizieren und mit Liebe und Humor zu behandeln. Und wir können uns selbst und unsere politischen Strukturen heilen, während wir den Planeten sanieren.

"Vielleicht sind wir jetzt bereit zu lernen", schrieb der Humanist Alan Cohen, "daß wir die Macht besitzen, uns die Heilung zu gestatten, auf die wir gewartet haben. Es könnte sein, daß die Lehre dieses Zeitalters die Erkenntnis ist, daß die Fähigkeit zur Heilung unserer selbst, einander und unseres Planeten *in uns* liegt... Die Heilung des Planeten Erde wird erfolgen, denn sie hat *bereits* in unseren Herzen begonnen. Diese Transformation geschicht nicht durch darüber reden, es zu wünschen oder darauf zu warten. Die Heilung kommt durch *leben* und durch Menschen wie du und ich, Menschen, die glauben, wir verdienen den Frieden ... Die Regierungen der Welt müssen uns folgen."

Ich nehme meine Diplome von der Wand und ersetze sie mit Bildern, auf denen ich zusammen mit russischen und japanischen Feunden zu sehen bin, um mich daran zu erinnern, daß meine wahren Zeugnisse die eines Weltbürgers sind, und nicht nur eines Naturwissenschaftlers. Auf einem Foto bin ich mit Vitaly Sevastjanow, einem Kosmonauten und Freund zu sehen, mit dem ich eng verbunden bin. Das Foto erinnert daran, zu welchem Zweck ich hier bin. Obwohl er nur wenig Englisch und ich nicht weniger Russisch kann, ist die brüderliche Freundschaft, in der wir uns in den vergangenem Jahren begegnet sind, mehr als Milliarden Wörter wert. Als Diplomaten der Welt zählen wir *alle*. Die Geschichte mit hundertsten Affen und der experimentelle Beweis der Macht des kollektiven Bewußtseins lehren uns, daß Einzelmenschen, die mit anderen zusammenarbeiten, einen wichtigen Beitrag zur Heilung und Transformierung der Welt leisten können.

In vielen Fällen verschwinden Krankheiten auf wunderbare Weise, wenn wir gewillt sind, den Energiefluß durch uns strömen zu lassen und die Blockierungen zu öffnen. Laurene Johnson, die auch Heilkundige ist, sagte: "Unsere Krankheiten und Schmerzen sind Gaben aus den Weltall und spornen uns an, ins Gleichgewicht zu kommen. Dies ist ein Teil Vollkommenheit des Augenblicks."

Kapitel 11

Einheit im neuen Jahrtausend

„Es ist genau die Verzweiflung unserer Zeit, die mich davon überzeugt, daß die Renaissance gleich um die Ecke wartet“.

Mathew Fox, *The Coming of the Cosmic Christ*

Manchmal habe ich mich gebrüstet, daß ich Futurist bin, einer, der unseren Drang nach Technologien, Supercomputern, genetischer Manipulation, Nanotechnik, Asteriodenbergbau, Weltraumkolonien, Sternfahrzeuge, künstlicher Intelligenz oder Radiokontakt mit mögliche außerirdischen Zivilisationen verstehen kann. Jetzt sehe ich aber, daß diese Sicht viel zu beschränkt ist. Meine erstaunlichen Erlebnisse im letzten Jahrzehnt und das rapide wachsende wissenschaftliche Beweismaterial, die ich in diesem Buch aufführe, zeigen unentrinnbar in eine ganz andere Richtung. Diese Richtung führt uns zurück zur Wichtigkeit unseres inneren Erlebens, wie es uns durch die Jahrtausende unsere größten geistigen Führer, unseren Dichter und die Reisenden in der inneren Welt aufgezeigt haben.

Die meisten wichtigen Entwicklungen in der Physik während dieses Jahrhunderts basieren auf Elementarteilchen, die nicht eigentlich Partikel sind sondern offensichtlich Pakete mit Energie, und die mit einander und mit dem Beobachter in uns noch nicht voll verständlicher Weise in einer Wechselbeziehung stehen. Das UFO-Phänomen ist so überzeugend und komplex, daß wir die Beweise nicht mehr ignorieren können. Wir sehen Monumente auf dem Mars, die sich allen irdischen Beschreibungen widersetzen. Die Megalithenstätten in England zeigen, daß

Erdenergien existieren und mit himmlischen Zyklen verbunden sind. Unsere Gedanken und Gefühle können Pflanzen und Blutzellen mitgeteilt werden, und wir wissen, daß Entfernungen (und vielleicht auch die Zeit) keine Rolle spielen. Dokumentation der todesnahen Erlebnisse, des gewandeltes Bewußtseins und der Reinkarnation weisen auf die Möglichkeit, daß wir den Tod überleben - und daß Unsterblichkeit eine echter Bewußtseinszustand ist.

Als Lebewesen werden wir erneut universale Neugeborene, aber unsere Zurückweisung der sich erweiternde Blickwinkel auf kosmische Zusammenhänge ist unser Verderben, unsere Erstickung. Die Geschichte hat uns immer wieder bewiesen, daß sich die alte Ordnung beim Übergang in eine neue Weltsicht aus Furcht und Gewohnheit festklammert, bis sie sich nicht mehr halten kann.

Hier ist besonders auf das Buch von Thomas Kuhn *The Structre of Scientific Revolutions* hingewiesen, das sich in diesem Zusammenhang sehr zu lesen empfiehlt.

In der Geschichte sehen wir einige Parallelen zu dem, was jetzt zu geschehen scheint. Galileos Zeitgenossen, die sich sogar weigerten, durch sein Teleskop zu schauen, gleichen manchen modernen Astronomen, die nicht gewillt sind, ein Konferenzzimmer zu verlassen, um nach einem im der Gegend gemeldeten UFO Ausschau zu halten. Die Akademie Francaise weigerte sich im Jahre 1772, die Existenz von Meteoriten anzuerkennen. Viele unserer zeitgenössischen Skeptikergruppen bestreiten alle paranormalen Phänomene vom Wandeln auf dem Feuer zur Psychokinese, von anomaler Heilkunde zu todesähnlichen Erlebnissen.

John Maddox, Herausgeber der führenden interdisziplinären wissenschaftlichrn Zeitschrift *Nature* zeigte die wissenschaftlichen Instinkte eines mittelalterlichen Klerikers. Er sagte scherzhaft, daß Rupert Sheldrakes Buch *The New Science of Life* seit

Jahren der beste Kandidat für eine Buchverbrennung sei. Bei anderer Gelegenheit ernannte er einen Ausschuß mit uninformierten Außenseitern, um verschiedene wissenschaftliche Teams unter Jacques Benveniste zu dikreditieren, der in *Nature* einen von Kollegen bewerteten Artikel über die biologische Wirksamkeit von stark verdünnten Lösungen eines bestimmten Antikörpers (zur Unterstützung der Grundsätze der Homöopathie) veröffentlicht hatte. Der Zweck dieses Ausschusses, zu dem auch ein wissenschaftlich unausgebildeter Zauberer gehörte, war kein Test möglicher neuer Gesetze, sondern ein Versuch, sie aufzuheben und die Orthodoxie im Königreich wieder einzuführen.

Ich bin überzeugt, wir müssen über die Zurückweisung und Verleugnung hinweggehen und stattdessen bescheiden gestehen, daß wir Phänomene konfrontieren, deren wissenschaftliche Fundierung noch nicht ganz verständlich ist. Je eher wir uns auf die Phänomene konzentrieren statt vorzugeben, sie existieren nicht, desto schneller werden wir die herausfordernden Rätsel lösen.

Fragen und Spekulationen

Ich kann dieses Buch nicht ohne einige Spekulationen für die Zukunft zuende bringen. Ich glaube, daß die experimentellen Ergebnisse der neuen Wissenschaft, wenn auch nur vorläufig, solide genug sind, um einige Folgerungen zu erlauben. Wir wissen zum Beispiel, daß unser Verstand eine mächtige Rolle spielen kann bei der Veränderung unserer inneren und äußeren Welt. Wir spüren, daß Phänomene und Wesen aus anderen Dimensionen auf unsere Ebene der Wirklichkeit einstürmen. Und wir wissen, daß wir in der Lage sind, auf gewandelte Stadien des Bewußtseins zuzugreifen, die uns nicht nur zu internen Bilderreichen sondern auch zu den dazugehörigen alternativen Realitäten führen. Vielleicht überleben wir auch den Tod. Haben wir Seelen? Sind wir unsterblich? Sind wir allein im Weltall? Können wir zu anderen Dimensionen reisen oder Besucher von dort empfangen? Können wir uns und die Erde transformieren?

Diese Fragen wurden durch die Jahrtausende von vielen Religionen und auch okkulten Glaubessystemen der Welt gestellt. Aber irgendwie wurden sie von der Suche nach der Antwort abgelenkt. Viele unserer derzeitigen Religionen und Philosophien wurden egozentrisch und engstirning. Unsere moderne Wissenschaft hat sich von der Religion getrennt und wurde fast selbst zur Religion. Im Verlauf der Schaffung von Spezialisierungen wurden die Wissenschaften immer fragmentierter, bis wir nun in einem chaotischen Mischmasch stehen, in dem die gestellten Fragen immer trivialer, kurzsichtiger und überspezialisierter werden. Wir scheinen vordringlicher und stärker daran interessiert zu sein, die Energie von Elektronen in der Magnetosphäre als die aus der Erde oder aus den Menschen strömenden Kräfte zu messen. Die Untersuchung der Geschwindigkeit von Zeckenbefall scheint uns wichtiger als die Rate von Krebsremissionen durch unorthodoxe Heilpraktiken. Wir machen triviale Experimente an Tieren und erhalten nutzlose quantitative Daten, die dann Vortritt über die Wesenheit einer Maus, eines Hundes oder Kaninchens bekommen. Wir verursachen Leiden im Universum, weil wir uns so weit von der Realität entfernt haben. Da wir unser Leben nicht als Erfahrung ernst nehmen, nehmen wir auch den Planeten nicht als Umwelt ernst, noch das Leben anderer Geschöpfe. Wir experimentieren statt zu erleben.

Die neuen Realitäten unserer Verbindung mit der inneren-äußeren Welt scheinen für die meisten Menschen noch außerhalb der Reichweite zu liegen. Unsere Fähigkeit, die wichtigsten kosmischen Frage zu stellen, scheint von Dogma, Zurückweisung und Furcht verdunkelt zu sein. Damit will ich nicht sagen, daß dies

vorsätzlich oder bösartig erfolgt; stattdessen kann es ein Zeichen der Zeit oder ein Fingerzeig für den Aufbruch zu etwas Neuem sein. Als er gefragt wurde, "was ist die wichtigste Frage, die man im Leben stellen kann?" antwortete Albert Einstein:
„Das kosmische Erlebnis der Religion ist das stärksteund edelste Motiv naturwissenschaftlicher Forschung.Das tiefste und erhabenste Gefühl, dessen wir fähig sind, ist das Erlebnis des Mystischen. Aus ihm allein keimt wahre Wissenschaft. Wem dieses Gefühl fremd ist, wer sich nicht mehr wundern und in Ehrfurcht verlieren kann, der ist seelisch bereits tot. Das Wissen darum, daß das Unerforschliche wirklich existiert und das es sich als höchste Wahrheit und strahlendste Schönheit offenbart, von denen wir nur eine dumpfe Ahnung haben können - dieses Wissen und diese Ahnung sind der Kern aller Religiosität.

... Meine Religion besteht in der demütigen Anbetung eines unendlichen geistigen Wesens höherer Natur, das sich selbst in den kleinen Einzelheiten kundgibt, die wir mit unseren schwachen und unzulänglichen Sinnen wahrzunehmen vermögen. Diese tiefe gefühlsmäßige Überzeugung von der Existenz einer höheren Denkkraft, die sich im unerforschlichen Weltall manifestiert, bildet den Inhalt meiner Gottesvorstellung“.

Diese Frage zusammen mit anderen über unsere Unsterblichkeit, über die Existenz von außerirdischen Wesen, und andere Dimensionen und Kräfte müssen von den neuen Wissenschaften beantwortet werden. Und die Frage, ob das Universum freundlich ist, liegt jenseits vom Urknall, denn der Urknall selbst versucht das Problem zu leugnen, indem er vorgibt, alles sei nur ein Zufall.

Die neuen Wissenschaften sind spirituell. Mit spirituell meine ich die Energie, deren Essenz alle Ebenen der Wesenheit durchdringt. Ohne Ansehen des religiösen Glaubens stehen die Fragen allein und erwarten die Antwort aus unserer inneren Erfahrung heraus. Wenn genug Menschen diese und ähnliche Erlebnisse gehabt haben - ob paranormal, ob mentales Erwachen, ob Heilung - können sie sie anderen berichten; dann werden auch sie zu einem Teil der sich entwickelnden Weltsicht, und eine neue Konsensrealität entsteht. Aber um an diesem Abenteuer teilnehmen zu können, müssen wir den Unglauben beurlauben und willentlich in das Erlebnis eingehen. Erst nach einem Jahrzehnt der inneren Kämpfe wegen der Dualität der rationalen Wissenschaft und der mystischen Geistigkeit (zusammen mit paranormalen Ereignissen) begann ich, sie in das Gewebe meiner einer neuen Realität einzufügen. Da ich als Naturwissenschaftler ausgebildet war, habe ich die neuen Realitäten zuerst Widerwillen betrachtet, und mein Kampf zog sich lange hin. Für andere mag er kürzer sein.

Der Einfluß der Geschichte

Die frühe Menschheitsgeschichte vor etwa 5000 Jahren offenbart in den außergewöhnlichen Kulturen der Ägypter, Sumerer und in Nordwesteuropa die wichtigsten Wahrheiten und Mysterien des Menschseins. Bevor unsere technische Gesellschaft mit all ihren enormen Vorzügen sowie ihrer Zerstörungslust entstand, erkannten die meisten Menschen den Wahrheitsgehalt durch ihre Mythologien und ihrer Wendung nach innen. Die Meister des Fernen Ostens erreichten erhöhte Stadien des Bewußtseins und lehrten es andere. Vorgeschichtliche Stämme verbanden sich durch ihre Rituale mit der Erde und benutzen ihre Kräfte.

Das UFO-Phänomen, das die mögliche Existenz der außerirdischen Wesen aus anderen Dimensionen nahelegt, gibt es vielleicht durch die ganze Menschheitsgeschichte hindurch: von der Zeit des mysteriösen Erwachens neuer Kulturen bis zu den Wundern in der Bibel und bei Fatima, bis zu den heutigen Erlebnissen Tausender. Religionen und Zivilisationen können plötzlich erschienen sein als Resultat der transzendentalen Beschaffenheit unserer inneren-äußeren Erkundung der Welt, die dann aber später von menschlicher Eitelkeit und organisatorischer Anarchie oder Borniertheit zerstört wurde.

Wenn wir einige Filter von unserem materialistische Leben ablegen und still einwärts gehen und unsere Geschichte aufgrund unserer kosmischen Identität erneut schreiben, beginnen wir, die drängendsten Fragen unserer Zeit zu beantworten. Wie Joseph Campbell, William Irwin Thompson und andere wiederholt aufgezeigt haben, bieten die auf der Geistigkeit beruhenden Mythen der Geschichte einen gemeinsamen Nenner für das Verständnis dessen, was und warum wir hier sind. Sie haben sich auf einer unbewußten und symbolischen Ebene seit langer Zeit behauptet, nicht nur als Überreste sondern als Wahrheiten, zu denen wir sonst keinen Zugang haben.

Reinkarnation und Karma

In der Erkenntnis der immerwährenden Philosophie hat jeder von uns einen Zweck für seine Inkarnation auf Erden zu diesem Zeitpunkt. Der Teil von uns, der unsterblich ist, jenseits von Raum und Zeit existiert und Seele genannt wird, könnte hierher gekommen sein, um Erfahrungen in diesen Dimensionen zu sammeln und Lektionen zu erlernen, die in vorigen Leben noch nicht erlernt wurden.

Das Konzept der Reinkarnation der Seele ist oft schwierig zu akzeptieren. Es scheint den Geboten vieler Religionen und so ziemlich aller Wissenschaft, Ausbildung, Regierung und Massenmedien in der westlichen Welt zu widersprechen. Und dennoch liegen Unmengen von Beweise vor für diese scheinbare Wahrheit, nicht als ein Laborexperiment, das wir wiederholen und beweisen müssen, sondern als eine mögliche Wirklichkeit, die wir erleben können und die uns einen Rahmen für das Verständnis unseres höheren Zwecks bietet.

In dieser Sicht bewahrheiten unsere Lernerfahrungen auf der Erde die ungeschriebenen Gesetze von Ursache und Wirkung, denen wir alle unterliegen. Einige nennen diese kosmische Physik Karma nach dem uralten hinduistische Konzept, das eine komplexe Version des Gedankens bestätigt, daß wir das zurückerhalten werden, was wir eingegeben haben. Wir können uns reinkarnieren und unser Leben als eine Serie von Tests und Wachstumsvorgängen betrachten, dieselben Fehler immer wieder machen, bis wir die Lektion gelernt haben, und dann zu einer höheren Ebene aufsteigen. Nach dieser Theorie überlebt die menschliche Seele den physischen Tod und verbindet sich nach einer kurzen Ruhezeit und Prüfung auf einer nicht-physischen Realität mit einem neuen Körper (oder verkörpert sich in einem), wodurch dann das Lernen und Wachsen fortfahren kann. Diese alten Konzepte scheinen durch Ian Stevensons Forschung mit Kindern, die Geschichten aus ihren frühen Leben erzählen, erneut bestätigt zu werden.

Die Implikationen sind enorm; Ursache und Wirkung scheinen auf einem sehr viel größeren Maßstab zu arbeiten, als wir erträumt hatten. Karma ist offensichtlich kein physisches Phänomen wie Newtonsche Billiardbälle, die auf vorhersagbare Weise aufeinanderprallen. Stattdessen scheint es sich um einen enormen kosmischen Tanz zu handeln, in dem jeder Gedanke und jede Handlung auf uns zurückgespiegelt wird. Wenn wir lieben, bekommen wir Liebe zurück. Sind wir voller Furcht, bekommen wir Furcht zurück. Wenn wir uns in unnachgiebige wissenschaftliche Käfige einschließen, schaffen wir die Umwelt für explosive Zerstörungen.

(Anmerk. d. deutschen Hrsg.: Dies ist eine von verschiedenen Betrachtungsweisen. Die Realität von Gnade und der Wirkung des Verzeihen, widmet an dieser Stelle Brian O`Leary nicht seine ganze Aufmeksamkeit. Erst durch die Gnade, die das Gesetz des Karma durchbricht, ist die Qualität der Freiheit zu verstehen.)

Daraus folgt, daß unser Geist und unser Herz so mächtig werden, daß wir schließlich unsere eigene Realität zu jeder Zeit an jedem beliebigen Ort schaffen können. Wie wir sehen, stützen wissenschaftliche Beweise diesen Aspekt der neuen Realität. Wir scheinen eine Spiegelwelt zu bewohnen. Unsere individuellen und kollektiven Gedanken scheinen je nach unserem Glauben, unseren Gefühlen und Erwartungen eine Bewegung zu einer höheren Erhebung oder zur Selbstzerstörung hin wiederzuspiegeln.

Der Einsatz ist jetzt für unsere Zivilisation sehr hoch, und wir müssen uns schnell zur Weitsicht und zur Erweiterung des Sprunges im Kosmos hinbewegen; andernfalls kommen wir in unserer selbstgeschaffenen Unordnung um. Vielleicht müssen wir durch unendliche Reinkarnationen zu diesem Planeten zurückkehren, um diese Unordnung zu bereinigen - außer wenn wir uns als Einzelne und als Gruppe transformierten können, solange wir noch hier sind. Ich stimme Buckminster Fuller zu: wir haben keine Zeit mehr. Es geht jetzt um Utopie oder Auslöschen. Wir können uns den Luxus nicht mehr leisten, durch Skeptik und kulturelle Fragmentierung gegen unsere wahre Natur anzugehen.

Einheit

Wegen der tiefgründigen Wechselbeziehungen auf Ebenen jenseits des gegenwärtig Verständlichen und wegen der Möglichkeit der Schaffung unserer eigenen Realität könnte diese neue Realität nicht auch in einem größeren Maßstab gültig sein?

Könnten wir alle die Zellen von Gaia sein, die ihrerseits die Zellen des höheren universellen Bewußtseins oder Wesens sind?

Der interdisziplinäre Forscher und Autor Jon Klimo bietet uns dafür ein Gleichnis: "Vielleicht ist die Gottheit, das Weltall oder das Sein so etwas wie ein unverknüpftes Wesen, eine vielseitige Persönlichkeit, die wir aus unserer Perspektive als ebenfalls unverknüpfte Unterpersönlichkeiten erfahren. Alle Aspekte der Schöpfung befinden sich in einem evolutionären Vorgang des Überwindens dieser 'kosmologischen Unverknüpftheit.' Als Teil dieses Überwindungsprozesses lernen wir unseren Zustand der relativen Unverknüpfheit umzuwandeln und immer stärker auf das Allwissen, die Allgewalt, die Allgegenwart und die Allgüte unseres gemeinsamen universalen Wesens zuzugreifen. Leider wird in diesem Entwicklungsstadium ein Großteil der Energie und der Informationen, die am diesem Zugriff beteiligt sind, herablassend als unter-real, oder unreal, als nur eingebildet, verblendet, mystisch, magisch oder paranormal betrachtet, während sie in Wirklichkeit die Manifestation einer tieferen Wahrheit und höheren Realität sind."

Ich glaube, daß die vorliegenden Beweise solche Ansichten unterstützen. Die Wahrheit ist hinter unserer derzeitigen und allumfassenden Illusion einer chaotischen Welt, die sich im Getöse des Alltag widerspiegelt, zu suchen.

Durch unsere Wissenschaft und Religion haben wir uns von dieser kosmischen Einheit entfernt. Unsere technologische Gesellschaft stolpert über sich selbst, und sogar unsere tapferen Bemühungen, den Weltraum zu erforschen, scheinen durch die Überbetonung des männlichen Yang-Prinzips in sterilen Raumstationen lahmgelegt zu werden.

Wir kennen die Hypothese, daß unsere äußere Welt lediglich eine Reflektion der inneren Welt ist und daß Illusionen gegenwärtig diese Rückspiegelung trüben. Wir müssen diese innere Welt heilen und uns wieder mit dem Bild der ganzen Erde vom Mond aus - ein schönes blau-grün-weißes Kraftfeld - verbinden. Wenn wir das Gleichgewicht nicht erreichen, werden wir als Geschöpfe versagen. Wir brauchen die transzendierenden Lösungen der neuen spirituellen Wissenschaft.

Das Kommen der zweiten kopernikanischen Revolution

Bei seiner Beschreibung der Erlebnisse beim Gehen über glühende Kohlen wandte sich Willis Harman gegen die Verleugnung der Skeptiker des Geistes über die Materie: "Die vorgeschlagenen 'Erklärungen', die regelmäßig in den Medien und in der wissenschaftlichen Literatur erscheinen, sind, als ob man Epizyklen zum Ptolomäischen Modell hinzufügte - sie geben dem Erklärenden Befriedigung, aber sie erhöhen unser Verständnis nicht."

Anders ausgedrückt scheinen wir uns inmitten einer zweiten kopernikanischen Revolution zu befinden, die die Macht unserer eigenen inneren Welt in den Mittelpunkt unseres persönlichen Sonnensystems stellt. Wir sind nicht mehr Opfer einer willkürlichen materiellen Welt, sondern wir *sind* die Herren innerhalb der Gesetze und der Grenzen des Karma. Und vielleicht können wir auch das Karma mit liebendem Bewußtsein transzendieren. Es ist Mode für einige Wissenschaftler, die Realität der Revolution zurückzuweisen, am alten Modell zu hängen und daraus ein Bruchstück nach dem anderem umständlich darzulegen, bis es zu einem unlenksamen hydraköpfischen Biest wird. Aber das können wir uns nicht mehr leisten. Wir können, und ich glaube wir müssen zu höheren Ebenen des Bewußtseins aufsteigen, um das Chaos unserer Zeit in die gemeinsame Harmonie, die für unser Überleben unentbehrlich ist, zu transformieren.

Naturwissenschaft und Spiritualität

Mystische Lehren aller Zeitalter sagen uns, wir sind größere Wesen als wir glauben. "Was tue, werdet ihr noch größer tun," soll Jesus gesagt haben. Wir mußten vielleicht vom Glanz unseres Seins Abstand nehmen, um uns an das Leben auf der Erde anzupassen. Wir scheinen unsere Pracht vergessen zu haben. Nach diesen immerwährenden Wahrheiten müssen wir unsere innere und äußere Welt erkunden und sie integrieren, damit sie uns die Dimensionen und die Reiche offenbart, in denen wir uns wieder mit unserem echten Wesen verbinden und zu höheren Ebene des Bewußtseins und des Lernens aufsteigen zu können.

Wie entwickeln wir uns? Lehrer wie John-Roger meinen, wir erreichen diese Ebenen, wenn wir unser Karma auf den niedrigen Ebenen durch Taten der Liebe, Dienst, Meditationen und Hingabe an einem höheren Zweck ausgeglichen und durch Übungen und Läuterung weitergeführt haben. Die kommende Transformation unserer selbst und unseres Planeten wird vielleicht eine noch wertvollere Belohnung mit sich bringen: Transzendenz der Seele und Freiheit von den Widrigkeiten des erdgebundenen menschlichen Zustands. Gemäß dieses Modells kehren wir nur auf Wunsch zurück und nur zum Lehren. Wenn all dies wahr ist, dann ist unsere Transzendenz kein geringer Preis.

Ironischerweise scheint auch unser Geist, den wir jetzt als so mächtig entdecken, Hindernisse beim Zugang und bei der Evolution der Seele aufzurichten. Der Geist redet unentwegt. Aus diesem Grund suchen manche Leute dauernd Wege, den Geist durch Meditation und Verwandlung zu stillen. Deshalb haben vielleicht die Instrumente beim Drachenprojekt diese mysteriöse Stille im Steinkreis zu Rollright aufgenommen, und sie kann auch mein Transdenzerlebnis in der Begräbniskammer zu Newgrande erklären. Indem sie die Umwelt zum Schweigen brachten, lernten manche alte Kulturen, den Geist zu beruhigen und durch eine innere und äußere Welt von unbeschreiblichem Wunder und Schönheit zu reisen.

Das ist jetzt schwer, denn wir sind so abgelenkt. Und es ist noch schwieriger für die junge Generation, die in einem materialistischen System aufwächst, die höhere Realität dessen, was wir sind, zu erfassen. Die Grenzen unserer Sprache errichten oft eine unüberwindliche gesellschaftliche Schranke vor der Aufklärung.

Junge Leute, die diese Welt und vermutlich noch weitere Welten geerbt haben, tragen eine enorme Verantwortung. Der Yuppie-Ansatz zum Leben wird wohl kaum noch genügen.

Die meisten von uns enterben unsere innere Welt, weil wir uns weigern, ihre Unentbehrlichkeit als Quelle der Realität zu akzeptieren. Wir fühlen uns wie nervöse Astronauten vor dem Start der Rakete, die sich die Reise gern noch einmal überlegen würden.

Wir haben uns eingeredet, daß wir wenig Kontrolle über unsere innere *und* äußere Welt besitzen. In unserer Vorstellung leben wir in einer Umwelt, in der uns Dinge zustoßen wie zufällige Ereignisse in Newtons Welt. Aber wir können diese Vorstellung ändern, wenn wir die innere Welt zu unserem Gewinn einsetzen - sei es durch Meditation, Intuition, Therapie, Arbeitssitzungen, Freizeiten oder Aufgeschlossenheit gegenüber gewandelten Stadien und paranormalen Vorkommnissen. Wissenschaftliche Grundlagen liegen vor, die nahelegen, daß die innere Welt die äußere zutiefst beeinflußt. Vor zweitausend Jahren sagte uns Jesus schon, daß das Reich des Himmels innen liegt. Vielleicht können wir jetzt endlich und *wahrlich* diese Realität schaffen.

Eine Herausforderung für die Naturwissenschaftler

Es ist nicht meine Absicht, drei Jahrhunderte der Erkundung der äußeren Grenzen mit Newtons Wissenschaft völlig zu entwerten. Wir haben große Fortschritte damit gemacht. Aber ich glaube, die Zeit ist jetzt gekommen, zu der Naturwissenschaftler beginnen müssen, das Universum aus einer neuen Perspektive zu betrachten. Meiner Ansicht nach reichen einfache technische Reparaturen der Umwelt nicht aus, die erforderlichen Veränderungen vorzunehmen, damit wir die Probleme lösen können. Früher oder später müssen wir alle den kosmischen Tanz tanzen, um unsere Hemmungen und Ängste zu überwinden und um das Innere und Äußere unserer unvermeidlichen Transformationen entgegen zu verschmelzen. Ich fordere meine naturwissenschaftlichen Kollegen heraus, ihre analytische Werkzeuge zur Schaffung einer fundierten theoretischen und experimentellen Grundlage für die neuen Wissenschaften einzusetzen und die notwendigen transformationellen Technologien zu entwickeln.

Viel Arbeit wartet auf uns. Wir müssen die Experimente um die UFOs, Mars, das Paranormale und das Heilen erweitern und fördern. Wir brauchen neue theoretische Modelle, die die Beobachtungen erläutern. Und wir müssen innovative Lösungen für unsere schwerwiegenden gesellschaftlichen und umweltlichen Probleme finden sowie die fundamentalsten metaphysischen Fragen beantworten.

Ich glaube, wir können all das meistern. Wir sind durchaus fähig, ein Apollo-Programm für die innere Welt zu schaffen, die das beste und hellste wissenschaftliche Talent, das die Welt zu bieten hat, einsetzt. Wenn sie zu diesem Zweck statt mit einer zerstörerische Absicht eingesetzt werden, sind die weltweiten Ressourcen enorm.

Als Bewohner dieses Planeten können wir dazu einen konstruktiven Beitrag leisten. Nur ein Bruchteil der Forschungs-

und Entwicklungsmittel und der Arbeitskräfte würden viel beim Einsatz eines neuen internationalen Weltraumprogramms erreichen. Wir können zusammen mit anderen Nationen zum Mars reisen und dabei entdecken, wer wir sind und was unsere planetare Kultur benötigt, um die Schwierigkeiten zu überwinden. Dazu brauchen wir visionäre Führungspersönlichkeiten, die die Wichtigkeit der neuen Prioritäten erkennen, damit das Weltraumprogramm ins Innere und Äußere zu einem Teil des Alltäglichen wird. Wir brauchen Wissenschaftler und Boten, die die neue Realität in unsere Kultur geleiten.

Ich erlebte neulich eine Fortsetzung des Traumes, den ich in der Einleitung beschrieb. Im ersten Traum erschien mir ein Zusammenbruch der Kommunikation mit einem führenden Wissenschaftler in einem gigantischen Haus im Tudor-Stil. Er hatte kein Interesse an der neuen wissenschaftlichen Aufgabe, an der ich arbeitete. In meinem neuen Traum lud mich der Wissenschaftler in sein Arbeitszimmer ein und bat mich, *seinem* Team beizutreten, das die optischen Eigenschaft des von Mars reflektieren Lichtes untersuchte. Da es sich um das Thema meiner Doktorarbeit handelte, konnte ich sicherlich einen Beitrag zu seiner Forschung leisten. Ich war versucht, sofort zuzusagen und dem Team beizutreten. Da gab es ein Gefühl der Sicherheit, eine brüderliche Zugehörigkeit und zuverlässige Finanzierung meiner Arbeit. Aber ich zögerte. Obwohl ich mit dem Thema vertraut war, bot es nicht genug von Interesse für mich. Wenn ich das Angebot annähme, würde ich noch immer unter der alten Tagesordnung des reflektierten Lichtes aus dem Weltall arbeiten und nicht mit dem Plan der inneren Welt, die Licht ausstrahlt. Schließlich folgte ich meinem Herzen, und wir trennten uns freundschaftlich, aber traurig.

Dieser zweite Traum markiert einen Durchbruch für mich. Ich entdeckte das Bedürfnis, meine persönliche Zukunft um einer ungewissen kollektiven Zukunft willen in Gefahr zu bringen. Es wurde mir klar, daß die Wahl, welche Fragen wir stellen, im Kern der innovativen Wissenschaft liegt. Wir müssen mutig genug sein, die neuen Fragen zu stellen, die von Beobachtungen des Anomalen hervorgerufen werden, und Hypothesen der neue Wirklichkeit formulieren. Unsere Arbeit an der Entscheidung, welche Frage zu stellen ist, hat gerade erst begonnen.

Bibliographie

Ash, David und Peter Hewitt, Science of the Gods. Manuskript (1988).

Augros, Robert und George Stanciu, The New Biology. New Science Library, Boston und London (1988).

Augros, Robert M. und George N. Stanciu, The New Story of Science. Gateway Editions, Lake Bluff, Illinois (1984).

Backster, Cleve, "Evidence of a Primary Perception in Plant Life." International Journal of Parapsychology, Vol. 10, p. 329 (1968).

Bentov, Itzhak, Stalking the Wild Pendulum. E.P. Dutton, New York (1975).

Bond, Jane und Colin, Mysterious Britain. Paladin, London (1974).

Brennan, Martin, The Stars and the Stones. Thames and Hudson, London (1983).

Brown, Peter Lancaster, Megaliths and Masterminds. Scribner's, New York (1979).

Burr, Harold Saxon, Blueprint for Immortality: The Electric Patterns of Life. Neville Speareman, London (1972).

Campbell, Joseph, interviewed by Eugene Kennedy, "Earthrise: The Dawning of a New Spiritual Awareness." The New York Times Magazine, April 15, 1979, pp. 14-15.

Campbell, Joseph, The Inner Reaches of Outer Space. Alfred Vander Marck Enterprises, New York (1986).

Capra, Fritjof, The Tao of Physics. Shambhala Publications, Boulder, CO (1975).

Capra, Fritjof, The Turning Point. Simon and Schuster, New York .

Carlotto, Mark. J., „Faszination Mars"
ISBN 3-89539-284-7 DM 38,--, Michaels Verlag, 86971 Peiting (1997)

Carlotto, Mark. J., "Digital image analysis of unusual Martian surface features, Applied Optics." Vol. 27, pp. 1926-1933 (1988).

Carlotto, Mark. J. und Michael C. Stein, "A search of artificial objects on planetary surfaces." Eingereicht beim Journal of the British Interplanetary Society (1989).

Cathie, Bruce, „Die Harmonie des Weltraums",
ISBN 3-89539-297-9 DM 38,--, Michaels Verlag, 86971 Peiting (1998)

Cathie, Bruce, Harmonic 33. Reed, Wellington, Sydney and London (1968).

"Cosmic Connections." Time-Life Book Serie "Mysteries of the Unknown." Alexandria, Virginia (1987).

Devereux, Paul und Paul McCartney, Earth Lights. Thorsons, London (1982).

DiPietro, Vincent und Gregory Molenaar, Unusual Martian Surface Features. Mars Research, Glenn Dale, Maryland (1982).

Eisenbud, Jule, Interview, Seite 164 in Ecology and Consciousness, Richard Grossinger, Ed. North Atlantic Books, Berkeley, Calif. (1978).

Fox, Matthew, The Coming of the Cosmic Christ. Harper & Row, New York (1988).

Fuller, R. Buckminster, Critical Path. St. Martin's Press, New York (1981).

Graves, Tom, Needles of Stone Revisited. Gothic Image, Glastonbury, UK (1986).

Graves, Tom, The Diviner's Handbook. Aquarian Press, Wellinborough, UK (1974).

Greeley, Andrew, "The Impossible: It's Happening." American Health: Fitness of Body and Mind, January-February 1987 and Noetic Sciences Review, Spring 1987.

Grossinger, Richard (Ed.), Planetary Mysteries. Seite 27, North Atlantic Books, Berkeley, Calif. (1986).

Hall, Carla, "Eyes on Mr. Mars." The Washington Post, July 8, 1988, p. B1.

Harman, Willis, "An Extended Science." Noetic Sciences Review, Summer and Fall 1987.

Harman, Willis, Global Mind Change. Knowledge Systems, Indianapolis, Indiana (1988).

Harman, Willis und Howard Rheingold, Higher Creativity: Liberating the Unconscious for Breakthrough Insights. J.P. Tarcher, Los Angeles (1984).

Harris, Obadiah, The New Consciousness. Pendell Publishing Company, Midland, Michigan, p. vii (1977).

Hawking, Stephen, A Brief History of Time. Bantam, New York (1988).

Heisenberg, Werner, Across the Frontier. Harper & Row, New York (1974).

Hitching, Francis, Earth Magic. Morrow, New York (1976).

Hoagland, Richard C., The Monuments of Mars. North Atlantic Books, Berkeley, CA (1987).
Buch und Video in deutscher Sprache u.a. über den Michaels Verlag, 86971 Peiting
Huxley, Aldous, The Perennial Philosophy. Harper & Row, New York (1970).

The Iceland Papers, Andrija Puharich, Ed. Essentia Research Associates, Amherst, Wisconsin (1979).

John-Roger, Passage into Spirit. Baraka, Los Angeles (1984).

Johnson, Robert, He. Religious Publishing Company, King of Prussia, Penn. (1974).

Joy, W. Brugh, Healing with Body Energy. Audio Renaissance Tapes, Los Angeles (1987).

Jung, Carl und Wolfgang Pauli, The Interpretation of Nature and the Psyche. Bollingen Series LI, Pantheon Books, New York (1967).

Keen, Sam, Seite 116-118 in The Holographic Paradigm, Ken Wilbur, Ed. New Science Library, Boston (1982).

Keyes, Ken, Jr., The Hundredth Monkey. Vision Books, Coos Bay, Oregon (1986).

Klimo, Jon, Channeling: Investigations on Receiving Information from Paranormal Sources. Tarcher, Los Angeles (1987).

Klimo, Jon, "Cosmological Dissociation: toward an understanding of how we create our own reality." Proceedings of the Second International Conference on Paranormal Research, Fort Collins, Colorado (1989).

Kuhn, Thomas, The Structure of Scientific Revolutions. University of Chicago Press (1970).

Lemonick, Michael D. "Wormholes in the Heavens." Time, January 16, 1989, p. 55.

Leviton, Richard, "Homeopathy." Yoga Journal, p. 50, March/April 1989.

Lilly, John C., The Scientist. Ronin, Berkeley (1988).

Lovelock, James, Gaia, A New Look at Life on Earth. Oxford, New York (1979).

Lovelock, James, The Ages of Gaia. Norton, New York and London (1988).

Michel, Aime, The Truth About Flying Saucers. Robert Hale, London (1957).

Michell, John, The New View Over Atlantis. Thames & Hudson, London (1983).

Millman, Dan, "Way of the Peaceful Warrior." J.P. Tarcher, Los Angeles (1980).

Monroe, Robert A., Journeys Out of the Body. Doubleday, New York (1971).

Morowitz, Harold, The Wine of Life and Other Essays on Societies, Energy and Living Things. St. Martin's, New York (1979).

Murphy, Michael, "Dimensions of Healing." an interview, Noetic Sciences Review, Fall 1987.

Mysteries of the Unknown. Time-Life Book Series, Alexandria, Virginia (1987).

"Mystic Places," Time-Life Book Series "Mysteries of the Unknown." Alexandria, VA (1987).

O'Leary, Brian, „Das 2. Erwachen der Wissenschaft"
ISBN 3-89539-251-0 DM 38,--
Michaels Verlag, 86971 Peiting (1998)

O'Leary, Brian, „Das Wunder der Leere“
ISBN 3-89539-252-9 DM 48,--
Michaels Verlag, 86971 Peiting (1998)

O'Leary, Brian, "Analysis of the Images of the 'Face' on Mars and Possible Intelligent Origin," eingereicht beim Journal of the British Interplanetary Society (1989).

O'Leary, Brian, "Duality, Oneness and Outer Space." The Movement, Los Angeles, März 1983.

O'Leary, Brian, The Fertile Stars. Everest House, New York (1981).

O'Leary, Brian, "Inner Space, Outer Space." The Movement, Los Angeles, Oktober 1984.

O'Leary, Brian, Mars 1999. Stackpole Books, Harrisburg, PA (1987).

O'Leary, Brian, "Reflected and Radiated Light." The Movement, Los Angeles, Mai 1985.

O'Leary, Brian, "The Threshold on Inner-Outer Space." The Movement, Los Angeles, Dezember 1984.

O'Leary, Brian, "Yin and Yang in Space." The Movement, Los Angeles, Oktober 1985 and L-5 News, Juli 1986.

O'Neill, Gerard K., The High Frontier. Morrow, New York (1977).

O'Regan, Brendan, "Healing: Synergies of Mind/Body/Spirit." Institute of Noetic Sciences Newsletter, Spring 1986.

O'Regan, Brendan, "Nature vs. Nature: Science, Censorship and New Ideas." Noetic Sciences Review, Autumn 1988.

Orr, Leonard und Sondra Ray, Rebirthing, Koha Verlag c/o Michaels Vertrieb, 86971 Peiting

Papagiannis, Michael, "The Importance of Exploring the Asteroid Belt." Acta Astronautica, Vol. 10, pp. 709-712 (1981); auch "Strategies for the Search for Life in the Universe." D. Reidel Publishing, Dordrecht, Holland (1985), und "The Search for Extraterrestrial Life: Recent Developments. A Report on IAU Symposium 111," Journal of the British Interplanetary Society, Vol. 39, pp. 281-285 (1980).

Paranormal Research, Maurice L. Albertson, Dan S. Ward und Kenneth P. Freeman, Eds. Rocky Mountain Research Institute, Ft. Collins, Colo. (1988 und 1989).

Pearce, Joseph Clinton, The Crack in the Cosmic Egg. Julian Press, New York (1971).

Pennick, Niguel, The Ancient Science of Geomancy. Thames & Hudson, London (1979).

Ponder, Katherine, The Dynamic Laws of Healing. DeVorss & Co., Marina del Rey, Calif. (1966).

Ponder, Katherine, Open Your Mind to Prosperity. DeVorss & Co., Marina del Rey, Calif. (1971).

Pozos, Randolfo, The Face on Mars: Evidence for a Lost Civilization? North Atlantic Books, Berkeley, CA (1986).

Pribram, Karl H., Seite 27-34 in The Holographic Paradigm, Ken Wilbur, Ed. New Science Library, Boston (1982).

Puharich, Andrijah, "Magnetic Model of Matter and Mind Unifying the Five Forces of Nature." Temple University Conference on Frontier Issues in Physics, Biology and Quantum Theory, Bermuda, April 1988.

Ring, Kenneth, Heading Toward Omega: In Search for Meaning of the Near Death Experience. Morrow, New York (1984).

Roberts, Jane, The Nature of Personal Reality. Prentice-Hall, Englewood Cliffs, NJ (1974).

Robins, Don, Circles of Silence. Souvenir, London (1985).

Rossner, John, In Search of the Primordial Tradition and the Cosmic Christ. Seite xxv und 217-224, The Llewllyn New Times, St. Paul, Minnesota (1989).

Rossner, Marilyn Zwaig, "God's Guidance and Natural Forms of Psychic Communication." a lecture reprinted by the Spiritual Science Fellowship, Montreal, September, 1978.

Russell, Peter, The Global Brain. Tarcher, Los Angeles (1983).

Schweickart, Russell, L., No Frames, No Boundaries. Filmkommentar. Creative Initiative/Beyond War, Palo Alto, CA. From Earth's Answer: Exploration of Planetary Culture at the Lindesfarne Conferences, Lindesfarne/Harper & Row, w. Stockbridge, MA (1977).

Sheldrake, Rupert, A New Science of Life, Tarcher, Los Angeles.

Sheldrake, Rupert, Interview with David Tapper. Noetic Sciences Review, Spring (1987).

Siegel, Bernie, Love, Medicine and Miracles. Harper & Row, New York (1986).

Siegel, Bernie, Peace, Love and Healing. Harper & Row, New York, (1989).

Spaulding, Baird T., Lie and Teaching of the Masters of the Far East. De Vorrs, Marina Del Rey, Calif. (1924).

Sperry, Roger, "Downward Causation," The Journal of Mind and Behavior. Winter 987 and the Noetic Sciences Review, Fall 1987.

Stevenson, Ian, "Reincarnation: Field Studies and Theoretical Issues," Handbook of Parapsychology. Benjamin B. Wolman, Ed. Van Nostrand Reinhold Company, New York (1977).

Talbot, Michael, Mysticism and the New Physics. Bantam, New York (1980).

Thompson, William Irwin, The Time Falling Bodies Take to Light. St. Martin's, New York (1981).

Toben, Bob, Space-Time and Beyond. Dutton, New York (1975).
Tompkins, Peter, Secrets of the Great Pyramids. Harper & Row, New York (1971).

Tompkins, Peter und Christopher Bird, The Secret Life of Plants. Harper and Row, New York (1973).

Torun, Erol O., Preliminary Investigation of the Geometry of the D & M Pyramid." eingereicht beim Journal of the British Interplanetary Society (1989).

Ullman, Dana, Homeopathy: Medicine for the 21st Century. North Atlantic Books, Berkeley, Calif. (1988).

Vallee, Jacques, UFOs in Space. Ballantine Books, New York, P. 121 (1965).

Watson, Lyall, Lifetide. Bantam Books, New York (1980).

Watson, Lyall, Supernature. Hodder & Soughton, London (1973).

Weber, Renee, Dialogues with Scientists and Sages: The Search for Unity. Routledge & Kegan Paul, London and New York (1986).

White, The Overview Effect. Houghton Mifflin, Boston (1987).

Wolf, Fred Allen, Star Wave. Collier, New York (1986).

Zimmerman, John, "Laying-on-of-Hands Healing and Therapeutic Touch: A Testable Theory." Paranormal Research, Seite 656-672, Maurice L. Albertson, Dan S. Ward und Kenneth P. Freeman, Eds. Rocky Mountain Research Institute, Ft. Collins, Colo. (1988).

Zukav, Gary, The Dancing Wu Li Masters. Morrow, New York (1979).

MVV Michaels Verlag / Vertrieb GmbH
Sonnenbichl 12 · 86971 Peiting
Telefon 0 88 61/5 90 18 · Fax 0 88 61/6 70 91

Brad Harris

DIE DUNKLE SEITE DES MONDES

Die Ufo-Verschwörung

Dieses Buch ist wohl die faszinierendste, aktuellste und wohl auch die brisanteste Sammlung zu dem Thema »Außerirdische Intelligenzen«. Dieses Buch ist **Top Secret**.
Es werden Beweise über Beweise vorgelegt, nicht zuletzt über die Zusammenarbeit geheimer Regierungskreise mit außerirdischen Intelligenzen.
Mit ca. 1000 Seiten wohl das umfangreichste Werk zu diesem hochaktuellen Thema.

Preis: 98,00 DM
ISBN 3-89539-273-l

Brian O'Leary

DAS ZWEITE ERWACHEN DER WISSENSCHAFT

Kaum ein hochkarätiger Wissenschaftler ist den Weg wie Brian O'Leary so konsequent gegangen und hat dabei seine Erfahrungen in diesem faszinierenden Buch festgehalten.
Der Physiker, NASA-Berater und Astronaut ist ein »Bilderbuch-Schulwissenschaftler«. Sein logisches Denk- und Urteilsvermögen haben ihn zu einem herausragenden Wissenschaftler seiner Zeit gemacht. Er forschte, bis er an Grenzen stieß. An Grenzen, die ihm die NASA stellte. Diese Grenzen nicht akzeptierend ging Brian O'Leary seinen eigenen Weg. Dieser Weg führte ihn zu dem Thema »Freie Energie« und für ihn selber überraschend zur Spiritualität.
Ab einem bestimmten Punkt verliert die Wissenschaft ihre Unschuld. O'Leary ist der Meinung, daß ein Wissenschaftler in dem Maße nach moralischer, geistiger, spiritueller Entwicklung streben sollte, wie er auf der anderen Seite um naturwissenschaftliche Erkenntnisse ringen soll.
Das zweite Erwachen der Wissenschaft ist der 2. Band aus der Brian O'Leary Triologie. Der Titel erscheint Mai 98. Der 1. Band ist ab Februar 98 lieferbar. Der 3. Band erscheint August 98.

Preis: 38,00 DM
ISBN 3-89539-251-0

Walt & Leigh Richmond

DAS VERSCHOLLENE JAHRTAUSEND

Mahner ganz besonderer Art sind das Ehepaar Walt und Leigh Richmond. Sie ist Anthropologin und Journalistin, er ein genialer Physiker und ein Schüler Nikola Teslas. Das Ehepaar schrieb gemeinsam das Buch: »Das verschollene Jahrtausend«.
In diesem faszinierenden Werk beschreibt die Anthropologin den Untergang Atlantis, der Physiker und Teslakenner steuerte sein Wissen bei. Er, der die Patente Teslas sehr wohl kannte, wußte was mit dieser Technologie, so sie pervertiert würde, alles möglich war. Er beschreibt in dem Werk fast prophetisch die technische Entwicklung, die schlußendlich im HAARP-Projekt ihren derzeitigen Höhepunkt findet.
Anschaulich wird der Leser mit äußerst komplizierten wissenschaftlichen Zusammenhängen vertraut gemacht, förmlich spielerisch wird der Leser an ein Thema herangeführt, das zu Begreifen ihm auf der rein wissenschaftlichen Seite äußerst schwer fallen würde. Die Technologie Teslas und ihre Weiterentwicklung führt zu großen Katastrophen – detailliert beschreibt er, was alles möglich ist – Atlantis zerstörte sich aufgrund von Energieexperimenten selber.
Der Verlag schreibt über das Werk: »Mit diesem Buch haben die Autoren ein Mahnmal gegen den Machbarkeitswahn geschaffen. Das Buch beschreibt und entlarvt die militärischen Aspekte des HAARP-Projekts, bevor das Projekt begann. Das düstere Szenario eines hochkarätigen Wissenschaftlers, der seiner moralischen Verantwortung folgte und aufzeigte, wohin eine Technologie führen kann/führt, bevor sie in Form des HAARP-Projektes Wirklichkeit wurde. Heute gehören die Richmonds zu den aktiven HAARP-Kritikern.«

ca. 200 Seiten
Preis: ca. 32,00 DM
ISBN 3-89539-292-8

DAS BUCH DER ANTIGRAVITATION

Ist die vereinte Kraftfeldenergie die Antwort auf alle Energieprobleme? In dieser wohl einmaligen Zusammenstellung wird erforscht wie Gravitation, Elektrizität und Magnetismus den Menschen beeinflussen. Weitere Themen: Ist künstliche Gravitation möglich? Welche enormen Energien können wir dadurch nutzbar machen? Der »Anti-Masse-Generator«, die Geheimnisse der Ufoantriebe, Freie Energie, Nikola Tesla und die Antikraft-Flugkörper der 20er und 30er Jahre. Texte, Ideen und Theorien von Albert Einstein, Nikola Tesla und T. Townsend Brown werden leicht verständlich dargestellt. Eingang in dieses Buch haben natürliche Antigravitations-Patente und zahlreiche Zeichnungen und Diagramme gefunden.

220 Seiten
Preis: 38,00 DM
ISBN 3-89539-267-7

Bruce L. Cathie

DIE HARMONIE DES WELTRAUMS

Bruce L. Cathies Forschungen begannen bereits in den 60er Jahren als er für die »New Zealand Air« als Pilot tätig war. Gegenstand seiner wissenschaftlichen Arbeiten war die heilige-harmonische Geometrie der Erde und ihr Energiesystem. In diesem Werk wird das Energiegitternetz in vielen Details beschrieben.

Er ist berühmt für seine Forschungen im Bereich »Lichtschwingung«. Diese Arbeit wird in dem Buch dokumentiert. Es wird aufgezeigt, wie das Licht auf die Erde trifft, ein Lichtgitter, um die Erde erzeugt, was wiederum die Grundlage für die gesamte physische Realität darstellt.

Das Buch nimmt Bezug auf Pythagoras und stellt erstaunliche Zusammenhänge zwischen den verschiedenen »Orten der Kraft« her. In seinem aktuellsten Buch führt er die Leserschaft in Bereiche, wo Wissenschaft und Unerforschtes zusammen kommen.

Die Mathematik des Weltgitternetzes und die Verbindungen zwischen den menschlichen Gehirnwellen, der Erde, der Ionosphäre, der Schwerkraft wie auch die überraschenden Parallelen zwischen Stonehenge, den Pyramiden auf dem Mars und und und, werden anschaulich dargestellt.

Das Buch greift darüber hinaus folgende Themen auf: Nikola Teslas Elektro-Auto, und Robert Adams Pulsed Electric Motor Generator. In dem Werk finden wir Tafeln, die die harmonische Beziehung zwischen dem Erdmagnetfeld, der Lichtgeschwindigkeit und der Antigravitation aufzeigen. Adventures Unlimited: »Das Buch ist ein Muß für alle Schüler der Freien Energie«.

Seiten ca. 300
Preis: 48,00 DM ca.
ISBN 3-89539-297-9

Beardon

SKALAR TECHNOLOGIE

– Psychotronische Waffen
– Elektromagnetische Waffen
– Biophysik

Das Erzeugen von Strahlenwaffen, von Waffen die eine Schwingung erzeugen, die den betroffenen Menschen lähmt, die Adern und Gefäße zum Platzen bringen läßt, die Konzentrationsstörungen herbeiführt, die den Menschen wie ein Steak in der Mikrowelle erhitzen läßt oder jedem lebenden Organismus jegliche Energie/Wärme entziehen läßt, sind inzwischen Realität geworden. Die Biophysik eines T. E. Bearden und seine Aufzeichnungen bezüglich der »Skalar Technologie« sind hier zu nennen. Bearden verdanken wir einen tiefen Einblick über die Entwicklung von elektromagnetischen Strahlenwaffen. Er war einer der Ersten der bereits in den 80er Jahren sowjetische Experimente mit dieser Technologie dokumentierte: »Man beachte, daß eine ›kalte Explosion‹ mit über 240 km Durchmesser eine Interferenz-Zone mit etwa der Größe der Zentralregion des westeuropäischen Kriegsschauplatzes repräsentiert. Ein einziger Schuß aus einer solchen Waffe kann in allerkürzester Zeit nehzu alle NATO-Soldaten in diesem Gebiet in einen Eisblock verwandeln. Beachte, daß die Wärmeenergie mit Hilfe der Raum-Zeit aus dem Gebiet abgezogen worden ist. Wärmeisolation oder äußere Wärmequellen bieten keine Abwehr. Die Wärme ist buchstäblich aus dem Inneren der Körper in die umgebende Interferenzzone ›abgesaugt‹ worden. Natürlich kann derselbe Interferometer auch zur ›Energieproduktion‹ eingesetzt werden, wodurch er fast alle elektronischen Einrichtungen im Zielgebiet stören oder zerstören und explosives Material zur Detonation bringen kann.« (Das Fehlen des Hinweises bei Bearden, daß neben der NATO-Soldaten zig Millionen Zivilisten und Millionen und Abermillionen andere Lebewesen in Mitteleuropa in Tiefgefrierfleisch verwandelt werden würde, soll mit diesem Einschub ausgeglichen werden).

»Skalar Elektromagnetische Waffen sind nahezu in allen Phasen eines Krieges anwendbar, sowohl taktisch als auch strategisch und zugleich offensiv und defensiv. So können Marschflugkörper, Flugzeuge, Panzer, U-Boote, Munitionslager, etc. zerstören. Mit solchen Waffen können unfaßbar große Gebiete zerstört oder binnen Minuten ›neutralisiert‹ werden. Sie können gleichermaßen zur Wetter- und Klimabeeinflussung im weltweiten Maßstab eingesetzt werden«.

Weil kaum ein anderer Wissenschaftler seine Berechnungen, seine Messungen und seine Beobachtungen so frühzeitig, mutig und schonungslos der Öffentlichkeit vorstellte und sich dabei immer wieder bemühte, seine Berechnungen in Worte zu fassen (daß Mensch sie auch verstehen kann), hat die Edition Neue Energien das Bearden Buch »Gravitobiology – A New Biophysics« ins Deutsche übersetzt.

Preis: 58,00 DM
ISBN 3-89539-250-2

MVV Michaels Verlag / Vertrieb GmbH
Sonnenbichl 12 · 86971 Peiting
Telefon 0 88 61/5 90 18 · Fax 0 88 61/6 70 91

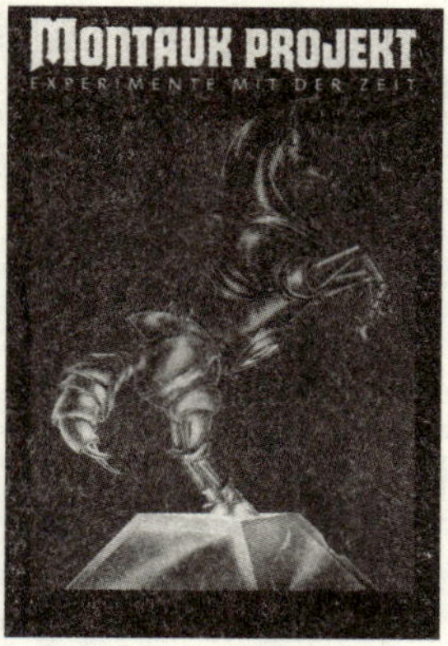

DAS MONTAUK PROJEKT I

I

Entdecken Sie die Wahrheit über das Phänomen Zeit!
Das »Montauk Projekt« deckt das erstaunlichste und am strengsten geheimgehaltene Forschungsprojekt der Geschichte auf. Es begann während des II. Weltkrieges mit dem »Philadelphia Experiment«, bei dem die U.S. Navy in Zusammenarbeit mit der damaligen Elite der Wissenschaft (Nikola Tesla, Albert Einstein u. a.) Versuche durchführte, das Kriegsschiff »USS Eldrige« für feindliches Radar unsichtbar zu machen. Das Projekt wurde unterbrochen, nachdem es am 12. August 1943 zu einer kompletten Teleportation des Schiffes und seiner Besatzung gekommen war.
Das »Montauk Projekt« verbindet die Modalitäten der modernen Wissenschaft mit den höchsten esoterischen Techniken und katapultiert uns letztendlich über die Schwelle des Universums und unseres Bewußtseins hinaus. Wir alle wissen, daß »da draußen« irgend etwas ist, doch wir wissen nicht genau was. Dieses Buch liefert nicht zuletzt ein paar handfeste Schlüssel darüber.

Preis: 30,00 DM
ISBN 3-89539-269-3

RÜCKKEHR NACH MONTAUK

II

Die Spurensuche geht weiter!

»Rückkehr nach Montauk« deckt die geheimen, okkulten Kräfte hinter der Wissenschaft und der Technologie auf, die beim »Montauk Projekt« verwendet wurden.
Die Verstrickungen hinter dem größten Zeitreisenprojekt der Geschichte gleichen einem reich verzierten Wandteppich, der Verflechtungen von seltsamen Verbindungen, wie beispielsweise des Cameron-Klans mit dem Ursprung der amerikanischen Raketen- und Raumfahrttechnik oder die bizarre Geschichte des elektronischen Transistors und der Magie des Aleister Crowley, Jack Parsons und L. Ron Hubbard, aufzuweisen hat.
»Rückkehr nach Montauk« bringt neue Anhaltspunkte und Namen hinter dem »Montauk Projekt« ans Tageslicht und nimmt den Leser auf eine Reise mit, die das Szenario des ersten Buches um ein Weites übersteigt.

Preis: 30,00 DM
ISBN 3-89539-270-7

MVV Michaels Verlag / Vertrieb GmbH
Sonnenbichl 12 · 86971 Peiting
Telefon 0 88 61 / 5 90 18 · Fax 0 88 61 / 6 70 91

Preston B. Nichols & Peter Moon III

PYRAMIDEN VON MONTAUK

»Pyramiden von Montauk« enthüllt die Geheimnisse von Montauk Point und dessen spezielle Lage in bezug auf Pyramiden und Zeitreisen-Experimente.
Preston Nichols faszinierender Bericht bringt weitere neue Erkenntnisse über die geheimen Vorgänge in Montauk, wie die Entdeckung eines Teilchenbeschleunigers auf der Montauk Basis und die Entwicklung neuer psychotronischer Waffen.
»Pyramiden von Montauk« führt uns weit über die Abenteuer der beiden ersten Bücher hinaus, hinaus in die Erforschung der zukünftigen Wirklichkeit und dem Ende der Zeit, wie wir es kennen. Die Montauk-Reihe ist auf insgesamt 5 Bände angelegt. Pyramiden von Montauk ist der 3. Band. Ebenfalls bereits lieferbar ist der 4. Band: »Interviews zu Montauk«. Der 5. Band soll im Herbst 98 erscheinen und hat die finanziellen Hintergründe von Montauk zum Inhalt. Hier werden dann »Nazi-Connection« aufgezeigt.

Preis: 36,00 DM
ISBN 3-89539-272-3

DIE INTERVIEWS ZUM MONTAUK PROJEKT IV

Duncan Cameron, Peter Moon, Nichols und Al Bielek werden in diesen Interviews befragt über ihre Erfahrungen mit dem Philadelphia Experiment und dem Montauk Projekt. Befragt über Zeitexperimente, befragt über das Gedankenkontrollprogramm der Regierung.
Für diejenigen, die die Montauk-Bücher kennen, bietet dieses Buch wertvolles Hintergrundmaterial.
Für diejenigen, welche die Montauk-Titel noch nicht kennen, kann dieses Buch ein faszinierender Einstieg sein.
Das vielleicht brisanteste Montauk-Buch.

Preis: 28,00 DM
ISBN 3-89539-271-5

MVV

Michaels Verlag / Vertrieb GmbH
Sonnenbichl 12 · 86971 Peiting
Telefon 0 88 61 / 5 90 18 · Fax 0 88 61 / 6 70 91

DIE SCHWARZE SONNE MONTAUK V – MONTAUK UND DIE NAZI-CONNECTION UND IHRE OKKULTEN HINTERGRÜNDE

Montauk V

DIE SCHWARZE SONNE

Aktuell – Erschreckend – Erschreckend aktuell
In diesem Buch werden die Nazi-Connections von Montauk untersucht. Montauk als ein besonderer Ort – ein Ort der Kraft – ein Ort, an dem bestimmte Experimente möglich sind – Zeitexperimente – Experimente mit dem menschlichen Bewußtsein – Experimente mit ELF-Wellen.
Montauk ein Schmelztiegel von Okkultismus, Nazigeld und modernster Wissenschaft. Science? oder Fiktion?
Nach der Lektüre dieses Buches ist ihre Welt eine andere.

Hardcover
Preis: 44,80 DM
ISBN 3-89539-259-6

DIE MEDIEN HORCHEN AUF: WIEDER EIN NEUER »SAUDER« REGIERUNGSSTELLEN DEMENTIEREN IM VORAUS

Dr. phil. Richard Sauder

UNDERGROUND – STÜTZPUNKTE UND TUNNELSYSTEME

Was versucht die Regierung zu verbergen?

Es gibt mehr Untergrundstützpunkte, als Sie denken, und da ist mehr im Gange als nur die Planung, wie man den Präsidenten im Falle eines Nuklearkrieges am Leben erhalten kann.
Dieses Buch bezieht sich auf staatliche Dokumente und Firmenakten und gräbt tief unter die Oberfläche des höchst geheimen Untergrunds der Regierung!
Kommen Sie mit hinter die Kulissen in fast unbekannte Ecken des Staatsarchivs und entdecken Sie, wie amerikanische Firmen seit Jahrzehnten verdeckt mit dem Pentagon zusammenarbeiten – sie träumten, sie planten und sie konstruierten tatsächlich verborgene Untergrundstützpunkte. Für welchen Personenkreis wird hier gebaut, was wird in den unterirdischen Labors geforscht, mit welchen Geldern, mit welchem Ziel, wo bleibt die demokratische Öffentlichkeit? Erst kürzlich aufgedeckte Informationen deuten an, daß die hier dokumentierten sonderbaren Dinge weitergehen, daß bei aller Aufklärungsarbeit immer nur die Spitze eines Eisberges zu sehen ist. Wozu z. B. wurden die injizierbaren Elektronik-Kennmarken, die so klein sind wie ein Reiskorn, entwickelt?

Hardcover
Preis: 44,80 DM
ISBN 3-89539-254-5

MVV Michaels Verlag / Vertrieb GmbH
Sonnenbichl 12 · 86971 Peiting
Telefon 0 88 61 / 5 90 18 · Fax 0 88 61 / 6 70 91

Namen und Organisationen der Geheimen Weltregierung

KOMITEE 300

CFR und Round Table, Bilderberger und Komitee 300, Geheimdienstchefs, Großindustrielle und Politiker.
Das Buch ist zweigeteilt. Im ersten Teil stellt John May anhand von umfangreichen Namensregistern die Verquickung von Politik, Industrie und Hochfinanz einfach und übersichtlich dar. Dieser 1. Teil ist kein Lesebuch, eher ein Nachschlagewerk, ein »who is who« der Machtelite.
Im 2. Teil geht der Autor auf die Macht der Global Players ein. Wie ungeheuer mächtig allein schon deutsche Firmen sind, soll hier an einigen Beispielen aufgezeigt werden. Macht am Beispiel Deutsche Bank, Macht am Beispiel deutscher Chemiekonzerne (Bayer, BASF, Hoechst), Macht am Beispiel ...

Preis: 38,00 DM
ISBN 3-89539-275-8

BEWUSSTSEINSKONTROLLE

The mind control programm

Zu den am besten gehüteten Geheimprogrammen in den Vereinigten Staaten dürften die Bereiche psychologische Kriegsführung, die »mind control«-Programme und die Überwachungsprogramme gehören ...
Länst werden diese Techniken des heißen und kalten Krieges gegen die eigene Bevölkerung geprobt/eingesetzt.
Das Buch lüftet ein Stück den Schleier, der von interessierter Seite über die Programme gelegt wird, und auch in diesem Buch stoßen wir wieder auf Montauk, auf Wilhelm Reich und Nikola Tesla.

Preis: 49,80 DM
ISBN 3-89539-290-1

TIBET, DIE AUTHENTISCHEN AUFZEICHNUNGEN EINES DEUTSCHEN, DER VOR ÜBER 60 JAHREN ILLEGAL EINREISTE. EIN BUCH, DAS SEINE LESERSCHAFT ERSCHÜTTERN WIRD.

TIBET

auf geheimnisvollen Pfaden zu geheimnisvollen Orten

Tibet, das geheimnisvolle Land. Der mythisch umwogene Ort Shambhala wird immer wieder mit Tibet in Verbindung gebracht.
Finden wir hier einen der Eingänge in die »Innere Erde« in die »Hohle Welt«? Das vorliegende Buch ist das Ergebnis der Tibetreise eines Deutschen in das »heilige Land«. Selten wurde dieses geheimnisvolle Land so eindringlich für Leser erfahrbar wie in diesem Buch. Die Erstauflage erschien bereits in den 30er Jahren, es verschwand erst aus dem Handel, dann aus dem Bewußtsein.
Die Erfahrungen, die Abenteuer, die Beobachtungen des Theodor Illion werden uns alle aufrütteln. Ein Buch, das sich spannend liest. Ein Reisebericht? Ein Kulturführer? Ein Abenteuerbuch? Eine spirituelle Einführung? Ein Buch zur »Hohlen Erde«? Ein Buch über den Weg einer Selbstfindung? Ein biographisches Werk? Ein Buch über Tibet – aus dem Herzen Tibets.
Auf jeden Fall ein seltenes, außergewöhnliches Buch über einen Ort der Kraft, über ein Land, das entscheidende Impulse für die Menschheitsentwicklung leistet. Ein Buch über einen Menschen, der Anfang der 30er Jahre illegal einreiste, gerufen von einer Kraft, der er sein Leben lang folgte.
Das vorliegende Buch, »Tibet – auf geheimnisvollen Pfaden zu geheimnisvollen Orten« ist der erste Teil eines zweibändigen Werkes. Der 2. Band, der 1999 erscheinen wird, beinhaltet den ersten authentischen und detaillierten Bericht über den von ihm besuchten Ort »underground city«.
Tibet II – eine Brücke zwischen »Innenwelt und Außenwelt« wird die innere und äußere Fortsetzung dieses faszinierenden Werkes sein.

Hardcover
Preis: 39,80 DM

ISBN 3-89539-256-1

MVV Michaels Verlag / Vertrieb GmbH
Sonnenbichl 12 · 86971 Peiting
Telefon 0 88 61 / 5 90 18 · Fax 0 88 61 / 6 70 91

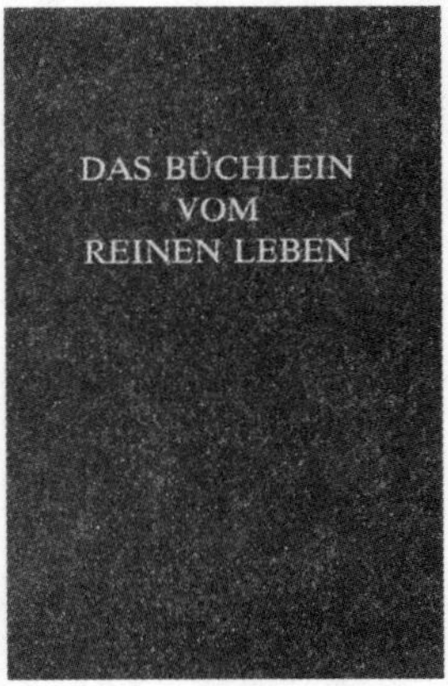

DAS BÜCHLEIN VOM REINEN LEBEN

Dieses Buch ist anders, anders als so manch anderes esoterisches Werk. Es ist ein Schulungsweg, es ist ein fast kindlich anmutendes Werk, eine Meditation über die Reinheit. Einfach in der Sprache weckt es die »gute Seite« in den Seelen der Leser/innen. Silbernen Prägedruck geben dem in blauen Leinen fein gebundenen Werk etwas von der Form, die dem Inhalt entspricht.
Ein liebenswertes Büchlein über die Einfachheit, die Einheit und die Reinheit. Ein Buch, das die tiefsten Seelenschichten anspricht und von dessen Klarheit sich kein Leser verschließen kann.

Preis: 20,00 DM
ISBN 3-925051-01-5

Hrsg. Ulrich Heerd

DER ANFANG

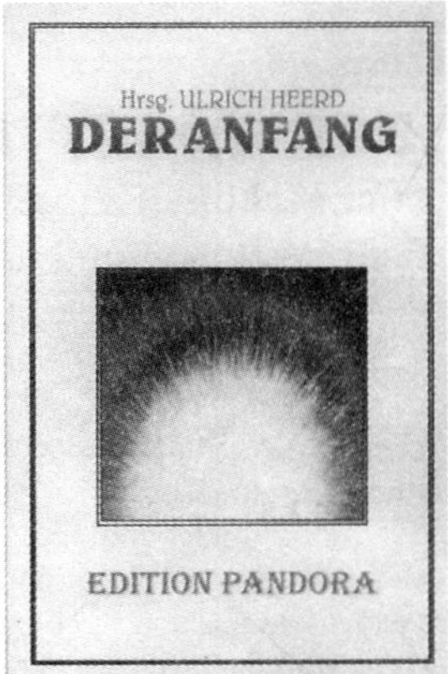

In diesem Buch erzählt uns der Autor von seinen Erlebnissen in der »Mitte der Nacht«.
Er beschreibt in einer Sprache, die noch ganz vom Erlebten geprägt ist, seine persönliche »Einweihung«. Er schildert uns seine Begegnung mit einer Wesenheit, die er »Maria Sophie« nennt, und an ihrer Hand durchschreitet er die Sternensphäre, um am »See ihrer Augen kniend« den Urbeginn der Schöpfung zu sehen, »seine Uroffenbarung« zu erhalten.
Das Buch hat nicht den Anspruch, letzte Wahrheiten zu verkünden, »denn der Welt ist nicht Not an Antworten. Der Welt mangelt es an wirklichen Fragen ...«. Der eine oder andere wird dieses Buch weglegen und nichts damit anzufangen wissen. Der Autor hofft aber, daß es auch Leser/innen geben mag, die seine Bilder über den Urbeginn, über die Würde und Freiheit des Menschen und über das Opfer aufnehmen und in sich wachsen lassen.
Geht man solcher Art mit diesem Büchlein um, kann es zu einem ganz persönlichen Buch werden. Dann mögen Bilder und Fragen in der Seele dieser Menschen auftauchen und wachsen, und die sind Voraussetzungen zu einem notwendigen Handeln.
Damit würde das großartige Geschenk, das der Autor von seiner »Reise bis zu seiner Sehnsucht Rand« für sich mitgebracht hat, ein Geschenk auch für diese Leser/innen.

Preis: 18,00 DM
ISBN 3-89539-298-7